DE BOAS INTENÇÕES,
AS EMPRESAS ESTÃO CHEIAS!

Preencha a **ficha de cadastro** no final deste livro
e receba gratuitamente informações
sobre os lançamentos e as promoções da
Editora Campus/Elsevier.

Consulte também nosso catálogo
completo e últimos lançamentos em
www.elsevier.com.br

Robert Henry Srour

DE BOAS INTENÇÕES, AS EMPRESAS ESTÃO CHEIAS!

Uma história envolvente sobre o dilema ético dos negócios

© 2009, Elsevier Editora Ltda.

Todos os direitos reservados e protegidos pela Lei nº 9.610, de 19/02/1998.

Nenhuma parte deste livro, sem autorização prévia por escrito da editora, poderá ser reproduzida ou transmitida sejam quais forem os meios empregados: eletrônicos, mecânicos, fotográficos, gravação ou quaisquer outros.

Copidesque: Shirley Lima da Silva Braz
Revisão: Andréa Campos Bivar e Jussara Bivar
Editoração Eletrônica: Estúdio Castellani

Elsevier Editora Ltda.
Rua Sete de Setembro, 111 – 16º andar
20050-006 – Centro – Rio de Janeiro-RJ – Brasil
Telefone: (21) 3970-9300 Fax: (21) 2507-1991
E-mail: info@elsevier.com.br
Escritório São Paulo
Rua Quintana, 753/8º andar
04569-011 – Brooklin – São Paulo – SP
Tel.: (11) 5105-8555

ISBN 978-85-352-3394-0

Nota: Muito zelo e técnica foram empregados na edição desta obra. No entanto, podem ocorrer erros de digitação, impressão ou dúvida conceitual. Em qualquer das hipóteses, solicitamos a comunicação à nossa Central de Relacionamento, para que possamos esclarecer ou encaminhar a questão.

Nem a editora nem o autor assumem qualquer responsabilidade por eventuais danos ou perdas a pessoas ou bens, originados do uso desta publicação.

Central de Relacionamento
Tel.: 0800-0265340
Rua Sete de Setembro, 111, 16º andar – Centro – Rio de Janeiro – RJ – CEP.: 20.050-006
e-mail: *info@elsevier.com.br*
site: *www.elsevier.com.br*

CIP-Brasil. Catalogação-na-fonte
Sindicato Nacional dos Editores de Livros, RJ

S766e   Srour, Robert Henry
           De boas intenções, as empresas estão cheias! : uma história envolvente sobre o dilema ético nos negócios / Robert Henry Srour. – Rio de Janeiro : Elsevier, 2009.

           ISBN 978-85-352-3394-0

           1. Ética empresarial. 2. Comportamento organizacional. 3. Sucesso nos negócios. I. Título.

09-1000.   CDD: 174.4
                                                         CDU: 174.4

*Para meus filhos,
Raul, Lúcio e Daniel,
com afeto.*

A viagem real de descoberta não consiste em buscar novas paisagens, mas em olhar com novos olhos.

Marcel Proust

Prefácio

Um bom livro começa por um texto de qualidade e pela habilidade de comunicar. Um ótimo livro atrai pelo conteúdo e pela forma como capta o interesse. Um excelente livro deixa marcas. No que me toca, ficarão inesquecíveis os conceitos esculpidos a cinzel que a presente obra contém. Ficou também consolidada minha certeza de que a reflexão ética condiciona a preservação do capital de reputação, esta chave dos ativos intangíveis. Não esquecerei tampouco a aula sobre a moralidade brasileira: a ambivalência genética, os eclipses de decência quando os interesses pessoais entram em jogo, a dissociação endêmica entre o que se diz e o que se faz.

O professor Robert Henry Srour tem uma trajetória singular, fruto da vivência e do conhecimento teórico. Seu comprometimento com a coisa pública o levou a praticar o que sabia fazer, e bem, em áreas sensíveis da administração direta e indireta.

Eu o conheci ensinando algo raríssimo: como aplicar a Ética científica ao dia-a-dia dos negócios. Conquistou meu respeito como conferencista, consultor, pesquisador e gestor público. Logo me identifiquei com sua forma de pensar e seu modo de agir.

Eis por que fico aflito quando vejo pessoas que fazem da trapaça um ofício e da esperteza uma filosofia de vida. Minha experiência prática como executivo de grandes organizações, e a visão que adquiri, me propiciaram sólidas convicções. Aprendi desde cedo que uma empresa que queira ser bem-sucedida e sustentável, vale dizer perene, precisa colocar as questões éticas no cerne das suas preocupações. Não por petição de princípio, no mais das vezes retórica, mas por pragmático senso gerencial. No mundo competitivo de hoje, a picaretagem e suas imposturas têm pernas curtas. E como deixar de reconhecer que o desrespeito às regras do jogo e a corrupção impõem um pesado tributo à população e ao país? Daí a necessidade de tomar posição. Qual padrão de relações empresariais cultivar: profissional ou mafioso?

Nos meses atribulados da virada de 2008 para 2009, o cenário ficou sombrio: no horizonte se avolumam riscos sistêmicos; corporações veneráveis ruíram e outras estão à beira da falência; ícones do mercado financeiro comprometeram inapelavelmente sua reputação; mil inquietações assaltam os analistas mais serenos quanto ao futuro próximo da economia. A razão poderia ser resumida em poucas palavras: trata-se de uma crise de confiança, célere quando detonada, arrastada quando se trata de revertê-la.

Não por acaso o abalo sísmico por que passa o sistema financeiro internacional e os profundos impactos sofridos pela economia mundial foram precedidos pelos escândalos corporativos do início do século, quando grandes companhias foram flagradas em tortuosas manipulações contábeis. De fato, executivos oportunistas priorizaram seus bônus sem medir conseqüências, fraudaram sem escrúpulo os balanços, lesaram implacavelmente os investidores, feriram de morte os interesses dos *stakeholders*, jogaram na lata de lixo o abecedário da boa gestão empresarial.

O pior é que tudo se repetiu agora em outro registro: operações puseram a moralidade em quarentena, num triste consórcio com a inoperância dos mecanismos de supervisão. Não obstante os Estados Unidos tenham adotado a Lei Sarbanes-Oxley, a regulação nem sempre funcionou a contento ou, mais precisamente, a inventividade dos mal-intencionados revelou-se notável. Qual lição tirar? Por mais salvaguardas que se implantem, as questões fiduciárias não escapam das artimanhas urdidas por aproveitadores. O que fazer então? Prevenir as ocorrências por meio da inteligência ética, desenvolver nas empresas uma auditoria do risco, disseminar nos públicos de interesse uma vigilância cidadã, incentivar a montagem de canais de controle, adotar como rotina uma obsessiva transparência.

Resumindo: a estética da prosperidade inebriou os gestores e os contaminou com o vírus do ilícito. Precisas foram então as palavras do presidente Barack Obama: "Os executivos de Wall Street durante anos tomaram decisões imprudentes e perigosas, buscando lucros com muito pouca consideração pelo risco, muito pouco escrutínio regulatório e muito pouca responsabilização." No cenário brasileiro, ao contrário e felizmente, os bancos encontram-se em situação muito favorável, por força de sua gestão conservadora e da qualidade do sistema regulatório existente.

O livro do professor Robert tem a virtude de não ser prescritivo nem fazer exortações vãs: descreve, explica, instiga o leitor. Por exemplo, apresenta a lógica perversa que permeia a crise do sistema financeiro mundial – a cega ganância por trás da alta alavancagem, o imediatismo obtuso dos pacotes de remuneração com incentivos de curto prazo, o descaso com o futuro das empresas administradas, o desprezo pelas implicações éticas das decisões tomadas, a ineficácia dos controles internos ante os riscos excessivos, a fragilidade insana das garantias (ou sua ausência) como lastro dos empréstimos concedidos – e deixa as conclusões para cada qual.

Não vejo como negar que os desastres empresariais provocam indizíveis sofrimentos: ocasionam perdas sensíveis aos investidores, paralisam o fluxo de crédito em razão da desconfiança generalizada, desaceleram os negócios, aumentam a inadimplência, geram desemprego. A crise, portanto, não se resume ao aspecto financeiro: transborda para a economia real e assume uma angustiosa dimensão social – dilapida patrimônios, expulsa famílias de suas moradias, destrói vidas. Em seu ensinamento, o professor Robert mostra que a crise repousa na razão antiética, na vitória do particularismo, na satisfação dos interesses restritos de poucos em detrimento dos interesses gerais, do bem comum de todos.

O dilema ético dos negócios diz justamente respeito a isso: para onde as empresas rumam e de que forma? Vão seguir o atalho da parcialidade que maximiza os lucros sem se importar com os efeitos gerados nem com os meios utilizados, ou vão trilhar o caminho da responsabilidade social corporativa que otimiza os lucros porque leva em consideração a qualidade de vida dos públicos de interesse?

Uma coisa é certa: necessitamos de um quadro de referência científico que dê conta da complexa realidade moral e que o faça com rigor, simplicidade e clareza. Precisamos de conceitos que tenham embasamento empírico e que permitam desvendar as situações concretas do dia-a-dia empresarial. O presente livro nos fornece esse corpo de conhecimentos e nos convida, de forma agradável e didática, a fazer uma interessante reflexão.

Acompanhe o mergulho de cinco jovens, brilhantes e cheios de si, num universo inesperado. Veja como o mundo empresarial pode ser corrosivo quando os incentivos se limitam a polpudas bonificações, quando a realização pessoal se confunde com a conquista de posições de mando, quando o valor de cada um se mede pelo dinheiro acumulado, quando a ostentação consumista se torna a única razão de ser. Entregue-se aos diálogos algo socráticos que o autor coloca de forma magistral, pois, recolhidos por alguns dias num aprazível condomínio fechado em Itu, a menos de cem quilômetros de São Paulo, esses futuros executivos se veem a braços com uma escolha decisiva: repensar seu projeto de vida ou afundar no pântano da mediocridade?

Estou certo de que, ao final do relato, o leitor estará mais bem informado, sairá revigorado com o realismo lúcido da abordagem, celebrará a ideia de um mundo solidário e ficará inspirado para fazer a diferença nas empresas e na sociedade, tão carentes de bons exemplos.

Antonio Jacinto Matias
Vice-presidente sênior do Banco Itaú
e da FEBRABAN

Sumário

1. A surpresa 1
2. O motivo 13
3. O paralelo 33
4. O cerne 52
5. A incerteza 65
6. O contexto 77
7. O objeto 91
8. O fato. 101
9. A descoberta 119
10. O desdobramento. 134
11. A revelação 143
12. O ativismo 161
13. A demarcação. 173
14. A aplicação 183
15. A ambivalência 207
16. A parceria. 225
17. O contraponto 242

1. A surpresa

É difícil fazer com que uma pessoa compreenda determinada coisa quando seu salário depende do fato de ela não compreendê-la.

UPTON SINCLAIR

Hora do almoço, tempo ameno, céu luminoso. Eu estava parado na calçada do prédio de escritórios em que trabalhava. Mil formigas labutam naquele aquário de vidro fumê. Vivem trancadas em salas imensas que meias-divisórias modulam. Suas baias delimitam espaços simbólicos em que reinam as telas luminescentes dos laptops. De resto, ninguém vê ou sabe o que está acontecendo lá fora, se chove ou se faz sol, se está quente ou frio. As horas que escoam não pertencem às formigas; compõem o tempo infalível do ganha-pão.

De repente, uma nuvem se deslocou e a reverberação me ofuscou. Foi como apertar o botão de um projetor. Em ritmo acelerado, passagens de meus últimos meses dispararam à minha frente. Ótimas lembranças, devo dizer. Afinal, sou uma formiga predestinada. Em meu peito, bate um sol!

Sempre me distingui dos outros. Tirava as melhores notas na escola, fui o primeiro no vestibular, brilhei em concursos, colhi elogios, acumulei êxitos. Nada recebi de graça, ah, isso não! Sou aplicado, estudo e leio o tempo todo, aprendo rápido, tenho curiosidade de sobra, faço as coisas à perfeição. Resultado? Sou um sujeito fora de série, um azougue, um vencedor. Um dos poucos dentre os muitos largados à própria sorte. Não são essas as regras do jogo? Quando alguém leva a taça, muitos choram lágrimas solitárias.

Desde as primeiras provas escolares, uma chama me aquece. Um formigamento se espalha dos ombros à cabeça, das mãos ao tronco e – milagre de lucidez! – o pensamento flui, o raciocínio se esmera, as ideias brotam límpidas. Sou como o ciclista que se descola do pelotão e, ao abrir caminho na dianteira, rasga o vento em triunfo. Atrás, ofegantes, os outros penam em meio ao suor ácido, soltam bufos extenuados com seus olhos de cão batido. São os que nunca saem da rabeira nem se atrevem a sonhar com o pódio; são figurantes, não tropa de elite.

Sou trainee em uma empresa nacional que produz bens de consumo. Há um par de anos ela se associou a uma companhia americana. Parte das ações foi vendida sem que os donos brasileiros perdessem o controle. Precavida, a sócia estratégica estipulou uma "política de performance" e declarou guerra aos gargalos: monitorou o programa com inspeções locais, exigiu relatórios detalhados, promoveu reuniões de avaliação e – zás! – comandou intervenções cirúrgicas... As investidas estremeceram muita gente. As resistências que irromperam foram tão heroicas quanto inúteis. Ninguém conseguiu evitar os efeitos colaterais: a implosão das zonas de conforto, as aposentadorias precoces, as remoções para unidades do interior, a terceirização de setores de apoio, as demissões varrendo transversalmente os escalões. Tensões se espraiaram como vendavais, aflições escorreram pelas paredes, fisionomias ficaram irreconhecíveis, conflitos latentes vieram à tona. O ambiente ficou tóxico.

Após a morte do fundador, ocorrida há tempo, a profissionalização da empresa cedeu às pressões dos velhos de casa e preservou alguns arranjos tradicionais. Daí para a frente, até a vinda dos americanos, os anos gotejaram sonolentos. Com eles, o antigo paternalismo perdeu fôlego e certos ritos foram extintos. O clima interno, antes cordial, ganhou ares de impessoalidade; alguns feudos foram destroçados; a hierarquia ficou crispada; certo formalismo passou a imperar; os afilhados perderam a aura sagrada. Em obediência à diretiva "aprenda com os erros", nenhuma falha, por menor que fosse, deixou de ser apontada. Uma tríade de deuses numéricos foi entronizada – Custos, Metas e Resultados. Os herdeiros da empresa, apequenados, se recolheram ao Conselho de Administração e primaram pelo eloquente mutismo.

Os americanos concederam à equipe diretiva um crédito de confiança. Nomearam um novo diretor financeiro e, a reboque dele, dois conselheiros foram substituídos por gente do mercado. A cúpula foi preservada, ainda que estreitamente enquadrada. Tático, o presidente se livrou dos incompetentes e de uma penca de inconformados. Segundo os entendidos, a manobra lhe garantiu sobrevida. As dispensas atingiram 30% do pessoal administrativo e 14% dos trabalhadores operacionais. Os remanejamentos de uma área para outra afetaram quase um terço do pessoal. No mais, demissões ocasionais ainda pipocam, ceifando as cabeças dos que deixam a desejar.

Faço parte de um quinteto de "talentos". Ingressamos na companhia há um ano. Dois engenheiros, uma economista, uma administradora e eu, também formado em Administração. Viemos das principais universidades de São Paulo; apenas um foi aluno da Federal do Rio de Janeiro. Percorremos todas as divisões do negócio. Agora nos acenaram com funções de responsabilidade.

Minha indicação para a área de logística e suprimentos está quase certa. Quando me disseram que necessitam de sangue novo, me entusiasmei. Nosso tutor – um gerente sênior, pouco à vontade em seu figurino – deixou escapar que a empresa precisava de gente como eu. Sem mistério, fez um curto sinal de degola. Entendi as entrelinhas: sacudir a poeira, ajudar a renegociar contratos, obter descontos, formar novos fornecedores, racionalizar o uso da frota, reduzir despesas, redesenhar funções e, lógico, varrer cabeças-de-bagre. Como se fosse versado na matéria, não pisquei. Segui a cartilha: a exemplo das sentenças judiciais, missões não se discutem, cumprem-se. Na hora, porém, minha autoestima subiu às alturas. Fui talhado para grandes feitos!

Durante o ano de treinamento, na típica linguagem do pessoal de Recursos Humanos, fomos "integrados". Francamente, eu diria cooptados. É a sina dos trainees. Fomos apresentados ao manual de políticas e procedimentos. Ficamos aturdidos com o volume de normas e de formulários. Desvendamos o "personograma" que acomodava veteranos, a memória viva do negócio. Aprendemos os jargões dos diferentes setores. Topamos com os objetivos estratégicos da diretoria, essas fórmulas que infundem reverência aos gerentes e fazem o terror dos subalternos. Em resumo, delineamos o mapa da mina.

Repetidas vezes, demos de cara com as redes informais de poder, as igrejinhas que se movem nos subterrâneos. Descobrimos quão intrincadas são as teias que articulam os laços de vizinhança, os credos religiosos, as rodinhas de chope, os serões esportivos, as fraternidades universitárias, as associações profissionais, as torcidas de futebol, as confrarias dos jogos de azar e muito mais. Reparamos como elas formam irmandades secretas e fingidas. Percebemos como manobram sub-repticiamente, armam tocaias, intrigam, intimidam, trocam informações, negociam favores, pressionam, alocam privilégios e, acima de tudo, emplacam promoções. E constatamos seu poder formidável, tanto mais potente quanto menos se deixa ver!

Observamos a arquitetura do ambiente, as condutas esperadas, os maneirismos que denotam o feitio da companhia, o estilo das roupas, o acanhamento das baias e as salas envidraçadas das chefias, os heróis da cultura oficial e os relatos triviais do dia-a-dia, as fofocas destiladas na hora do cafezinho. Captamos assim a identidade organizacional, esses jeitos peculiares que se insinuam nas dobras da empresa, e entendemos por que, assombrados pelo desconhecido, todos resistem às mudanças em curso. Por fim, notamos que imitar as mesuras e os trejeitos do pessoal mais velho é o preço que todos pagam para fazer parte.

Uma grande amizade cresceu entre nós, os famigerados trainees. Pudera, só havia um bote salva-vidas! Depois da fase eliminatória, superamos as rivalidades entre nós e, na sequência, intuímos que temíveis samurais nos espreitavam – ali, na moita, logo na frente. Como reagimos? Procuramos espantar as ameaças, tanto as reais quanto as fantásticas. De que modo? Ao deixar claro nosso lema: ninguém segura! O aviso tinha um duplo sentido: o mais óbvio alardeava nossa superioridade (somos os tais!); o subentendido desafiava os opositores (vão querer encarar?).

Nossa insolência tinha razão de ser: depois da triagem insana a que fomos submetidos, bateu a paranoia. Foram nada menos que 2.531 candidatos! Cálculo simples, mais de 500 contra 1! Dá para acreditar?

Sabíamos que nosso feito impressionara muita gente... menos a nós. Por quê? Porque prezamos a meritocracia. Traduzo: contamos com as próprias forças, nada mais; prescindimos de patronos, padrinhos, patrocinadores, protetores, guardiões, agenciadores, seja lá quem for! No corpo-a-corpo, fugimos dos conchavos, dos rapapés, dos jogos de cena. Em campo, agimos com o ímpeto dos goleadores. Em síntese, saudamos a independência!

Feitas as contas, o que conseguimos? Três coisas: não baixar a crista; não arquear as costas à cata de migalhas; não rir das piadas chocas dos chefes. Utilizamos algum atalho? Nenhum! Travamos combate a descoberto, falamos sem rodeios, driblamos ciladas. Nossos trunfos? Topar desafios, assumir riscos, tirar projetos do papel, fazer bem-feito da primeira vez, respeitar prazos, encarar noites insones, não temer maus bofes. Em breve, cometer o milagre e revelar o santo!

Por que fomos escolhidos? Pelas cabeças cartesianas, pela carência de compaixão, pelo foco nos resultados. Ou melhor: porque entregamos mais do que o prometido! Tanto é que o diretor financeiro, um americano gigante e sisudo, nos apelidou de *"smart hard workers"*. Matamos no peito e decodificamos: funcionários engenhosos, sem dúvida, mas não só; jovens batalhadores, eis o sal e a pimenta! Nada mal para nativos de um país emergente, não é mesmo?

No meio da manhã, sem sequer um aviso, o presidente nos chamou à sua sala. Ficamos alvoroçados. Era a segunda vez que íamos ao último andar do prédio. A primeira foi na presença dos diretores, logo após o concurso de seleção, quando fomos acolhidos com loas e tapinhas nas costas. Agora não, a encenação foi expedita; nem chegamos a sentar. Econômico nas palavras, o presidente anunciou que seríamos efetivados como coordenadores, um escalão abaixo dos gerentes. Exultamos com a notícia: era o começo da escalada! Na hora, porém, mantivemos a compostura e simulamos a frieza que as solenidades exigem.

O presidente deixou claro que, tão logo adquiríssemos expertise, seríamos guindados a posições de relevo. Quais? Não disse. E advertiu: os mais despachados alcançarão os galardões mais cedo. Pensamos na hora – sala privativa, carro da empresa, bônus anual, secretária exclusiva, restaurante vip, banheiro reservado, classe executiva em viagens a trabalho, diárias generosas. A assertividade do presidente nos conquistou. Não perdíamos por esperar; finas iguarias nos aguardavam. E, pelo que sei, andávamos famintos!

Uma parte da casa já nos tratava com deferência, desconfiada de que boas coisas nos eram destinadas. Eis por que media gestos, compunha sorrisos, policiava falas. Na esteira, mantinha distância: éramos gente distinta!

Ao largo, porém, prevalecia a dissimulação. A velha-guarda vivia desconfiada de que cortaríamos caminho. E cortamos mesmo! Afinal, somos ou não os melhores? Nas corridas com obstáculos, quem vacila cai. Os primeiros saltos revelam a têmpera dos atletas. De tanta desenvoltura, os vencedores nem parecem competir, têm impulso e vigor, passadas largas e precisas. Somos nós sem retoque!

Depois da associação com os americanos, a companhia converteu-se em laboratório de testes, plataforma de pesquisas, incubadora de projetos – um canteiro de obras. A nova visão do negócio consistia em emular empresas de classe mundial. O alerta máximo soou há poucos meses com a adoção de diretrizes específicas: recrutar gente ambiciosa, confiar em quem tem iniciativa, premiar os que dão conta do recado, promover os de alto desempenho. Em outros termos, apostar nos apaixonados pelo sucesso. Foi um deus-nos-acuda!

Nesse meio-tempo, ficamos sob fogo cruzado, sem trégua nem sombra. Uma roda-viva! Seminários e avaliações, inventários comportamentais, capacitação *on the job*, palestras, entrevistas, grupos de estudo, exposições dialogadas, oficinas vivenciais, dinâmicas de grupo, análises de relatórios, estudos de caso, jogos de empresa, debates temáticos. Mil acrobacias! O pessoal intercalou modismos e treinamentos de rotina, improvisou em meio ao arsenal padrão. Um olhar retrospectivo evidencia que fomos cobaias: houve amadorismos, exibições sem mérito pedagógico, uma pirotecnia ordinária. Assim, temos boas razões para suspeitar de que alguns colegas desejavam nosso fracasso. Quem não cultiva um quê de sadismo, esse prazer malévolo de ver os outros falharem?

Durante a provação, fomos apelidados de "quinteto de prata". Deve ser por causa de nosso feitio presunçoso e da falta de papas na língua. As empresas louvam o silêncio – ouro puro – e reprovam quem pensa em voz alta.

Confesso que nem todos torciam contra nós. Algumas almas caridosas nos deram pistas: sinalizaram armadilhas, alertaram-nos contra a soberba, anunciaram riscos com gestos cifrados. Tudo em vão. Andávamos tão sobrecarregados que descuidamos do assunto. Foi o bastante para que o falatório crescesse. A futrica se espalhou. Às nossas costas, ouvíamos cochichos: "Lá vão os gênios!" Ninguém homenageava nosso QI; longe disso, associavam o despeito à ironia. Não tenho dúvida, era para achincalhar, mobilizar os ressentidos, arregimentar os órfãos e as viúvas de outrora. O pessoal dizia que éramos cínicos e metidos, que todos os meios eram bons para nós... Francamente! Que mal há em passar à frente dos outros?

Restam duas constatações. A primeira é que lidar com a maledicência requer um longo aprendizado e uma rede de apoios. A segunda é que os fatos não resistem à fúria das versões. No teste de qualidade, somente as percepções importam: basta repetir à exaustão uma invencionice qualquer para que a praga pegue. A versão atropela o fato e a fraude toma conta do palco. Não foi Goebbels quem popularizou o truque?

Uma coisa é certa. Nossa presença provocou alvoroço. Éramos o pesadelo de muitos. O pessoal de Recursos Humanos recebeu a incumbência de caçar um punhado de "feras" e, quando se deparou com algumas farejando a cerca viva, qual foi a reação? Ficou horrorizado! Quem diria? Os bichos eram ferozes!

Com tamanhas pragas, vimos crescer as invejas. Rivais se disfarçaram de colegas solícitos. Decidimos então fechar a guarda e tomar os diretores como modelos. Escolados, eles faziam demonstrações de força para apartar os descontentes. Geniosos, intimidavam os subordinados diretos. Egos inflados, quedavam-se impassíveis em sua redoma de cristal. Cheios de si, alardeavam a autossuficiência e a infalibilidade de quem confia no próprio taco. Poderosos, deleitavam-se com os ardis e os jogos de poder, sempre alertas contra as ciladas que os próprios pares armavam. Narcisistas, desfilavam a fanfarrice dos pavões – rápidos nas decisões, ávidos por resultados, frios ante os reveses, incansáveis nas tarefas, obcecados por objetivos. Workaholics, viviam as 24 horas do dia plugados na empresa. Devorados pela ambição, movidos a bonificações, desprezavam os subalternos e se impacientavam com os lerdos. Petulantes, metidos em seus impecáveis ternos sob medida, encantavam-se com o próprio umbigo, certos de que estavam imunes aos males profissionais – falhas, fobias, fraquezas, fracasso. Seríamos seu passado juvenil? Tomara!

Os gerentes, por sua vez, não faziam má figura. Falavam com o queixo levantado e transpiravam empáfia. Antenas sempre ligadas, dormiam de olhos semicerrados. Não compartilhavam ideias, a não ser quando precisavam se exibir. Viviam convencidos de que o sucesso justificava qualquer expediente, a começar pela manhã. Confundiam as iniciativas que os beneficiavam com os interesses da empresa. Presumiam que levar vantagens, desde que discretas, seria tolerado pela ganância dos superiores. Viviam irrequietos, temendo que algum erro operacional pudesse comprometê-los. Farejavam as oportunidades para ampliar seus "territórios" e vigiavam sem cessar as tramoias dos adversários. Sentiam-se afortunados à moderna maneira protestante, com os cheques gordos a revelar o dedo de Deus. Cultivavam a estética da prosperidade e se vangloriavam com um lema trivial: o sol nasceu para todos, mas a sombra para alguns... Faziam do caradurismo uma virtude!

O presidente nos intimou a passar o feriado prolongado com seu homem de confiança. Partida marcada para o final da tarde. Ninguém perguntou por que nem para onde. Contivemos a mistura de ansiedade e espanto que nos acometeu. E quanto às nossas programações pessoais? Às favas! Achei que o presidente quisesse nos submeter a uma prova final: quem sabe uma sondagem sobre nossas áreas de preferência? Ou, vá lá, algum rito de passagem? Quiçá um ajuste fino para ver se estávamos alinhados com a "visão" da companhia! O encontro seria conduzido por Sálvio. Ao ouvir o nome, pensei imediatamente: maquinaram uma surpresa!

Sálvio era seu assessor predileto, parte da mitologia organizacional, codinome "professor", não só pela vasta cultura, mas porque dava aula em cursos de pós-graduação. Eu o vi numa reunião sentado à mesa diretora. Fechado em copas, observava tudo com seus olhos claros. Emanava dele a presença cênica que somente grandes atores possuem – um magnetismo denso, nada cabotino. Quando tomou a palavra, fez-se o feitiço. Um frisson percorreu a plateia e vi o rosto extasiado de algumas funcionárias. Ele esbanjou empatia e humor. Uma de suas frases me ficou na lembrança; versava sobre comunicação empresarial: "O segredo da língua são os verbos: quem usa adjetivos sucumbe à prolixidade e diz pouco; quem usa verbos brilha pela concisão e diz muito. A eloquência não se enfeita, é despojada." Na saída, trocamos impressões a respeito. Um consenso nos irmanou: o homem fazia jus ao conceito de que desfrutava. Posto isso, o que a eminência parda iria nos aprontar?

Cumprindo a ordem do presidente, saímos para a repentina empreitada bem antes do fim do expediente. O traje casual era permitido às sextas-feiras e nas vésperas de feriado. Mesmo assim, Luisa preferiu estampar sua costumeira sobriedade – tailleur escuro, cabelo puxado para trás, óculos de fina armação Armani, sapatos de salto baixo, cara lavada. Enquanto o elevador deslizava – bólido de aço escovado –, ela esboçou um sorriso esquivo, ao mesmo tempo em que me lançava um olhar de interrogação. Procurava disfarçar por conta dos curiosos ao nosso redor. Quando chegamos ao térreo, ela balbuciou:

– Aonde vão nos levar? Meu namorado não gostou da história. Tínhamos outros planos.

Desenhei uma boca de ignorância. Embora ela fosse tão competitiva quanto eu, formávamos uma dupla. Nossa sintonia fluía como uma nascente; nossa cumplicidade era a toda prova. Se não fosse o namorado de que tanto falava, seríamos certamente mais do que amigos. Ela cursou a FGV, período matutino; era uma "águia" que estudava com método e obsessão. Eu vim da USP.

Quando os batentes automáticos da porta do prédio se abriram, despedi-me com um "até já" convencional; Luisa me fez "tchau" com um gesto único, algo etéreo como se apanhasse uma borboleta em pleno voo. Um sujeito alto e moreno esperava por ela. Desviei o olhar para não ter que saudá-lo – sentia raiva dele – e fui direto ao ponto de táxi, sem ligar para a despesa extra.

Dos três colegas, dois já tinham saído. Eles dividiam um pequeno apartamento bastante confortável, um tanto quanto afastado da empresa. A outra trainee ficou trabalhando à espera do carro que iria nos levar. Morava perto da sede e, na hora do almoço, foi apanhar sua maleta de rodinhas. Chamava-se Letícia, uma beleza grega cuja pele alva rivalizava com o negror dos cabelos e dos olhos.

Procurei me organizar depois da intimação do presidente. Diligente, avisei meus pais de que não poderia passar com eles os próximos três dias; dei cabo das tarefas pendentes e recolhi aplicadamente os arquivos. Quando rumei para casa, parecia um sonâmbulo. Ao chegar, guardei o estritamente necessário em uma mochila, porque não ia a um baile à fantasia. Dali a poucos minutos, um motorista da diretoria iria me apanhar. O mistério quanto ao local de destino ainda não fora desvendado: um retiro na montanha, um hotel à beira-mar, uma fazenda de café imperial, uma visita ao ciclo contínuo de uma fábrica? Decidi que era bobagem gastar tempo com especulações. Estava disposto a enfrentar o que viesse; nada iria me intimidar. Em última análise, seria como uma ida ao dentista – compromisso fatídico!

Peguei o elevador com a mochila a tiracolo e aguardei no saguão do prédio em que moro. O carro não ia tardar. Meus pais fizeram sacrifícios para que eu recebesse uma educação de primeira e nunca me faltaram em situações de emergência. Ainda assim, para me sustentar, dei um bocado de aulas em cursinhos pré-vestibulares. Tenho pelos velhos um carinho especial e meu pai se orgulha de mim. Não só por ser filho único, mas por ter cursado uma universidade de prestígio e por trabalhar em uma companhia de porte. Ao me abraçar efusivamente, costuma dizer a quem queira ouvir: "Olha aí meu rapagão! Este vai longe... Um craque!" Jamais me acanhei; sempre o abracei de volta. Homem de fibra, eu o admiro. Começou a trabalhar bem cedo, não devia ter 15 anos. Completou o ensino médio e ganhou a vida como propagandista farmacêutico. Não vendeu a alma, como é de praxe. Atualmente, possui uma franquia de cosméticos, partilha trabalho e teto com minha mãe, numa parceria que esbanja ternura e solidariedade.

O cair da tarde me fascina. Os raios oblíquos que lançam suaves pinceladas de ouro sobre a copa das árvores me convidam à quietude interior. Saí do saguão e me plantei no patamar da entrada. Havia muita gente apressada e os vidros dos carros refletiam o esplendor do pôr-do-sol. Respirei fundo. Eu tinha uma vida invejável; meus horizontes estavam abertos. Como é bom ter 25 anos e um punhado de trunfos na mão! Olhei para o céu e rastreei o piscar de uma estrela singular que despontava. Foi quando ouvi apelos ritmados, com a voz inconfundível da Luisa:

– Leo! Leo!

Meu nome é Leonardo, mas quase ninguém me chama assim. Uma van estava estacionada do outro lado da rua. Postada à janela, Luisa acenava. Fiz o gesto de "espere" e fui pegar a mochila no saguão. Voltei em passo acelerado.

Eu era o último a ser apanhado. Solícito, o motorista abriu a porta deslizante e pegou minha bagagem para colocá-la na traseira. Agradeci com um breve obrigado. Dando as costas ao banco do condutor, já estavam sentados Pedro, o engenheiro carioca, grandão e fumante inveterado, e André, o outro politécnico, um moço brincalhão com testa alta e pequenos olhos vivazes. Ao entrar, soltei um "oi, gente!" e sentei no banco do meio, ao lado de Luisa. No fundo, estava Letícia, a mediterrânea grave e bela, rosto sem artifício, pernas esticadas no banco, como a dizer "quero meu conforto". Era uma moça excepcionalmente inteligente, campineira como eu. Igualou meu feito ao entrar em duas faculdades – Economia na Unicamp e Administração na USP. Preferiu ficar perto dos pais, no aconchego de sua terra natal, enquanto eu escolhi amadurecer fora do ninho. Foi assim que aprendi coisas preciosas como calcular tostões, dar valor ao tempo, descrer das soluções fáceis, contar apenas comigo mesmo. Perguntei:

– Aonde vamos?

– Não esquenta – respondeu Pedro.

André fuzilou:

– É um sequestro administrativo!

Luisa olhou para ele com um sorriso benevolente, enquanto eu dava de ombros sem querer. O carioca indicou com o queixo o motorista, que já estava pronto para seguir caminho, e informou:

– Ele disse que vamos para Itu.

Lembrei das minhas aulas de história do Brasil e da Convenção de Itu de 1873, que lançou as bases do Partido Republicano Paulista. A partida foi dada.

– E lá vamos nós! – gritou André. – O bicho-papão nos espera!

Letícia suspirou, talvez cansada das infindáveis brincadeiras de André ou distraída, não sei. A van tomou o caminho da Marginal. O rio Pinheiros exalava um odor algo enjoativo. Luzes tênues repontavam nos prédios. Olhamos pelos vidros cerrados, cada qual absorto em seus pensamentos. O ar-condicionado estava ligado, e o tráfego, emperrado. Penamos um bocado em direção ao Cebolão e depois enveredamos pela rodovia "pedagiada". O ritmo ficou arrastado até as proximidades de Alphaville, quando praticamente estancamos. Houve intermitências, paradas e avanços, uma interminável sequência de primeiras e segundas marchas. "Excesso de veículos", observou o motorista. O calvário se repetiu logo depois, até a saída para Jandira.

Para os habitantes da metrópole paulista, os feriados prolongados suspendem as inquietações do cotidiano. Muitos ou quase todos querem fugir da frenética usina de negócios e alguns até conseguem fazê-lo. Os motivos são variados, a começar pela falta de vínculos e de identidade com a cidade, e fazem sentido: a insegurança nas casas e nas ruas, os males da competição que alucina o tempo, o ar poluído que entope as narinas, a demência do trânsito que invariavelmente drena as energias e agasta as pessoas, o zunido incessante que ecoa na cabeça.

Passada uma boa hora, começamos a polemizar. Deveríamos ou não parar para que Pedro fumasse um cigarro? Porque, dentro do carro, ninguém topava. Ainda que esticasse o braço e segurasse o cigarro para fora, não queríamos ser intoxicados. Por fim, depois de muito balançar a cabeça, o motorista arbitrou:

– Vão desculpar, mas o carro vai fed... – interrompeu a frase e fustigou sem inibição: – O cheiro não sai e a diretoria não quer saber de quem é a culpa!

Desapontado, Pedro inflou as bochechas e bufou uma, duas, três vezes. Logo depois, não se fez de rogado: alegou discriminação, atacou nossa intolerância, disse não aguentar mais, prometeu não demorar. Nossas resistências desmoronaram; cedemos. Entramos no estacionamento de uma grande loja de conveniência e fomos à procura de uma vaga. O local estava atulhado de gente. Não havia cenho franzido nem pressa; o feriado animava os rostos. Paramos num canto perdido. Pedro desceu, acendeu um cigarro e, enquanto tragava, cumpriu um vaivém desinquieto.

Rodeados de crianças, alguns adultos nos distraíram. Ouvimos pequenos gritos, risos abafados, palavras soltas, sons incompreensíveis. Quando Pedro voltou para o carro, parecia outro, menos tenso. Mesmo assim, praguejou:

– Bando de egoístas!

Ficamos entre perplexos e emburrados. Ora, bolas! Paramos ou não? O motorista nos espiava. Nenhum de nós se abalou; deixamos o desabafo passar em branco. O veículo foi manobrado.

Observei as pessoas que flutuavam de tão leves, antecipando a folga que as aguardava. E filosofei: entre a labuta e o lazer, as pressões do dia-a-dia e as rotinas, a gangorra da vida traz compensações, até para aqueles que veem o trabalho como maldição. De minha parte, trabalhar me empolga, pois tirarei o máximo deste filão. Basta singrar o vento que sopra a meu favor!

2. O motivo

Não se pode ensinar alguma coisa a alguém; pode-se apenas ajudar para que ele a descubra por conta própria.

GALILEU GALILEI

Eu estava cochilando quando a van parou diante da portaria do condomínio fechado. Virei para trás e vi um acesso duplo que uma fileira de postes baixos enchia de luz prateada. A entrada foi logo franqueada, já que os seguranças haviam sido avisados. Cancela levantada, seguimos adiante. Da janela aberta do motorista, veio-nos o frescor da noite. Ouvimos o lamento das cigarras e o coaxar de sapos num regato próximo. Todas as ruas estavam arborizadas. Diante de nossos olhos curiosos, o vulto de uma paisagem exuberante desfilava.

Rodamos poucos minutos. O veículo entrou numa via de lajotas e, logo depois, parou diante de uma pequena escadaria. Sálvio, o professor, estava nos aguardando na soleira da porta. Embora fosse um homem de uns cinquenta e poucos anos, seus cabelos revoltos eram brancos e brilhosos. Mas o rosto escanhoado e a vivacidade incomum desmentiam a idade. Ao descermos da van, dois labradores cor de mel vieram nos saudar. Seus rabos, grossos como galhos, abanavam sem cessar. Adoro cachorros e percebi que o anfitrião partilhava esse sentimento de tanto distribuir afagos. Nós nos apresentamos um a um, enquanto o motorista retirava sacolas, maletas e mochilas. Esboçamos um movimento para apanhá-las.

– Pode deixar, vão cuidar disso – disse Sálvio, acrescentando logo com voz hospitaleira: – Entrem. Devem estar cansados. – Depois se dirigiu ao motorista: – Fique à vontade, Zezão. Coma alguma coisa antes de voltar, certo?

Pelo visto, o motorista costumava servi-lo, pois entrou pela entrada de serviço sem maiores cerimônias. Nesse ínterim, e de forma quase furtiva, uma mulher com bata branca e um homem de avental tomaram conta de nossas bagagens.

Luzes discretas davam um tom elegante à residência e ao jardim. Era uma casa térrea, quase invisível sob as árvores frondosas. A sala de estar tinha uma grande lareira e três ilhas aconchegantes de sofás. À semelhança de um imenso pátio coberto, o espaço funcionava como estuário. Tudo desaguava nele ou abria-se nele: uma ala de serviços, um amplo escritório, um home theater, quatro suítes e uma sala de jantar em que, rodeada por 10 cadeiras, imperava uma mesa de madeira maciça. O anfitrião continuou a orientar nossos passos:

– Temos dois quartos disponíveis. As duas moças ficarão no primeiro, os três rapazes no outro. Estarão bem acomodados. Está bem assim?

Diante da pergunta protocolar, meneamos a cabeça sem pestanejar. Nesse instante, apareceu a mulher de Sálvio, uma senhora de ancas largas, rosto redondo, dentes perfeitos, cabelo apanhado em coque. Aparentava uns quarenta e poucos anos. Ao se apresentar, estendeu as duas mãos num gesto de franca acolhida.

– Sou Selma, esposa do Sálvio. Sejam bem-vindos. Se quiserem se refrescar, não se acanhem: os quartos estão logo ali à esquerda.

Ficamos sem ação. O professor compreendeu nossa hesitação e veio em nosso socorro. Seus olhos cintilavam sob as espessas sobrancelhas pretas que alguns fios brancos pincelavam.

– Eu os aguardo na sala de estar daqui a meia hora. Combinado? Vamos jogar conversa fora antes do jantar.

Fomos nos instalar. À direita, vi de relance um escritório apinhado de livros e, numa ampla parede, muitas fotografias afixadas. Mais tarde, pude verificar que eram reproduções de obras consagradas. O quarto, finamente mobiliado, era espaçoso e sua porta-janela abria diretamente para o jardim. Fui para lá como que imantado. Dei uns passos na relva levemente molhada e respirei fundo. Uma brisa cálida soprava. O céu sem nuvem estava pontilhado de estrelas. Senti-me subitamente feliz. Foi quando ouvi Pedro propor uma "ducha competitiva", em revezamento, para ver quem seria o mais rápido.

– Nada disso! – rebateu André. – Vamos tomar os três juntos, que tal? Ninguém vai precisar cronometrar.

– Corta essa! – reagiu Pedro.

O colega tinha razão: galhofas têm hora; optamos pela primeira proposta.

– Você começa – intimei Pedro. – Estou de relógio em punho.

Embora lançados ao mundo dos adultos, não havíamos perdido o gosto por brincadeiras. André acabou ganhando: tomou banho e se vestiu em menos de nove minutos. Quando voltamos pontualmente à sala de estar, o professor estava sozinho, sentado numa grande poltrona. Sorvia uma vodca pura num copo fino e alto.

– Vamos sentar. O que gostariam de tomar? Uísque, vodca, vinho, cerveja?

Como se fossem velhos executivos, Pedro e André preferiram uísque com gelo, enquanto eu aceitei a vodca, que me parecia licorosa. Sálvio se levantou para preparar as bebidas em uma mesa colonial repleta de copos coloridos e garrafas importadas. Atrás, ereta e majestosa, velava uma máscara africana preta e ocre. Enquanto ele colocava três pedras de gelo em dois copos baixos e maciços, modulou a voz:

– As moças estão com a Selma, visitando a casa.

Para não obrigá-lo a nos servir, fomos até a mesa. Pedi licença e apanhei a garrafa congelada que se encontrava em um balde de metal cheio de meias-luas translúcidas. O líquido perfumado aqueceu meu estômago vazio e me fez rememorar uma colega de faculdade que bebia desde os 13 anos – e não era pouco. Foi ela quem me ensinou a gostar de vodca. Era uma moça que falava compulsivamente, tão afetiva e sôfrega no desfrute da vida que parecia estar com os dias contados. Foi minha primeira namorada. Não depilava as pernas nem as axilas por opção naturista e, além de fazer amor sem pressa, feito de carícias e de exploração erógena, conhecia o *Do-In*, essa massagem chinesa que é um santo remédio. Seus dedos mágicos manipulavam a planta de meus pés com tal destreza que minhas tensões se esfumavam. Um dia, largou a faculdade e foi morar num povoado de caiçaras. Não deixou endereço. Apenas segredou que queria levar uma vida frugal, sem consumismos tolos, em plena harmonia com a natureza. De resto, ela me receitou: "Para que se esfalfar, hem? Acumular bens, criar filhos, iludir-se com o que vai deixar de herança, querer ser eterno, para quê? O que sobra da gente é uma foto num álbum qualquer, um rosto anônimo com roupa esquisita, uma figura sem lembrança. Pensa direito: só o presente importa; o que passou e o que será são fábulas..." Olhei pela imensa janela e creio ter visto um vulto adejando no gramado. Até juraria que divisei seu rosto rebelde a derramar poesia na penumbra.

No jardim, áreas de sombra se alternavam com cogumelos de luz; alguns refletores enterrados conferiam imponência às árvores. De repente, vindas da cozinha, as três mulheres irromperam na sala. Meu devaneio se dissipou. Letícia nos abarcou com um sorriso travesso:

– Conspiramos! E sabem contra quem? – Fez suspense. – Adivinhem!

– Não acredito – gracejou André. – Moças de família não aprontam!

Letícia não se conteve:

– Estraga-prazeres!

Sem dar importância à rusga, Luisa resgatou o lado positivo da brincadeira:

– Vocês não imaginam: sem vocês, as coisas não têm graça!

– Que belezinhas! – zombou André.

Sálvio interrompeu as alfinetadas com a cortesia de um anfitrião:

– Tomam alguma coisa?

– Não precisa se preocupar conosco – alertou a esposa. – Vamos beber acerola com laranja. A cozinheira está cuidando disso.

André encetou um assobio e parou no meio: percebeu que não seria educado fazer graça com o número de empregados. Aí tentou despistar e destilou com voz de falsete:

– Saudável isso...

Aos poucos, nós nos ajeitamos no imenso sofá em L, o copo em punho, enquanto as duas colegas afundavam nas poltronas. Foi quando o professor desfechou:

– Relaxem. Não haverá banca examinadora nem testes idiotas. Ainda que nossa consultora organizacional – virou os olhos em direção à mulher – navegue entre a psicologia e a antropologia... – E logo sorriu ao dizer: – Vez ou outra, ela cai em tentação!

A despeito do semblante afável, a provocação pareceu tocar numa antiga diferença. Dona de si, Selma fez uma careta de troça e esclareceu:

– Presto consultoria organizacional a muitas empresas. Uma delas, por sinal, é a de meu querido marido... E nunca apliquei testes psicológicos. É pura implicância do Sálvio! Monitoro, sim, o andamento dos projetos que coordeno, meço resultados e, quando detecto alguma tensão entre as equipes, lanço mão de dinâmicas de grupo. São ferramentas úteis para reatar relacionamentos, costurar divergências.

Circunspecto, o empregado de avental entrou. Ele segurava uma bandeja com uma jarra de líquido alaranjado em que pedras de gelo tilintavam. Serviu às moças em primeiro lugar, obedecendo à orientação do olhar da anfitriã que nem por isso perdeu o fio da meada:

– Gosto de pesquisa participante e tenho paixão por intervenções organizacionais. Principalmente quando é preciso redesenhar funções ou processos de trabalho. Agora, quando trato de padrões culturais, prefiro lidar com comportamentos. Guardo distância das manifestações subjetivas.

– É uma behaviorista! – rotulou o marido. – Depois, com voz aveludada e como que pedindo desculpas: – Tenho prazer em bulir com ela!

– Trabalho com observações empíricas – contrapôs Selma –, é mais seguro. Lidar com emoções não é meu forte. – Parou como se procurasse as palavras certas: – Abomino sentimentalismos!

O professor lançou luz sobre a fala da esposa:

– Seria melhor dizer que ela desconfia das boas intenções. Os falastrões falam muito e fazem pouco. Aliás, a esse respeito, há um ótimo provérbio português: grande gabador, pouco fazedor! – Virou-se para ela em tom de conciliação: – Somos iguais! A retórica me dá urticária!

Não sabíamos ao certo se devíamos nos desarmar ou levantar barricadas. Avaliamos que, por trás dessas preliminares, havia método e propósito. Tomamos um gole de bebida em silêncio enquanto o empregado de avental ajeitava nas mesas de centro pequenas cumbucas de barro, cada qual com um recheio: amendoins, pistaches, amêndoas, nozes, damascos secos, castanhas-do-pará. Sálvio nos fez um gesto convidativo para que nos servíssemos à vontade e entrou diretamente no assunto:

– O presidente me incumbiu de discutir com vocês a crise atual do sistema financeiro mundial, além de preveni-los quanto às implicações da lei Sarbanes-Oxley, a SOX, que vocês já conhecem.

Pensei: opa, na mosca! Eles vão checar nosso nível de informação. Já havíamos assistido a uma exposição a respeito da lei americana num evento promovido pela companhia. Quanto à crise atual, só sabíamos o que jornais e revistas diziam. Pela fixidez dos olhares de meus colegas, percebi que eles estavam apreensivos. Eu também disfarcei. O que será que esperavam de nós?

– A crise foi detonada em 2007 pelos títulos hipotecários norte-americanos de alto risco (*subprime*) – prosseguiu o professor. – De início, todos acreditaram que o problema se restringiria à queda dos preços dos imóveis e ao aumento das execuções hipotecárias. Infelizmente, a falta de liquidez nos bancos americanos se agravou drasticamente em 2008 e isso se alastrou para os bancos europeus, que haviam comprado quantidades imensas de derivativos financeiros no mercado americano...

Ficamos um pouco desnorteados diante da investida. Não estávamos a passeio, esse intróito dizia tudo. Selma desdobrou o raciocínio do marido:

– Muitas instituições financeiras carregavam ativos podres cujo montante não estava claramente dimensionado. Daí para a frente, os bancos começaram a desconfiar uns dos outros e o crédito interbancário secou...

Letícia arriscou:

– O fluxo do crédito também estancou para as empresas, fazendo com que a crise de confiança contaminasse a economia real.

Surpreso, Sálvio se manifestou com entusiasmo:

– Perfeitamente! Você tocou no cerne da questão!

Todos nós olhamos para Letícia, aliviados, porque a intervenção dela sinalizou que poderíamos dar conta do recado. Ela esboçou um leve sorriso de triunfo, enquanto o professor avançava em seu relato:

– O pânico tomou conta dos mercados, os preços das ações e das commodities despencaram. O ponto definitivo de inflexão, no entanto, foi a falência do banco de investimentos Lehman Brothers.

Luisa interferiu:

– Mas houve a falência, ou quase isso, do Bear Stearns...

– Certo. Só que foi comprado pelo Banco JPMorgan Chase, assim como o foi o Washington Mutual. Além do mais, o Banco Merrill Lynch foi adquirido pelo Bank of America. Outros bancos e agências do setor hipotecário como IndyMac, Fannie Mae e Freddie Mac sofreram intervenção do governo americano. Isso significa que, diferentemente do Lehman Brothers que ficou à míngua, houve socorro nos demais casos.

– Mesmo assim, a generalização do pânico gerou um risco sistêmico – comentou Selma. – Imaginem falências em cascata! Isso levou bancos centrais a intervir maciçamente para salvar as instituições financeiras, enquanto pacotes bilionários de ajuda eram mobilizados por importantes governos para reativar o crédito.

– Vivemos agora a percepção de que a economia global avança inexoravelmente para a recessão – completou Letícia.

Os dois anfitriões acenaram com a cabeça em sinal de aprovação. E Sálvio se apressou a esclarecer:

– Bem, provavelmente vocês devem estar ansiosos para saber como nossa empresa enfrentará essa grave turbulência. – Nossos rostos atentos agradeceram. – Faremos tudo conforme o manual, mas o faremos com cuidado e discernimento: contenção de despesas, corte de mordomias, revisão dos custos operacionais, renegociação dos contratos com terceiros, racionalização das atividades, rigor no orçamento. E convocaremos boas cabeças para isso... – Sorriu para nós. – Com uma importante ressalva, porém: não deixaremos de investir em inovação e marketing. Sabem por quê? Por duas razões: a primeira é que não queremos perder o ímpeto, cair na mesmice ou no derrotismo; a segunda é que há tempo estamos enxugando o negócio. Como dá para ver, temos rumo, somos prudentes, não vamos entrar em pânico. E quanto ao mercado de consumo? Bem, as pessoas não vão deixar de viver, comer, vestir-se, estudar, divertir-se, locomover-se. A demanda vai cair? É bem provável, sim. Porque empresas cortarão vagas e muita gente conterá as despesas. Esse cenário não vai nos surpreender. Faremos os ajustes à medida que for necessário; reduziremos o ritmo de produção; assimilaremos os traumas. Com qual cacife? Nosso caixa, dinheiro o bastante para lançar produtos novos e, quem sabe, avançar sobre os concorrentes fragilizados...

Aceitamos esses comentários com a devida reverência, como se fossem um informe de diretoria. Além do mais, eles nos pareceram perfeitamente razoáveis. A essa altura, Selma ampliou o leque da discussão:

– Há um aspecto crucial que merece menção e que está conectado com a crise de confiança: trata-se do risco de reputação. Nossa empresa se preparou para enfrentar uma desaceleração econômica. Mas ninguém, jamais, pode sentir-se ao abrigo dos perigos que rondam os ativos intangíveis...

Embora aprovasse o que a esposa dissera, Sálvio fez questão de completar o raciocínio:

– Como explicar a atual crise financeira mundial? Três fatores conspiraram: os abusos na "alavancagem" da dívida, que chegou, no limite, a 40 vezes o patrimônio (quando o nível tolerável é de 10 vezes, segundo os Acordos de Basileia); as graves falhas regulatórias e gerenciais de instituições financeiras e de agências de classificação de risco; os pacotes de remuneração com incentivos de curto prazo que levaram executivos e operadores financeiros a assumir riscos excessivos.

Fez uma pausa e observou nossa reação. Estávamos fascinados com sua capacidade de síntese. A mulher dele então nos cutucou:

– Qual é a conclusão?

Um pouco incomodado, eu disse:

– Os excessos de ganância deixaram muita gente cega...

O professor piscou em sinal positivo. O resto do pessoal se manteve calado. Ele retomou a análise:

– Olhando em perspectiva, dá impressão de que houve uma conspiração contra a boa-fé dos investidores. Miopia. O encadeamento é bem pior: o descaso pelas implicações éticas virou moeda corrente; a visão oportunista foi celebrada; o desprezo pelos interesses alheios foi banalizado; a negligência no controle dos riscos financeiros virou regra. Na ânsia de obter ganhos polpudos, os executivos financeiros conceberam produtos de tal nível de complexidade (os famigerados derivativos) que ludibriaram todo mundo. Assim, uma gestão temerária, turbinada pela incompetência e pelo descaramento, lançou o sistema financeiro mundial no abismo do descrédito. As feridas dessa crise de confiança levarão tempo para cicatrizar. E por quê? Porque reina a incerteza quanto aos malefícios da ganância apontada por Leo: será que as partes com as quais transacionamos agirão com integridade? Será que terão competência para cumprir as promessas feitas? Será que se manterão fiéis aos compromissos assumidos? Será que serão consistentes o bastante para nos dar demonstrações de discernimento e de previsibilidade? Em suma, serão capazes de nos devolver a segurança perdida?

Fez-se uma longa pausa que Selma aproveitou para perguntar se queríamos nos servir de mais um drinque. Nenhum dos rapazes aceitou por motivos óbvios – não queríamos ficar bêbados. Em compensação, as duas colegas se serviram de mais suco de acerola com laranja. Enquanto isso, nós nos deliciávamos com os frutos secos. A anfitriã então perguntou:

– Vocês viram que empresas brasileiras apostaram no cassino dos derivativos cambiais? Preocupadas com a valorização do real, extrapolaram. Não se limitaram a salvaguardar o fluxo de caixa, procuraram lucrar financeiramente com as operações de proteção cambial (o hedge)...

Diligente, Luisa citou os casos mais notórios:

– Aracruz, Sadia e Votorantim.

– Parabéns, Luisa! Os casos repercutiram e houve desgastes. Quando a Aracruz admitiu que sofreu perdas cambiais em derivativos, ela não disse o montante... Isso gerou uma terrível incerteza. Um pouco mais de um mês depois, ela liquidou os contratos futuros de câmbio e anunciou prejuízos de R$4,7 bilhões. O valor de suas ações caiu 58%!

André comentou:

– O caso da Sadia levou à demissão do presidente e do vice-presidente do Conselho de Administração, ambos da família controladora, além do diretor financeiro e do gerente da área.

– É isso mesmo – confirmou Sálvio. – A Sadia divulgou que perdeu R$760 milhões, mas o mercado desconfiou que a perda chegasse a R$2,5 bilhões, e suas ações caíram 54%. As imagens dessas duas empresas sofreram graves abalos. Mas algo diferente ocorreu com a Votorantim: das oito indústrias, apenas uma tinha ações cotadas na bolsa, a de celulose e papel. Mesmo assim, o grupo anunciou que gastara R$2,2 bilhões para eliminar por completo sua exposição aos derivativos cambiais e, no ato, informou que dispunha de R$10 bilhões em caixa. Deu prova de credibilidade e evitou comprometer sua imagem.

Selma fez então a ponte com o segundo tema de interesse:

– Isso lembra em parte os escândalos corporativos de 2001-2002, embora a crise financeira atual tenha proporções muito maiores. A crise de confiança levou à promulgação da lei Sarbanes-Oxley, um novo marco, já que é o regramento comercial americano mais importante dos últimos 50 anos. Todas as empresas com ações na Bolsa de Valores de Nova York tiveram de submeter-se às suas diretivas.

– São raras as empresas brasileiras que têm ações lá – assinalou Letícia.

O professor concordou:

– Pouquíssimas, sim. Um dia nossa empresa fará parte dessa elite... Agora, devemos reconhecer que quem adota as exigências da SOX desfruta de bom conceito no mercado. Por isso, faremos nossas algumas de suas orientações. Por exemplo, controles internos mais rigorosos e adoção de um referencial ético.

Sua esposa indagou:

– Vocês sabem por que a lei foi promulgada?

Dentre nós, Pedro foi o mais ágil:

– Restaurar a confiança dos investidores nas prestações de contas; conferir credibilidade às demonstrações financeiras.

– Muito bem – parabenizou Selma. – Foi uma contramedida (e que contramedida!) para tentar preservar a cultura acionária americana, um dos mais preciosos alicerces da economia dos Estados Unidos.

– Apertaram as regras de jogo – ressaltou Sálvio. – As que regulam e monitoram as relações com o mercado. Isso desembocou numa legislação extensa, minuciosa, praticamente exaustiva: um calhamaço de mil e poucos dispositivos.

Aí tomou um longo fôlego, como se desse uma deixa para a consultora. Esta assumiu o bastão num perfeito revezamento:

– A lei configura um sistema de auditoria abrangente, inaugura o império dos controles internos. De certa forma, institucionaliza a governança corporativa.

Eu me senti impelido a mostrar serviço.

– Foi uma resposta institucional às fraudes contábeis de Enron, WorldCom, Xerox, Tyco International...

Luisa pegou o embalo:

– Cendant, Global Crossing, ImClone, Adelphia Communications...

– Sim, sim, bravo! – festejou Sálvio. – E muito mais: CMS Energy, Merck, Dynergy, e assim por diante. Mas não pensem que houve apenas corporações americanas implicadas. Tivemos os casos notórios da Vivendi Universal francesa, da...

Suspendeu interrogativamente a fala, como costumam fazer os professores que aguardam a participação da classe.

– Da Parmalat italiana – adicionou Letícia –, cujo dono foi condenado a 10 anos de prisão pelo rombo de 14 bilhões de euros.

– E da Royal Ahold holandesa? – arriscou André.

Confirmei de pronto:

– A mesma que vendeu a rede de supermercados Bompreço ao Wal-Mart.

Sálvio sorriu com os olhos, enquanto Selma, plenamente integrada em seu papel de consultora, direcionou nosso esforço:

– Vamos refletir sobre o seguinte: como foi possível que vingassem tantas tramoias corporativas? – E ela mesma se encarregou de esclarecer: – Os controles internos falharam. Pior ainda, as empresas de auditoria externa se curvaram aos interesses dos clientes. E sabem por quê? Porque estavam empenhadas em prestar serviços de consultoria!

– Mas isso é venda cruzada! – protestou Pedro.

Num lúcido lampejo, André retificou:

– Foi o inverso, Pedro! Não forçaram a barra, não. Os clientes adoram uma zona cinzenta em que os interesses se confundem... Imagine você a maravilha de ter um auditor externo que lhe presta consultoria! É o caminho da perdição. Toda "conexão vantajosa" – e ele desenhou aspas no ar – pode agregar valor aos acionistas...

Letícia destrinçou a ideia:

– Concordo com André. A segregação entre as divisões de auditoria e de consultoria não devia ser lá grande coisa.

– Falhou a "muralha da China" – traduziu Luisa.

– Típico conflito de interesse! – concluiu a colega.

A voz do professor soou grave:

– Faltaram controles, sem dúvida. Faltou gerenciamento de riscos. O mais alarmante é a suspeita de mancomunação. A situação chegou a tal ponto que beirou o curto-circuito sistêmico. – Notou curiosidade em nossos rostos. – Explico. Com empresas de auditoria independente que não desfrutam de credibilidade pública, quem investiria em companhias cujas cifras não são confiáveis? A captação de capitais nos Estados Unidos ocorre principalmente nas Bolsas de Valores. Não é ainda o caso do Brasil, que começa a desenvolver essa fonte de financiamento. O capitalismo americano estava a perigo.

A esposa fez deduções pertinentes:

– Eis o nó da questão. O que propiciou tamanha intervenção? Em primeiro lugar, o impacto que a quebra de importantes corporações significa: desemprego para muita gente e desespero para uma legião de pessoas que aplicaram suas economias em ações que viraram pó. Tratava-se, pois, de reconhecer a gravidade da crise social. Em segundo lugar, a necessidade de resgatar a confiança dos investidores. Ou seja, era preciso demonstrar que, daí em diante, as coisas ficariam sob controle.

– Uma das consequências mais diretas da SOX – anotou Sálvio – é a redução do poder dos executivos. Em proveito de quem? Dos conselheiros e dos auditores internos, dos advogados e dos auditores externos. Todos eles tiveram suas atribuições fortalecidas. Quanto à antiga camaradagem...

– Eufemismo! – rebateu a consultora. – Diga logo que era figuração!

O marido concordou com o queixo e seguiu avante:

– As reuniões dos Conselhos de Administração eram cerimônias ritualistas, sim (como ainda o são em muitos casos no Brasil). Conselheiros passivos chancelavam tudo o que as Diretorias Executivas propunham. Com a SOX, a reviravolta foi radical. Por causa das obrigações legais, a docilidade e o relacionamento cúmplice cederam lugar a uma rígida fiscalização, uma espécie de formalismo legalista. As cobranças se tornaram exageradas, os conselheiros passaram a agir como franco-atiradores e a formar um coro desafinado.

Houve um dilatado momento de reflexão, como se precisássemos de tempo para digerir as ideias. Selma então cogitou:

– Não posso deixar de pensar na agenda oculta dos escândalos. – Num muxoxo afetuoso, o marido estalou a língua e esticou os lábios. Ela continuou: – Porque não dá para acreditar em coincidência infeliz. Não dá mesmo! – Nós a fitamos com muito interesse; ela estava a cavaleiro. – Não foram alguns maus caracteres que enfrentaram sua hora da verdade: seria cômodo demais! Contos da carochinha têm hora. Vocês conhecem o velho chavão da maçã podre que contamina o cesto, não conhecem? – Conhecíamos, sim. – É uma crença simplória. As pessoas não se dividem do berço ao túmulo em gente boa e em gente má. Ninguém herda a sem-vergonhice. O mau-caratismo se adquire tanto quanto se desaprende. A chave, isso sim, está em saber se o ambiente é permissivo ou não, se os controles funcionam ou não. Nesse sentido, quando se trava o bom combate? Quando as pessoas pensam duas vezes antes de transgredir. Caso sejam flagradas, reconhecem o erro e decidem se emendar. E por que fariam isso? Porque não querem sujar o nome e porque percebem que deslizes custam caro. A questão é assim bem mais complexa.

André estava tão à vontade que desandou a fazer graça:

– O buraco é mais embaixo, como diz a máxima popular!

Ninguém riu. Letícia franziu a testa e, meio embaraçada com o mau jeito do colega, quis contornar a bobagem com uma frase algo pomposa:

– A sabedoria dos simples merece indulgência...

Sem se importar, a consultora levou adiante o raciocínio:

– Seria instrutivo ampliar a perspectiva e apanhar a sequência histórica. Aqueles escândalos corporativos não foram episódios isolados. Se assim fosse, bastaria processar os implicados, e pronto! Feita a limpeza, estaríamos no melhor dos mundos.

Sálvio encampou a preocupação:

– Dou razão a Selma e sublinho: foi uma crise anunciada, pois houve casos anteriores. Cito a Phar-Mor, a maior rede de farmácias de desconto dos Estados Unidos que faliu em 1992 logo após a descoberta de um esquema de desfalques e fraudes. Cito também a HBOC, uma companhia de softwares para hospitais que inflou suas receitas e foi adquirida em 1999 por

McKesson, a maior distribuidora de remédios dos Estados Unidos. Foram tratados como abscessos supurados. Deram-lhes um tratamento tópico: o mal foi puncionado e o assunto, encerrado. Em contrapartida, a crise do início do século correspondeu a um encadeamento inédito de escândalos, a uma metástase de abusos.

A voz da consultora ressoou animada:

– Vocês sabiam que a WorldCom, a gigante das telecomunicações e ex-dona de nossa Embratel, deixou um rombo de US$41 bilhões? Além de manipular US$11 bilhões nos balanços? – Ela perscrutou nossas fisionomias e completou: – A WorldCom custou a seus investidores US$180 bilhões e levou de roldão 20 mil empregos... A indecência virou catástrofe!

– Seu presidente não foi condenado à prisão? – indaguei.

Luisa respondeu prontamente:

– Foram 25 anos de cadeia e seu nome é Bernard Ebbers. Foi o único diretor que não quis colaborar com a Justiça. Insistiu em sua própria inocência: defendeu-se dizendo que não entendia de contabilidade!

Ficamos boquiabertos com os pormenores que Luisa sabia de cor. Mas Selma não queria perder o fio da meada:

– Descrever os eventos e suas consequências é válido. Mas é melhor explicar os porquês, os fatores causais.

Ficamos pensativos, até que um esclarecimento providencial de Sálvio pôs ordem na reflexão:

– Vocês sabiam que as engenhosas manobras contábeis utilizadas por essas corporações eram conhecidas como "finanças estruturadas"? Consistiam em diversificar o risco com o dinheiro de investidores externos e em transferir bens e dívidas para outras entidades. Por exemplo, em "empresas de propósito específico". A Enron e outras corporações estavam viciadas nesses malabarismos. De forma simplificada, elas convertiam parte da rubrica de despesas em rubrica de receitas...

Pedro não resistiu:

– Puxa vida! É o contrário do que se faz no Brasil!

Com um riso debochado, André corrigiu:

– Aqui o negócio é sonegar imposto, cara! O problema deles é outro.

Dessa vez, Selma se associou à zombaria:

– As escolas de administração americanas tinham uma disciplina que se chamava "Contabilidade Criativa"!

– Ensinavam as tretas todas? – inquiriu André.

A anfitriã confirmou com a cabeça e a informação nos divertiu muito. André, então, olhou fixamente para Pedro e comentou:

– Ainda bem que não temos o monopólio da esperteza!

Por ser carioca e filho de um empreiteiro de obras públicas, Pedro sofria um cerco preconceituoso:

– Está me encarando por quê?

– Vestiu a carapuça? – caçoou o brincalhão.

Sabíamos que a provocação não era para valer: além de muito amigos, os dois dividiam o mesmo apartamento. Aliás, Pedro não escondia de ninguém que seu sonho era voltar para o Rio de Janeiro, onde sempre morou. Não era o caso de André que era de Santos e se dispunha a trabalhar onde fosse preciso, desde que não morasse com os pais, com quem mantinha relações tensas. Seu pai, militar aposentado, sentia saudades dos tempos em que ocupara cargos de relevo em estatais; havia sido da área de inteligência do Exército.

– Tenho culpa de minha cidade ser o berço da malandragem? – retorquiu Pedro, na defensiva.

– Está aí: confessou!

O outro arguiu num tom irônico:

– Quem mandou ser o centro colonial, a sede imperial, a capital da República? Quem mandou ser o coração pulsante da cultura nacional?

À semelhança dos comediantes, que escarnecem de si mesmos, o humor autocrítico do grandalhão o humanizou. Simulamos uma ira geral:

– Hei! Hei! De onde tirou isso? Louco! Está pensando o quê? Tenha a santa paciência!

Risadas complacentes acompanharam as interjeições. Nesse instante, o empregado de avental sussurrou algo no ouvido de Selma. Ela se levantou:

– O jantar está servido.

Estávamos tão entretidos com a troca de ideias que esquecemos o jantar. Derivou disso uma certeza: nos dias a seguir, não aturaríamos sermões nem provaríamos receitas prontas. Que bom!

As saladas estavam dispostas à maneira americana num longo aparador. A anfitriã nos dispôs à mesa ao designar um lugar a cada qual. Sálvio se acomodou na cabeceira, tendo a esposa à direita e Luisa à esquerda. Formamos uma pequena fila para nos servir. Havia várias travessas de saladas invariavelmente multicoloridas: folhas diversas, tomates, pepinos, aspargos, palmitos, beterrabas, kani, cebolinhas em conserva, batata palha. Os temperos ficavam à parte para que cada um preparasse seu prato a gosto – vinagrete, molho com pepino e coalhada, molho à base de mostarda, azeites variados.

Eu estava descontraído, apesar de intrigado com o assunto abordado. No fundo, o presidente pediu a Sálvio para falar sobre fraudes e manipulações financeiras, é isso? Não éramos auditores nem destinados à área de *compliance* – pelo menos até onde eu sabia –, então para que três dias? Será que desconfiavam da gente?

Eu estava ao lado de Luisa. Seu perfume, suave como uma flor noturna, me perturbou. Pela primeira vez, percebi que ela havia pintado a boca com um batom tão neutro que deixava apenas um brilho nos lábios. Eu a via como amiga, quase uma irmã, e sempre me esforçava para não pensar nela como mulher, mas isso se tornava cada vez mais difícil: sonhava em lhe fazer carinho... Ao ouvir a consultora retomar uma ideia que ficara em suspenso, saí de meu devaneio:

– Ninguém teve um surto de mau-caratismo. No afã de ganhar dinheiro rápido, qualquer meio servia. Prevaleceu o espírito tacanho de quem só pensa em si mesmo.

O marido fez questão de desdobrar:

– Para garantir os empregos, os altos executivos tinham interesse em mostrar aos investidores que as empresas eram sólidas, lucrativas, promissoras. Para quê? Convencê-los a comprar ações. Isso significa que a ideia de um complô urdido por meia dúzia de espertalhões é uma fábula. O problema real é mais sério e estrutural: a dinâmica organizacional tem lá suas razões...

– O senhor disse – reconheceu Letícia – que a Bolsa de Valores é vital nos Estados Unidos como fonte de captação de recursos. Mas houve movimentos subterrâneos, é isso?

Selma manteve a interrogação:

– Embora o mercado de capitais funcione lá a pleno vapor e o preço das ações corresponda praticamente ao valor do negócio, há outros fatores propulsores nessa crise. Alguém sabe de algum motivo oculto?

Embora reticente, respondi por ter lido comentários a respeito:

– As opções de ações são bastante disseminadas nos Estados Unidos.

– Está certo – reforçou o professor. – Embora esteja se difundindo no Brasil, ainda não é comum recompensar gestores, assessores e especialistas com a oportunidade de comprar ações da própria empresa a preços incentivados. Quando isso ocorre, os detentores de portfolios têm interesse em que as ações se valorizem. – Ele nos encarou: – Não é verdade?

– Assim – concluiu Pedro com um sorriso esperto –, na hora de desová-las, os homens metem uma boa grana no bolso!

Todos nós aprovamos a dedução lógica, como se tivéssemos descoberto um segredo. Mas a consultora esfriou nossos ânimos com um alerta seco:

– Devagar com o andor, gente. Estão faltando fatores! – Ficamos curiosos. Ela mastigou os alimentos e falou sem pressa: – Duas coisas merecem consideração. A primeira é que a remuneração dos altos executivos estava vinculada ao preço das ações, o que reforçava o impulso para maximizar os lucros. A segunda é que os próprios acionistas exigiam cada vez mais resultados de curto prazo. Tanto é que os balanços trimestrais se tornaram praxe.

– Ovos de serpente... – fustigou André.

– De fato, a mistura pode ser explosiva. E sabem por quê?

Enquanto nós ficávamos imaginando o que podia ser, Luisa assumiu a dianteira:

– Existem investimentos que exigem prazos longos de maturação. Por exemplo, as inversões em pesquisa e desenvolvimento. Afinal de contas, inovações tecnológicas não são do tipo vapt-vupt!

– Muito bem pensado, Luisa! – estimulou a anfitriã.

Procurei raciocinar na mesma linha:

– Não fazer investimentos em produtos diferenciados pode condenar as empresas à estagnação, é isso? Anula o dinamismo e a capacidade de competir.

Letícia inferiu com propriedade:

– E a obrigação de apresentar resultados positivos a cada trimestre pode ser um convite à maquiagem dos balanços... Pode até levar à fraude! – Ela se virou para nós quatro. – Nós sabemos o que é viver sob pressão permanente, não é? Tensão, estresse, sensação de falta de ar...

– Fale por você – brincou André. – Eu estou muito bem, obrigado!

Letícia esboçou um meio sorriso com desdém.

– É a mesma coisa que estabelecer uma política agressiva de metas. O pessoal tende a aprontar: passa o tempo todo imaginando truques para driblar tudo o que impede o cumprimento das metas... Por exemplo, contornar as normas e os procedimentos! As pessoas perdem o pudor!

Mais uma vez, Pedro estabeleceu um paralelo:
– Em nossa pátria querida, damos jeitinhos!
As faces de nossos anfitriões brilharam. Era isso! As maquinações corporativas tinham também raízes em interesses menores. As peças do quebra-cabeça se encaixavam! Houve uma breve pausa para organizar as evidências. Foi quando notei que a conversa havia eclipsado o delicado sabor das saladas.

Luisa procurou recapitular:
– Se entendi bem, os altos gestores dispunham de boa margem de manobra e tinham todo o interesse em valorizar as ações que possuíam; queriam preservar seus cargos e incrementar os rendimentos; e não se importavam muito com os meios para alcançar metas arrojadas. Do lado dos acionistas, havia pressões para que os lucros fossem sempre mais elevados, ainda que comprometessem a vitalidade das empresas no longo prazo. Quanto aos Conselhos de Administração, eram decorativos...

Joguei mais lenha na fogueira:
– Com seus interesses cruzados, as auditorias independentes e os grandes bancos acobertaram as manobras contábeis das empresas-clientes...

– Belo coquetel! – observou André.
Selma abonou as paráfrases:
– Já viram condições mais propícias?
Certeiras na mira, as provocações intelectuais do casal iam direto ao miolo dos problemas: descreviam e explicavam os eventos. De fato, estávamos diante de duas pessoas cultas e tão sintonizadas que tudo parecia espontâneo, ainda que certa preparação prévia não fosse improvável. À semelhança do diálogo socrático, não havia improviso. Um feixe de perguntas cercava os temas discutidos e algumas das respostas ocorriam aos próprios interlocutores, como que extraídas deles. Com qual propósito? Tirar lições de alcance geral. Procurei a designação técnica do processo, mas ela me escapava: queimava minha língua e depois sumia. A intermitência me exasperou. Num estalo, porém, o conceito me veio à lembrança. Exclamei:
– É maiêutica!

Meus colegas não entenderam a interjeição e fizeram cara de susto. Por duas vezes, no dia seguinte, tive de lhes explicar do que se tratava. Em contrapartida, Sálvio e sua esposa alongaram o olhar em minha direção e me brindaram com um sorriso encorajador.

— Sem falsa modéstia — concedeu o professor —, talvez seja um arremedo caipira disso. — E, sem mais, avançou na exposição: — Vocês sabiam que a SOX obriga os presidentes e os diretores financeiros das corporações a assinar declarações que atestem a veracidade das informações apresentadas nos demonstrativos contábeis? — Balançamos a cabeça de forma afirmativa. — E por quê? Para prevenir dados falsos ou omissões.

— Fecharam a saída pela tangente! — comentou André em meio a uma risada seca. — Os dirigentes não podem mais alegar que não entendem de balanços.

A consultora exultou:

— Bingo! Como fez o ex-presidente da WorldCom que Luisa lembrou!

— Nem podem dizer que foram apunhalados pelas costas! — reforcei.

Sálvio foi incisivo:

— Perfeito! A SOX elimina saídas heterodoxas. Chancela o princípio da responsabilidade nas empresas, uma vez que o gestor responde por tudo aquilo que ocorre em seu pedaço.

Durante a conversa, as saladas já haviam sido retiradas do aparador e substituídas por diversos outros pratos: suflê de queijo, frango assado fatiado, arroz branco, farofa, feijão e uma grande travessa de legumes. Uma nova fila se formara e todo mundo se serviu.

— E as sanções? — questionou Pedro. — Sem sanções, tudo fica lindo no papel, mas é pouco eficaz.

— Deve dar cadeia — supôs André.

— E dá mesmo — sustentou Selma. — Em caso de violação da lei, os diretores, auditores e consultores das empresas ficam sujeitos a penas que vão de 10 a 20 anos de prisão e a multas de até US$5 milhões.

Luisa então relatou uma situação como se lesse uma ficha de anotações:

— O fundador e presidente da Adelphia Communications, John Rigas, de 80 anos, foi condenado a 15 anos de prisão. Seu filho, diretor financeiro da empresa, recebeu 20 anos. E ambos tiveram de indenizar os investidores com quase US$1,3 bilhão.

Eu sublinhei:

— Opa! Você falou bilhão!

— Ouviu certo — confirmou a colega. — É bilhão mesmo!

A anfitriã se encarregou de nos informar a respeito do caso:

– Houve apropriação de recursos da empresa e gastos pessoais extravagantes.

Pedro fez então uma constatação:

– Olhando para o Brasil, aqui faltam mecanismos de controle.

– O país está mudando – declarou Sálvio com seriedade –, ainda que devagar. As condições históricas estão presentes e, aos poucos, as instituições vão respondendo a isso. Basta lembrar os avanços da governança corporativa nas empresas, bem como o Novo Mercado na Bolsa.

Os semblantes incrédulos de Pedro e André não desanimaram o professor:

– Deixemos isso para outra hora, está bem? Hoje à noite vamos nos divertir. Que tal vermos um filme? Não estão muito cansados? Amanhã vocês poderão acordar tarde. Oito e trinta para o café-da-manhã está bom?

Estávamos tão excitados que a ideia de um filme foi acolhida com entusiasmo. Comemos frutas de sobremesa e – deliciosa incursão do paladar – uma pera envolta em suspiro acompanhada de sorvete de limão. Fomos depois ao home theater, uma sala aparelhada com projetor e telão, cujas paredes tinham revestimento acústico. Sentamos em sofás com prolongamentos para os pés. Eu tive a sensação de estar num cruzeiro marítimo, daqueles que se veem em peças publicitárias.

A película era o clássico *Glengarry Glen Ross* (O sucesso a qualquer preço), de James Foley. O professor nos explicou que se tratava de uma peça teatral de David Mamet laureada com o Prêmio Pulitzer. O roteiro adaptado era do próprio autor. Nossa colega Letícia, aficionada por cinema, já vira o filme e nos alertou que iríamos ficar na fossa. Belo preâmbulo!

Tudo se passava na filial de uma empresa imobiliária. Diante dos resultados pífios alcançados pelos corretores, a cúpula havia decidido reduzir o quadro. O roteiro nos levou ao porão das estratégias de sobrevivência, com uma primorosa interpretação dos atores.

No decorrer das cenas, a carpintaria dos personagens me impressionou. Não havia heróis ou vilões recortados ao velho gosto hollywoodiano, mas retratos densos, de corpo inteiro. Diante dos dilemas morais propostos, o filme guardava isenção, não descambava para o discurso edificante. As peripécias para salvar o emprego, porém, me deixaram um gosto amargo na boca.

Lembro-me de uma cena que considero antológica em que o representante da matriz (Blake, papel de Alec Baldwin) espinafra os corretores sem medir palavrões. Começa atropelando a rotina deles, proíbe-os de tomar café ou de telefonar para a esposa. Logo em seguida, e de forma sumária, informa a demissão dos quatro!

Um denso silêncio cai. Blake o rompe. Relata aos ouvintes atônitos que a matriz decidiu lhes oferecer uma segunda chance. "Perda de tempo", avalia. E por quê? Porque, feitas as contas, "um perdedor é sempre um perdedor". Não obstante isso, diz que cumprirá a ordem. E apresenta as regras do jogo. Os que mais venderem serão premiados: o primeiro colocado ganhará um Cadillac, o segundo colocado receberá seis facas de churrasco (sic!) e ambos manterão o emprego. Quanto aos dois que sobrarem, pé na bunda! "Não é esse o destino dos fracassados?"

A grita foi geral. Os corretores reclamaram que só recebiam fichas velhas de clientes que não queriam comprar... Uma insanidade! A resposta de Blake veio fulminante: venda não é loteria; é talento, brio, tino, paixão para fechar negócios. "Alguém quer apostar que nesse mesmíssimo minuto saio daqui e vendo para algum infeliz que não quer nada com nada?" Mutismo geral. Depois disso, alteia a voz metálica e bate duro: "Fichas novas são para quem tem competência, quem sabe o que faz; clientes potenciais não podem ser desperdiçados com boiolas que choramingam nos bares ou no colo da mulherzinha!"

O pânico então se instalou. Entre os corretores, apenas um tinha condições de escapar da demissão (Roma, personagem de Al Pacino). Graças a quê? À lábia e à falta de escrúpulos. A vaga remanescente seria disputada pelos outros três. Daí para a frente, perverso como um bisturi, o roteiro dissecou as entranhas dos personagens numa sequência de mesquinharias, torpezas e deslealdades – um esgoto a céu aberto.

Quando o filme terminou, ficamos inermes diante dos letreiros que rolavam ao som do jazz de Irving Berlin. Permanecemos anestesiados até o fim.

Selma se levantou:

– Está todo mundo com sono, não é? – Não esperou a resposta: – Boa-noite, gente. Durmam bem! Amanhã conversaremos.

Com os rostos anuviados, nossa despedida foi protocolar. O enredo já começava a nos assombrar, mas o dia tinha valido a pena. Apesar das inquietações que fervilhavam em minha cabeça, eu via o horizonte se deslocar à minha frente, célere como nos filmes de ficção científica. Uma cálida vibração pulsou dentro de mim.

3. O paralelo

Tudo o que é necessário para o triunfo do mal é que os homens de bem nada façam.

EDMUND BURKE

Eram 8:30 quando tomamos o café-da-manhã numa grande mesa posta no jardim, ao lado do espaço coberto da churrasqueira. No balcão enfeitado por flores, havia jarros de sucos de fruta, bandejas de queijos, geleias coloridas, iogurtes, cereais, mamão, abacaxi, manga e melancia fatiados, bananas, laranjas e figos, além de uma extraordinária diversidade de pães e dois bules, um de café e outro de leite. Notei que os colegas ficaram tão extasiados quanto eu. Estavam a postos o caseiro (o homem de avental) e a cozinheira (sua esposa, com bata branca). Ao sairmos dos quartos, cruzamos com uma diligente arrumadeira que limpava a sala de estar e que nos cumprimentou discretamente.

Selma perguntou com um sorriso na voz:

– Dormiram bem?

Todos nós elogiamos a noite de sono, um conforto para nossos sentidos. Ao acordar, percebi que o silêncio existe e que tem espessura. Dei-me conta também do quanto vivo tenso, à espreita de imprevistos, ainda que não tivesse plena consciência do fato. Isso provavelmente mina minhas forças. A anfitriã esmerou-se em seu papel:

– Alguém aceita ovos quentes, fritos, mexidos?

O professor foi o único a aceitar um ovo quente. Olhei para o casal com admiração. Exímios na arte de receber, ambos faziam com que os convidados se sentissem à vontade. Eu estava como que descomprimido. Foi quando Sálvio indagou em tom anódino:

– Gostaram da trama?

Seríamos questionados, isso fazia parte da agenda. Voltei a ficar alerta e me culpei de não ter tido a ideia de trocar impressões sobre o filme com os colegas. Custava ser previdente? Antes de respondermos, o professor foi mais específico:

– O que vocês acharam do personagem Shelley, um dos corretores ameaçados de perder o emprego?

Perguntei sem pensar muito:

– O personagem desempenhado por Jack Lemmon?

O professor aquiesceu com a cabeça. Instantaneamente, a situação me veio à memória: a filha de Shelley no hospital e a conta a pagar, a fase de maré baixa na filial, a demissão anunciada e, logo após a saída de Blake – o sádico representante da matriz –, a tentativa de sensibilizar o gerente administrativo John (personagem vivido por Kevin Spacey). O argumento-chave dizia respeito ao concurso proposto. Forçar corretores a vender terrenos a pessoas que não tinham interesse ou recursos é jeito de aferir competência? Parecia jogo de azar: quem tirar a sorte grande se safa. Ou um convite à malandragem: quem ludibriar melhor escapa. A cena me deixou forte impressão.

Shelley reclamou com seu gerente John: "Por que fichas 'velhas'? O que adianta visitar esse pessoal? Não aguentam mais a gente!" Depois sentenciou: "E agora a matriz vem com essa gincana! Onde já se viu? Brincadeira tem hora!"

Mas, ao final da arenga, como se tivesse demonstrado um teorema, exigiu duas fichas novas... Foi o bastante para que a conversa descambasse para o bate-boca. O gerente se agarrou à norma como a uma boia salva-vidas. Martelou sem piedade: "São duas fichas velhas por dia para os que não fecharam vendas; você já recebeu sua quota."

O corretor se insurgiu: "Não está falando sério! Não enxerga as diferenças? Sempre vendi mais do que os outros! Isso não vale?" John rebateu sem compaixão: "As cifras não mentem; há um bocado de tempo que você está por baixo." E, para o desespero de Shelley, comparou o desempenho dos corretores. Acossado, este perdeu as estribeiras. "Seguir uma regra estúpida numa hora dessas? Desempregar um colega por causa de uma fase ruim? Não dá para acreditar!" John fez ouvidos moucos.

De súbito, o corretor mudou de tática. Deixou as bravatas de lado e amenizou o tom. Apelou para os bons sentimentos do outro, procurou amolecê-lo. Nada comoveu o gerente: nem as lembranças dos tempos áureos em que compartilharam prêmios, nem as agruras do presente, nem a cartada da demissão voluntária que Shelley arriscou.

John mostrou o quanto suas mãos estavam amarradas, repetiu que as decisões não lhe cabiam, lamentou a situação. Por fim, à míngua de argumentos, foi em direção à porta e, num movimento seco, apagou as luzes do escritório. Uma composição de metrô, trepidante e barulhenta, sacudiu o assoalho e alternou clarões e sombras. Corte cinematográfico.

A cena seguinte transcorreu nos fundos do escritório. Caía uma chuva torrencial. Corajosamente refeito, Shelley contra-atacou: "Eu lhe dou 10%!" "Do quê?" – perguntou John. "Da comissão, ora! Só quero duas fichas novas."

Debaixo do guarda-chuva, o olhar perdido na penumbra, o gerente ouviu sem negacear. Hesitou longamente; era bom sinal para o corretor. Então ocorreu o inesperado, como se fosse uma facada no peito. John disparou: "20%!"

Era o preço do trambique! Desconcertado, Shelley acusou o golpe. Mas era um velho lobo do mar. Logo se recompôs e pareceu consentir. O gerente perscrutou seu semblante e remexeu no cabo da faca: "Mais US$50 por ficha!" Oh, rasteira imprevisível! O sorriso fixo do corretor se apagou. Recuou um passo e ficou inerte no meio do aguaceiro. John avaliou seu estado de prostração e, de forma estudada, moveu-se com todo o vagar: abriu a porta do carro, acomodou-se, ajeitou o espelho retrovisor e acionou a chave de ignição.

Ainda que estonteado, Shelley não se rendeu. No tempo certo, contornou o carro sob a torrente de água, foi para o lado do passageiro, bateu no vidro, fez cara de pedinte e aguardou pacientemente que a porta fosse aberta. Em seguida, sentou com o casaco aguacento e tentou argumentar: "Já não acertamos o principal? Para que esses US$100 a mais?" John se quedou impávido. O corretor mediu as forças com o olhar fixo e tirou sua conclusão: não lhe restava se não ceder. Mordeu então os lábios, contorceu os dedos, encolheu-se como um cão acuado e... capitulou. Disse em voz de falsete: "Incentivos facilitam as coisas, não é mesmo? Que seja! Vamos nessa, homem!"

O gerente mal mexeu as pálpebras. Imerso em seu sonho de salvar o emprego, Shelley não decifrou as entrelinhas: viu consentimento onde havia manha. Para ele, o negócio estava fechado. Por isso, pediu duas fichas novas com voz firme. John permaneceu impenetrável, as maxilas cerradas. O corretor esticou os lábios e indagou: "Arre, o que falta?" O gerente revirou expressivamente os olhos.

Shelley caiu em si: com a breca, são os US$100 que ele quer! Sobressaltado, jurou que pagaria na primeiríssima hora, logo após o fechamento da venda. O gerente fez que não, sem nada dizer. O que pensar? O óbvio: o pagamento teria de ser antecipado, agora, em espécie! Suprema crueldade!

Suspenso entre a revolta e a humilhação, o corretor não se conteve. Soltou uma golfada de imprecações contra a empresa, a gerência, os métodos. Extravasou raiva, frustração, impotência, inconformidade, decepção, amargura de viver. John apenas lançou um olhar glacial e novamente tentou dar a partida.

Encharcado, abatido, ofegante, Shelley rogou um tempo, esticou a perna e, num gesto de desesperança, meteu a mão no bolso: tirou algumas notas amassadas, mostrou o quão pouco lhe restava, muito aquém do montante necessário. E falou que precisava de dinheiro para jantar. Por fim, ofereceu US$30. Irredutível, John deu sinais de exasperação. Foi quando Shelley desabou. Disse com voz exausta que ia apanhar a carteira no escritório. Saiu do carro em meio à chuva que tinha amainado. Blecaute.

Era sobre isso que seríamos inquiridos. Sem nos dar trégua, Selma fustigou:

– O que vocês acham que aconteceu naquela cena das fichas novas entre o corretor Shelley e seu gerente John?

Expedita, Luisa ajuizou:

– Houve tentativa de suborno e, em seguida, extorsão.

– Foi uma cena de corrupção – asseverou Letícia.

Pedro discordou:

– Não desde o início! Se vocês olharem direito, não foi uma cena só, foram duas! A que se passou no escritório e a que ocorreu lá fora, nos fundos. – A leitura do colega fazia todo o sentido; bastava relembrar a sequência. Ele explicou: – A primeira cena mostra o gerente conformado. No meio daquele tumulto, ficou claro que as normas devem ser obedecidas. O tempo todo John agiu nos exatos limites da função que ocupa. Falou de suas atribuições, da nova política a seguir, da lealdade que devia à empresa. Concordam? – Procurou nosso assentimento. – Vamos supor que a cena seguinte não existisse, teríamos assistido a quê? A uma aula sobre... – Interrompeu a fala, levantou a cabeça com olhos de interrogação e, diante de nosso silêncio, engrenou: – *Compliance*! Trocando em miúdos: teríamos visto um filme de treinamento. Nada empolgante, hem? Bom funcionário não chia; cumpre ordens, observa procedimentos, atende às expectativas dos superiores, certo? – O casal redobrou a atenção. – A corrupção só aparece no segundo momento. Golpe teatral, turma!

– Corrupção por quê? – indagou a consultora.

– Ora – retrucou Pedro –, porque ambos desrespeitaram a política da empresa em proveito próprio!

Luisa se apressou e corroborou:

– Quando o gerente dobrou a oferta inicial, abusou das prerrogativas do cargo. E mais ainda: cobrou um adicional por ficha nova!

– Definiu seu preço! Aderiu ao jogo sujo! – concluí. – Os dois prevaricaram.

Letícia se juntou a nós:

– É isso mesmo: ao ditar as regras de jogo, o gerente virou cúmplice!

André fez questão de atalhar nossa unanimidade:

– Vamos com calma, gente! Para que tanta sede ao pote? Estão dando uma de promotores caretas...

Satirizei:

– Chegou o defensor dos enjeitados!

André deu de ombros.

– Quero pegar o plano geral, só isso. Sair da miudeza. – Falou com veemência. – Shelley estava defendendo o emprego ou não? Tinha uma filha internada, esqueceram? Ligou para o hospital e tentou adiar o pagamento da conta. Não conseguiu e ficou angustiado. Será que a moça corria perigo de vida? Não sabemos. Será que ela seria atendida sem que houvesse o depósito? Acho que não. Custa olhar por esse ângulo?

Ficamos estáticos. Letícia foi a única a menear a cabeça com impaciência.

– O que foi? – perguntou André fitando-a. – Vai dizer que é invenção!

A colega retrucou:

– Não é não. É sofisma! Veja bem o que você sugere com esse papo: quer justificar...

André não a deixou completar a frase e explodiu, irritado:

– Não seja simplista! As coisas não se apresentam em termos opostos, em polaridades absolutas, em cores fortes. Isso é maniqueísmo. A realidade não é dicotômica, confrontando o branco e o preto, a luz e a sombra, oito e oitenta, amigo e inimigo. Ela tem várias camadas de significados. Esse negócio de mocinho e bandido só faz sentido em filmes cocorocas. Os fenômenos reais são contraditórios, têm densidade, facetas múltiplas. Há complexidade no pedaço!

Na boca de um engenheiro, o discurso era inconcebível. André costumava nos apanhar de surpresa, mas essa análise ia além de suas provocações e ironias. Ele se deu conta disso e aproveitou o fato de estarmos com a guarda baixa.

– Eu tive um professor de história que me ensinou a desconfiar dos dogmas; dizia que dão cegueira. Examinava os fatos com seus matizes, procurava resgatar os contrastes e lançar luz sobre os bastidores. Aprendi com ele que pensar é um exercício de humildade intelectual; que as seitas e os fanatismos se deliciam com autos-de-fé; que, para caçar bruxas e acender fogueiras, bastam cabeças feitas e bodes expiatórios... – Levantou a fronte em desafio, feliz ao ver que estávamos todos pensativos. – Dar fichas boas apenas a quem consegue vender? Pura sacanagem! A imobiliária queria que seus corretores fizessem milagre, é isso? Ideia de jerico! – Seu olhar passeou por nossos rostos, um após o outro. – A empresa conseguiu o quê? Que os corretores chutassem o pau da barraca! Lógico: procuraram se virar e deu no que deu!

Letícia estava indignada e procurou desfechar um golpe fatal:

– Se entendi bem, dependendo da hora, a moralidade é descartável? É isso que você quer provar?

– Não apele, Letícia! Sejamos pragmáticos: em circunstâncias extremas, os interesses pessoais são tudo!

O professor então saiu de seu posto de observação:

– Calma, pessoal! – Os dois abaixaram os olhos e recolheram as garras. Aí veio a ponderação: – Vamos enfrentar o desafio; por sinal, interessante! André tem razão quando diz que a proposta da imobiliária é lamentável. Não faz sentido obrigar os corretores a vender a quem já disse 10 vezes não. Pior ainda: fazer disso um critério para demitir? Alto lá! Leva todos a apelar! A empresa errou, não há dúvida. – Deu um tempo e, em seguida, inverteu a abordagem: – O problema que merece reflexão é outro. Faz sentido que alguém defenda os próprios interesses sem levar em conta os interesses das demais pessoas? É justo satisfazer necessidades pessoais à custa dos outros?

Sabíamos intuitivamente que a ideia deveria ser rechaçada, mas faltava-nos clareza. Afinal, até que ponto os interesses próprios são válidos? O professor percebeu que estávamos conjecturando e continuou nos atiçando:

– Pergunto: quando é que os interesses particulares são legítimos e quando não o são? Eis um tema candente que eu gostaria de tratar mais adiante. Mas afirmo desde já: a defesa dos interesses pessoais é saudável; digo mais, indispensável. Todavia, em quais condições? Qual é a linha divisória entre os interesses pessoais legítimos e os que não o são? Em outras palavras, qual é a relação entre os interesses pessoais e os interesses dos outros? Vivemos sozinhos no mundo? – Estávamos aturdidos. Ele sorriu satisfeito: – A discussão será feita em seu devido tempo. – Ficamos desapontados. Sálvio ergueu as palmas em nossa direção para pedir paciência. – Há uma coisa inadiável que devemos avaliar. Diante de uma norma inadequada, porém vigente, como agir? Ela deve ser seguida ou pode ser desrespeitada? O que vocês acham?

Selma rotulou a questão:

– É um tema geral, com especial interesse para a área de *compliance*.

Comentei:

– Todo mundo sabe que a vida em sociedade só se viabiliza se houver um mínimo de disciplina, ou melhor, de regulação das atividades.

André rebateu, taxativo:

– Vocês vão me desculpar, não quero bancar o chato. Mas, diante da tirania ou da opressão, e isso na melhor tradição liberal, diante de regras injustas a rebelião é legítima!

O colega continuava a nos surpreender...

– Esse raciocínio seduz, sem dúvida – julgou a consultora. – E tem fundamento. Mas corremos o risco de derrapar...

André fechou a cara. A anfitriã estava muito segura de si e prosseguiu.

– Eu me explico. Para que resistências ou rebeliões se justifiquem, é preciso que a injustiça afete a coletividade como um todo. Questões individuais sem alcance geral não bastam. Caso contrário, contrariado algum interesse pessoal, a transgressão seria justificada! Onde já se viu? É o caso do corretor Shelley. – Olhou insistentemente para todos nós. – Vamos convir. A análise não pode se prender a alguma idiossincrasia: tanto a natureza da tirania como a das normas legais e morais é coletiva, assume caráter geral.

– Mas a proibição de dar fichas novas afetou todos os corretores – protestou André. – É coletiva ou não?

— Sim, com alguns senões — ponderou a outra. — Em primeiro lugar, trata-se de uma coletividade restrita (corretores de uma imobiliária), não de algo que afete a sociedade como um todo. Em segundo lugar, a proposta de avaliar os funcionários de um modo ou de outro não fere direitos individuais, é algo que compete à diretoria. Em terceiro lugar, Shelley se considerou superior aos demais colegas; só advogou em benefício próprio, não protestou em nome dos outros ou de um princípio geral de justiça. O que queria de fato? Corrigir a injustiça que afetava o grupo todo? De maneira alguma! Ele quis salvar a própria pele; queria fazer um acerto isolado.

— Além do mais — assinalou o professor —, ditadura é uma coisa, regulamentações empresariais são coisas diferentes. A começar pela existência de um contrato livremente consentido entre empregador e empregado.

André se mexeu na cadeira, incomodado. Tive a impressão, mais tarde confirmada em conversa paralela, que ele ficou com vontade de dizer que as empresas exercem um poder igualmente asfixiante, para não dizer despótico. Que, embora o contrato fosse livre do ponto de vista formal, a situação era assimétrica: o trabalhador assina o que for preciso para conseguir o emprego, porque não dispõe dos meios de subsistência. Mas o colega foi sábio o bastante para não se manifestar. Não queria parecer contestador ou radical, coisa que ele não era. Quanto a nós outros, ficamos prudentemente calados. Selma não fugiu da polêmica e pegou o touro pelos chifres:

— Dá para pedir às pessoas que se dobrem frente a exigências arbitrárias? Não, isso seria um abuso. Parece ser o caso dos corretores na imobiliária. Acho válido questionar toda regra que estiver em desacordo com a realidade, propor que se repensem ou que se retifiquem políticas ou normas obsoletas. — Ela avaliou nossas reações e logo escandiu as palavras: — Mas cuidado, hem! O questionamento deve ser feito *antes* de agir; não dá para dar um jeitinho por conta própria sem nunca ter feito objeções! Não dá para infringir as normas quando bem entender! Uma empresa não é a casa-da-mãe-joana e o infrator deve saber que assume riscos e pode pagar caro por isso.

O marido trouxe mais água ao moinho:

— Nas empresas, como em qualquer outro lugar, certas regras de jogo devem ser respeitadas. Admito, porém, que um fórum ou algo que o valha seja indispensável.

Tomei coragem e indaguei:

— Existe isso em nossa companhia?

Toquei num nervo sensível. Ninguém desconhecia a forma autoritária de administrar de nossa empresa. O professor respondeu com diplomacia:

– Pedir esclarecimentos ao superior hierárquico ou levantar dúvidas são providências bem-vindas. Isso existe. – Viu interrogações em nossa expressão facial. – Não se trata de questionar a autoridade ou de pôr em xeque a hierarquia. Poucas empresas aceitam um diálogo verdadeiro, sei disso. Mas apontar inadequações, isso pode. Emitir opiniões construtivas, tudo bem... – Finalmente, deixou de ser evasivo: – Em nossa companhia, há um canal que garante o anonimato para quem queira formular críticas ou sugestões.

Pedro quis se certificar:

– Aquela linha que distorce a voz como a do Pato Donald, não é? Cheguei a visitar a área que cuida disso.

Lembramos de ter ouvido falar a respeito, embora não tenhamos dado grande importância ao fato, já que poucos ou quase ninguém que conhecíamos havia acionado o dispositivo. Sálvio fez um sinal de concordância.

– Toda e qualquer interpelação chega ao Comitê de Ética ou até mesmo à Diretoria Executiva. E recebe tratamento justo, podem ter certeza. Ela é necessariamente respondida.

A esposa elucidou:

– Não sei se vocês sabem, mas Sálvio responde pela área de Controles Internos. Até mais ver, administrar essas questões é uma de suas funções.

Fizemos cara de surpresa.

– Não sou um bicho-papão, não se assustem – riu o professor. – A área opera como uma primeira linha de defesa, a Auditoria fica na retaguarda. A missão conjunta é gerir os riscos, garantir a integridade da companhia. Ou, mais especificamente, dos acionistas, dos clientes, dos funcionários, dos terceiros que trabalham em nossas dependências. – Refletiu um pouco. – Além do mais, discordo das formas convencionais de tratar essas questões. As políticas e os procedimentos não podem ser impositivos. Os funcionários merecem saber os porquês; é preciso respeitar sua inteligência. – Percebeu nossa incredulidade. – Sei (não pensem que não!) que as empresas preferem aqueles que dizem amém. Persuadir os outros dá muito trabalho, claro. Mas vale a pena! Sabem por quê? Porque poupa um bocado de energia; previne infrações e sabotagens.

Procurei o fundamento da ideia:

– Por causa da legitimação, é isso? Quando os funcionários assimilam as diretrizes não são necessários tantos controles...

Sálvio estendeu o braço e apertou meu ombro num gesto de louvor. E depois, virando-se para todos nós:

– Gente, vocês são ótimos!

O ambiente se desanuviou. Selma abriu seu claro sorriso e procurou trazer a conversa para seu leito original.

– Desviamos um pouco da rota. Estamos falando do filme. A imobiliária errou, estamos de acordo. E, naquele ambiente opressivo, não existia canal de diálogo. Agora, cá entre nós, vocês acham que algum corretor estava disposto a questionar a diretoria? Cada um deles só pensava em si mesmo e mais ninguém. Isso desemboca na pergunta-chave: o acordo entre Shelley e o gerente prejudicou alguém, sim ou não? Se a resposta for positiva, aqueles dois prejudicaram quem?

Pedro não pensou muito para afirmar:

– Prejudicaram os demais colegas.

– Prejudicaram a empresa – retrucou Letícia.

A consultora não se satisfez com as duas réplicas; queria que fossem fundamentadas. Cravou os olhos em Pedro:

– Por que os dois foram desleais para com os colegas?

O grandão respondeu:

– Se fechassem o acordo, apenas Shelley receberia fichas novas e os outros não. Teria sido favorecido.

– E você, Letícia, os dois foram desleais para com a empresa, por quê?

– Porque mudaram as regras do jogo. A matriz queria peneirar a filial, descobrir os dois melhores corretores. Optou pela competição; quem vendesse mais venceria. Ou seja, todos estavam em igualdade de condições.

André não aguentou e soltou a língua afiada:

– Que condições iguais são essas, cara pálida? As condições eram desiguais, isso sim! Quer ver? O corretor pilantra, o tal de Roma, já estava com a situação garantida! As fichas dele eram sempre as boas! E por que será? Porque embromava, passava a perna, embrulhava clientes otários e, por isso, tinha sempre acesso a fichas novas!

– É isso mesmo – ecoou Pedro. – Era caradura para dar e vender!

André insistiu, fitando a colega:

– Não vê que a competição estava viciada, Letícia? O pessoal não teve saída: apelou para o vale-tudo. Nada mais óbvio!

A lógica do argumento não demoveu Letícia:

– Faz sentido, concordo. Mas sabe o que me lembra? Aquela análise chinfrim sobre a criminalidade. Sendo a sociedade desigual, os delinquentes não podem ser culpados. Não tiveram oportunidades, suas condições objetivas são injustas, as "estruturas" estão corrompidas e outros lero-leros do gênero. Se assim fosse, todos os miseráveis, indigentes, pobres ou excluídos desse mundo cometeriam crimes! A lengalenga morde o próprio rabo. Todo mundo faz escolhas, André, não me diga que não!

Pedro vacilou:

– Letícia tem razão. Esse negócio de culpas coletivas desobriga os indivíduos a assumir as próprias responsabilidades.

A colega continuava com o olho duro e desafiou André:

– Eu lhe pergunto: houve ou não deslealdade por parte de Shelley e do gerente John?

O outro pensou um pouco, relutou e, finalmente, assentiu a contragosto:

– Admito, e daí?

Letícia então soltou os cachorros:

– Quando o barco afunda, os ratos são os primeiros a se safar! Ninguém mais respeita o que quer que seja, é cada um por si e Deus por todos, é o "salve-se quem puder"! É isso ou não?

André, surpreendido, sorriu para a colega com ar vitorioso e, abrindo os dois braços, exclamou:

– Mas não é que você chegou aonde eu queria chegar?! Foi o que eu disse! – Ampliou então o escopo: – Todos se nivelaram na safadeza, todos eram ratos, eis a verdade! Não acham? Os três corretores espertalhões, o corretor cafajeste, o gerente patife e a própria empresa sem-vergonha!

Letícia sentiu que tinha se precipitado ou, quem sabe, fora vítima de um mal-entendido. A análise que ela fizera se restringia ao acordo entre o corretor e o gerente; queria apenas mostrar que agiram incorretamente. O fato de ninguém prestar naquela empresa não justificava coisa alguma. A moralidade não podia ficar à mercê de interesses ocasionais. O colega quis confundir!

Ficamos esperando o desdobramento até que André acometeu num fôlego só:

– Vocês me olham como se eu visse fantasmas! Não vejo, não! Acorde, minha gente! O gerente não só abusou de sua posição, mas entregou a Shelley uma ficha que era de um casal de loucos... Sim, porque o que combinaram no carro aconteceu! – Fizemos mímicas de desagrado. – Vocês se lembram da situação ou não? Shelley fez uma venda naquela noite com fichas repassadas pelo gerente. Só que a transação não valeu! E por quê? Porque os compradores eram deficientes mentais e não tinham dinheiro! Não tinham como honrar a própria assinatura! Foi uma coisa fajuta! Pura armação! De quem? De John, que fingiu dar fichas boas e enganou o comparsa para ganhar uns trocados! Faturou US$100 pelas duas fichas! – André nos refrescara a memória e estava certo. Ele prosseguiu em sua arenga: – Em paralelo, quem concebeu a trama para furtar as fichas novas e vendê-las a uma empresa concorrente? Moss, o corretor ressentido! E quem ele chantageou para que cometesse o delito? O outro corretor, seu amigo George, uma figura patética! – Estávamos aturdidos. O colega, ao contrário, estava com a corda toda: – Mais ainda, e este fato não pode ser esquecido, que tipo de sujeito era o corretor Roma? Um reles aproveitador, um enganador, o trapaceiro-mor do pedaço! Basta ver o desespero do cliente que ele ludibriou! – Ninguém discordou. – O próprio Shelley, esse indivíduo que nos comove por causa da filha doente, quem é? – Fez suspense. – O ladrão das fichas! O próprio! Antes que George fosse ao escritório do gerente, ele limpou o armário... – Francamente, o quadro não poderia ser mais deprimente... – E, por último, a imobiliária, essa empresa que tem lá suas razões para depurar a filial, o que se podia esperar dela? Nada! Promoveu uma competição sórdida e despachou Blake, seu emissário troglodita, para fazer o trabalho sujo! – Estávamos pasmos. – Blake, minha gente, um pulha assumido, o arquétipo do vencedor na luta pela existência! Um sujeito que só pensa na sobrevivência dos mais aptos, um darwinista social!

Levamos um choque. Não só pela pertinência das conclusões, mas porque a adjetivação que o colega usou nos atingiu no plexo solar. Sentimos o baque e, meio envergonhados, abaixamos a cabeça à procura de feridas para lamber. Não tínhamos dúvida sobre o quanto éramos convencidos; sabíamos que a arrogância acomete os trainees (nossa espécie!), sobretudo os que sobrevivem a uma seleção insana. E desconfiávamos do perigo que nos espreitava: achar-se o máximo, vestir o colante de super-homem e sair por aí fazendo pouco-caso dos outros. Repetidas vezes, trocamos ideias a respeito. Até pensamos que um pouco de humildade poderia aparar a animosidade que fervia contra nós. Mas, a bem da verdade, teria sido mais uma tática de defesa do que uma tomada de consciência. E nada fizemos. Eram demandas em demasia, ameaças por todos os lados, pressa para mostrar serviço, ansiedade para que saísse logo a efetivação. O arrazoado do politécnico pareceu-nos um sinal: chegou a hora de levarmos as advertências a sério, tomarmos alguma providência. Ora, como mudar da água para o vinho?

André respirou fundo, enquanto avaliava o efeito de suas palavras. E sublinhou:

– O que vocês querem mais? Que eu diga que os dois foram desleais? Claro que foram, mas não só eles! Nessa palhaçada toda, quem sobrou? Ninguém! Não se iludam: nenhum deles valia um tostão furado! Corolário: onde ficou a moralidade? Vamos, digam!

O casal de anfitriões ficou auscultando nossos semblantes estremecidos. Não sabia que andávamos preocupados com a "lei da selva" em economias competitivas, que já havíamos conversado sobre a "sobrevivência dos mais aptos" e sobre a "seleção natural" na sociedade contemporânea... Mas o colega ousou nos comparar a Blake – aquela figura prepotente, abusada – e o fez de forma crua. Ergueu um enorme espelho e nos forçou a nos mirar nele! Vimos que só pensávamos em vencer, não importa o que fosse preciso fazer!

Engoli a indignação, fechei os olhos e mergulhei na lembrança de nossa trajetória na empresa. Uma sequência alucinante de situações cruzou à minha frente; senti um frio no estômago. André tinha razão: que paralelo! Em nossa marcha cega, a quem tentávamos imitar? Os diretores, esses tratores insensíveis, nossos Blakes desvairados! Ficamos quietos por um bom tempo. O colega havia lancetado um tumor. Doía muito. Precisávamos urgentemente de algo que nos aliviasse, nem que fosse uma distração.

A consultora quebrou o silêncio depois de uma pausa interminável:

– Já lhes ocorreu que pode haver um complicador a mais nisso tudo?

Estávamos tão transtornados que não tínhamos disposição para mais nada. Queríamos um respiro, uma folga, uma trégua. Ela insistiu:

– É importante ter maturidade para lidar com assuntos delicados, vocês não acham? De fato, naquela imobiliária, todos erraram, a começar pela diretoria.

Continuávamos apalermados. Contrariada, Selma então consultou o marido com o olhar até que este, resoluto, indagou:

– Já que falamos em corrupção nas empresas, cabe perguntar-se: como será que elas administram o fenômeno? Como os acionistas controlam negócios por intermédio de outras pessoas? Alguém sabe o que é a "teoria da agência"?

Acordei muito lentamente de minha divagação. Não queria ser indelicado. Estávamos a trabalho, não em sessão de terapia. Numa reação quase mecânica – era o preço que eu pagava por gostar de sociologia –, especifiquei sem atropelo:

– Conheço as bases da teoria. A ideia é que o titular da propriedade (o chamado "principal") delega a seu procurador (o "agente") a função de administrar seu negócio.

– Troquemos "agente" por "gestor" – propôs Sálvio – e "principal" por "acionista", o que dá na mesma. O que acontece?

Devolvi:

– Nem sempre os interesses dos gestores estão alinhados com os dos acionistas.

– E por quê?

A pergunta não era nada anódina e, para mim, evocava o grande drama do século XX, uma história que eu havia estudado com afinco em minhas horas vagas.

– Embora detenham cargos de confiança, os gestores são assalariados tanto quanto os trabalhadores. Não são donos das empresas, mas formam seu estado-maior; exercem o mando, sim, por mera delegação. Ocupam então uma posição singular na estrutura de produção: não são proprietários nem trabalhadores, são prepostos. Em razão disso, seus interesses se diferenciam dos demais. Como homens de confiança, devem lealdade aos acionistas; como assalariados, contrapõem-se aos proprietários que os contrataram; como gestores, comandam as rédeas do negócio em nome desses mesmos proprietários e, em consequência, são vistos pelos trabalhadores como paus-mandados... De maneira que, ao lado da clássica contradição entre capitalistas e trabalhadores, ergue-se outra: a que opõe empresários e gestores. – Meus colegas, um tanto quanto surpresos, não sabiam ao certo aonde eu ia chegar. – O sociólogo alemão Robert Michels fundamentou a gênese dessa nova classe social quando desvendou o drama que atinge toda e qualquer organização. A começar pelos sindicatos e pelos partidos políticos, cujas lideranças se profissionalizam.

O professor abriu um largo sorriso, enquanto Selma me incentivou com as duas mãos erguidas em concha:

– Vá em frente, Leo!

Senti-me livre de travas, arrastado por uma enxurrada de ideias:

– Michels batizou o fenômeno de "lei de ferro das oligarquias". Dissecou as burocracias. Concluiu que os gestores nascem nessas máquinas e que, à medida que seus interesses ganham força e se cristalizam, tendem a se descolar dos representados. Pior ainda: tendem a usurpar o poder em proveito próprio. Por que será? Porque, ao fazer da política seu ganha-pão, maximizam os meios (a sobrevida da organização e a deles) e minimizam os fins (os interesses maiores dos que deveriam representar).

A consultora informou de modo muito apropriado:

– Milovan Djilas, um ex-vice-presidente iugoslavo dos tempos do socialismo real, batizou essa nova classe de *nomenclatura* e foi aprisionado por Tito como dissidente. Antes dele, James Burnham já havia publicado um livro nos Estados Unidos sobre a "revolução dos gerentes".

Havia alguma empolgação na voz dela. Acenei com a cabeça, concordando com a intervenção, pois ambas as análises faziam parte do mesmo universo de preocupações teóricas. Sálvio, entretanto, estava empenhado em me instigar:

– E daí, Leo, remontando às origens, o que você deduziu? Marx, por exemplo, acertou quando atribuiu aos trabalhadores o papel messiânico de liquidar o capitalismo?

Pela entonação da voz, interpretei a observação como uma forma de concordar comigo:

– Estou certo que não. A revolução soviética, assim como a fascista e a nazista, foram revoluções de gestores. Essa classe nunca foi cogitada por Marx. É produto do crescimento das empresas e da necessidade dos donos de dispor de um corpo de dirigentes que administrasse o negócio em seu nome. Nas sociedades empobrecidas pelas guerras e com a deterioração da situação econômica, os gestores falaram em nome dos trabalhadores ou dos pequenos proprietários, do povo sofrido ou da raça superior, mas, de fato, estavam preparando a própria ditadura. Mesmo que não o soubessem!

O professor continuou me provocando:

– Mas no atual capitalismo social, com feições socialdemocratas, os gestores ainda exercem o mando?

– Claro que sim!

– A despeito da participação dos trabalhadores em decisões técnicas, nada muda?

– Não!

– Nem com a participação nos resultados e nos lucros?

Obstinado e triunfante, levantei o tom da voz:

– Nem isso altera o quadro!

O professor fez uma mímica de quem paga para ver. Percebi também que meus colegas, algo desnorteados, exigiam alguma explicação convincente de minha parte. Argumentei:

– Vou dizer por quê. Os trabalhadores permanecem assalariados e sujeitos à hierarquia. Perdura a gestão heterônoma: a separação entre gestão e execução não desaparece; o fato de os trabalhadores terem alguma participação técnica no processo de trabalho não elimina a existência dos gestores. Quando muito, a Revolução Digital faculta a formação de equipes semiautônomas.

– Então? – cutucou a consultora.

– A gestão participativa, quando ocorre, não muda o essencial. Os gestores continuam sendo os olhos e os ouvidos dos acionistas; mandam em nome deles. Mas em troca do quê? Não só do poder (esse afrodisíaco), não só do prestígio (esse encantamento), mas principalmente por causa dos ganhos diferenciados (recebem muito mais!). E, ao se apropriarem de parte do valor gerado, tornam-se sócios menores, mesmo quando não dispõem de ações!

Para meus ouvintes, algo embasbacados com meus conhecimentos sociológicos, as peças do quebra-cabeça começavam a se encaixar. O professor levantou as sobrancelhas, admirado com minha fala, e decidiu retomar a linha do raciocínio:

– Será que isso tudo torna os acionistas vulneráveis? Os gestores poderiam eventualmente prejudicar seus próprios patrocinadores?

Não relutei:

– Estou convencido de que sim. Os gestores tramam o tempo todo e podem desencadear um golpe de Estado nas empresas!

– Você acha? – provocou Sálvio cada vez mais entusiasmado. – Poderiam transformar a propriedade capitalista, de caráter privado, em propriedade corporativa? Assim como o é a propriedade da Igreja, dos sindicatos, das associações, das fundações?

À luz das experiências históricas, concordei com esse perigo potencial.

– Perfeitamente viável. Podem trair seus patrões e apoderar-se não só dos excedentes econômicos, mas também dos meios de produção! Foi o que aconteceu na União Soviética e na Alemanha nazista. Isso significa que os "agentes" podem trair os "principais"! Não é por acaso que cometem tantas fraudes...

– Então, nas empresas, para assegurar o bom uso dos bens que confiaram aos gestores, o que fazem os acionistas? Contratam um terceiro, não é isso?

Não hesitei:

– Sim, o auditor, uma figura independente.

– Para quê? – Ele não me deixou responder. – Para ouvir o balanço das atividades dos "agentes" e atestar sua validade.

Estávamos revolvendo as entranhas das organizações, apreendendo a dinâmica organizacional, o movimento subterrâneo que o professor havia anunciado na véspera como o verdadeiro fundamento das crises empresariais. Luisa, que andava meditando em seu canto, decidiu contestar:

– Essa ideia é curiosa: se os "agentes", ou os gestores, como queiram, não são confiáveis para a defesa dos melhores interesses dos acionistas, por que seriam os auditores particularmente confiáveis, se eles também são "agentes"?

– Que beleza! – encantou-se Selma. – É a famosa pergunta de Juvenal nas *Sátiras* (século I, para sua informação): "*Quis custodiet ipsos custodes?*", ou seja, "Quem vigiará os próprios vigias?"

– Os auditores não devem lealdade aos acionistas? – indagou Pedro.

– Em tese, sim – raciocinou André –, mas quem os contrata de fato? Os gestores! Quem paga? Os próprios! Bela armadilha! – Fez uma pausa tática. – Desse modo, será que os auditores não tendem a favorecer justamente quem deveriam fiscalizar?

Letícia não perdeu o bonde:

– Faz muito sentido, André, muito sentido. Não é nada impossível que os auditores reconheçam nos gestores a fonte efetiva da autoridade. Afinal de contas, estão subordinados a eles! É uma questão prática. E, para fechar o circuito, pergunto: isso não contamina os pareceres que emitem?

Ninguém se atreveu a rechaçar o risco apontado. Foi quando Sálvio discorreu com vagar:

– Esses problemas põem em xeque a própria existência da auditoria. São assuntos que perturbam, porque mostram os limites da teoria da agência. O que fazer? Precisamos de respostas convincentes. – Ficamos atentos, no aguardo de um desfecho. Ele não se fez esperar. – A primeira é que, sem independência, não há auditoria que se sustente. Se ela não for independente, para que serve então? A segunda é que, se a auditoria não for imparcial, inexoravelmente imparcial, ela fica vulnerável a toda sorte de contestação. Se houver alguma dúvida, quem confiará em seu trabalho? Eis os dois pilares da profissão: a independência como chave da identidade, a imparcialidade como miolo da atuação. – Ele esperou uma reação nossa. Como permanecemos calados, continuou: – Sem essas duas salvaguardas, os auditores não perderiam sua razão de ser? – Era evidente que sim. – Eles deixariam de gerar confiança, não seriam mais os guardiões do valor dos acionistas, não reduziriam mais a incerteza que as operações corporativas implicam.

A esposa fez então uma comparação bastante útil:

– Há outra categoria ocupacional que padece do mesmo sufoco: a magistratura. Ela depende de isenção, equidistância, credibilidade, e isso exige dos magistrados um sacerdócio acima de qualquer suspeita.

Ninguém bebia ou mastigava há algum tempo. Tanto é que o caseiro e a cozinheira haviam sumido de trás do balcão da churrasqueira. Estávamos reunidos em torno da mesa, confortavelmente sentados, e a conversa nos envolvia plenamente. O sol brincava de esconde-esconde entre as nuvens erráticas. A vista do jardim, com as sombras de suas árvores frutíferas, era um convite ameno ao debate. O professor deu um fecho à discussão:

– Este tema é, sem dúvida, instigante. Aliás, foi ótimo termos tocado no assunto; acredito que avançamos bem na matéria. Vamos parar um pouco, o que vocês acham?

A sugestão parecia ideal, pois precisávamos espairecer. Imaginei que isso fazia parte do roteiro e também notei que a conversa nos deixou mais seguros, mais confiantes em nosso próprio preparo. Além do mais, era evidente que admirávamos o modo inteligente como o casal conduzia o processo. Olhei o gramado de um verde reluzente e experimentei uma súbita sensação de aconchego.

A voz de Sálvio ainda ecoou:

– Que tal um passeio no condomínio, antes que o sol fique alto demais? Poderíamos nos encontrar na sala de estar daqui a uns 20 minutos, o que acham?

Selma não aceitou o convite:

– Vão me desculpar, mas não vou acompanhá-los. – E falando com ironia: – Meus deveres de dona de casa clamam por mim!

Fez um sinal em direção ao marido, como se indicasse que ele, olímpico, conseguia furtar-se a esse tipo de obrigações. Cúmplices, as moças ensaiaram uma mímica de reprovação, enquanto nós, rapazes, sorrimos desajeitados. Afinal, queiramos ou não, mesmo após a emancipação feminina das últimas décadas, o velho machismo se traveste com as mais diversas roupagens. Fomos para os quartos escovar os dentes e trocar os jeans por shorts. De resto, nossos tênis e camisetas já formavam uma ótima combinação para um passeio matinal.

Caminhamos durante mais de uma hora, acompanhados pelos dois labradores folgazões que andavam soltos, sem guia. Não houve um poste, uma árvore, um carro estacionado que não fosse farejado por eles. Sálvio nos levou até um conjunto esportivo com quadras de tênis de saibro. Visitamos as instalações e depois voltamos. Os comentários versaram sobre a antiguidade do condomínio, a quietude reinante, a abundância dos pássaros e esse verde variegado a perder de vista.

Nas alamedas frondosas que percorremos, algumas ilhas de sombra e frescor se alternavam com imensos vazios de sol forte. A tranquilidade só era perturbada por motos ou carros esporádicos que passavam devagar e por casais que passeavam com carrinhos de criança ou faziam um disciplinado jogging. De ambos os lados, erguiam-se mansões dos mais variados estilos: campestres, urbanos, coloniais, *art nouveau*, de inspiração norte-americana ou europeia, ecléticos ou pós-modernos. Um festival arquitetônico! Algumas casas pareciam feitas para servir de cartão-postal e todas estavam invariavelmente cercadas por áreas ajardinadas e bem cuidadas. Vez ou outra, em meio às árvores, sobressaíam canteiros de flores multicoloridas.

Que diferença em relação ao cinza de São Paulo, aquele céu fragmentado entre prédios! Respirei seguidamente a plenos pulmões e me deixei invadir pelo lirismo do verde e do ar puro. Dei-me conta de que a beleza da vida podia ser fisicamente experimentada.

4. O cerne

O caráter é como uma árvore, e a reputação, como sua sombra.
A sombra é o que nós pensamos dela; a árvore é a coisa real."

ABRAHAM LINCOLN

Na volta do passeio, Selma nos convidou a sentar à beira da piscina e dar um mergulho. Disse que refrescos nos aguardavam. Luisa estava sem maiô (não imaginou que teríamos essa folga), mas foi salva por Letícia que adorava nadar e veio duplamente prevenida.

Quando nos encontramos sob os enormes guarda-sóis quadrados, percebemos que jamais havíamos estado juntos numa praia – só conhecíamos as meninas vestidas com recato. Foi um deslumbramento ver Letícia esguia, esplêndida, dourada pelo sol. Era tão bem proporcionada que parecia uma criatura de sonho. Ficamos visivelmente intimidados com suas curvas e, por isso mesmo, evitamos olhar para seu corpo, cingindo-nos ao rosto.

Luisa, em contraposição, parecia ser a irmã intelectual de todos nós. Era uma morena algo roliça cujo charme físico se resumia aos lábios carnudos e à meiguice das covinhas. André e eu exibíamos uma brancura de paulistanos saídos do trabalho. Contrastávamos com a pele bronzeada de Pedro, grandalhão e musculoso, amante do mar e da boa mesa. Isso não nos incomodou, porém, porque conhecíamos bem nossos dotes culturais.

Sálvio não tardou a se juntar a nós. Acercou-se da piscina, acelerou o passo, gritou um "vamos lá!" e pulou diretamente na água fresca. Não resistimos ao incentivo e o seguimos um após o outro. O choque térmico nos fez urrar! De tanto nos debater, não demoramos a nos adaptar à temperatura. Começamos então a jogar água uns nos outros e André borrifou o rosto de Letícia. Esta retribuiu prontamente e o fez com gritos agudos de criança. Foi o suficiente para reaproximá-la da turma, ainda que sua exuberante feminilidade nos perturbasse.

Esbarrei em Luisa numa brincadeira qualquer e ela, ao se voltar bruscamente para mim, ficou enredada em meus braços. Senti sua pele elástica e aveludada. O movimento foi rápido, mas ela me fitou de muito perto e, imprudentemente, olhou para minha boca – sinal inconfundível de atração. Fiquei confuso e mordi os lábios como um adolescente. Presumi que ela se dera conta de meu embaraço porque, num suave desgarre, ela se esgueirou para longe como se dissesse: "Somos amigos, não somos?"

Foram uns 40 minutos de folia inocente. Depois deitamos nas espreguiçadeiras espalhadas pelo deque que prolongava a piscina. O banho de sol foi revigorante, embora André e eu tenhamos ficado pouco para não sofrer aquela vermelhidão que chega a ser dolorida. Fomos então nos abrigar num canto sombreado perto de um barril metálico – um *cooler* segundo Pedro – repleto de cubos de gelo: nele, havia água mineral, refrigerantes, cervejas, água de coco e sucos acondicionados em embalagens cartonadas. Nesse intervalo, a anfitriã apareceu vestida com uma saída-de-praia estampada com discretos motivos florais. Sentou-se a nosso lado sob o guarda-sol e insistiu:

– Não façam cerimônia. Sirvam-se à vontade!

A essa altura, o professor saiu da água, vestiu um roupão imaculado e fez um gesto para que todos se aproximassem. Sentamos todos nas confortáveis poltronas brancas que estavam dispostas em círculo, ao abrigo de um toldo. Em cada assento, havia uma toalha limpa enrolada em cilindro. Enquanto nos secávamos, o mestre operou um controle remoto e o ambiente foi inundado pelo som mágico de uma antologia dos melhores tangos de Astor Piazzola. Os acordes e as extraordinárias cadências sonoras embalaram nossa conversa. Sálvio começou a falar sem que tivéssemos tido tempo de nos acomodar:

– Vamos desdobrar a conversa que mantivemos ontem. Quero retomar o fio da meada, voltar à crise das corporações. Penso que não esgotamos o assunto. Não falamos, por exemplo, dos auditores externos da WorldCom, responsável pela maior fraude contábil dos Estados Unidos. Alguém lembra qual foi a empresa de auditoria?

Todos os olhares se voltaram para Luisa, que fulminou:

– A Arthur Andersen! A mesma da Enron!

Efusiva, a esposa a cumprimentou:

– Não perde uma!

O professor arrematou:

– À época, a Arthur Andersen compunha o quinteto das maiores auditorias independentes do mundo. E, pelo que se sabe, não atuou nem com independência nem com imparcialidade, os dois preceitos que abordamos há pouco.

– Não somente ela, diga-se de passagem – defendeu Luisa.

A colega foi logo imitada por André, como sempre desenvolto:

– Só que ela foi pega com a mão na cumbuca! – Embalado, encadeou: – Vocês lembram, não? Quando os primeiros rumores sobre a Enron começaram a correr, a Andersen despachou uma equipe de especialistas para fuçar nos computadores e apagar um monte de arquivos. – Embora não devesse ser novidade para todos, o interesse despertado o fez continuar. – Fizeram a triagem e descartaram milhares de registros; eliminaram dezenas de milhares de correios eletrônicos... E nas máquinas de picotar papel, então, destruíram duas toneladas de documentos! Haja despistamento!

– Sumiram com o que era comprometedor – confirmou Luisa. – E, três anos depois, o Supremo Tribunal dos Estados Unidos revogou a condenação criminal que pesava contra a empresa. – André franziu o cenho, mas a colega não deixou pairar dúvida: – Uma tecnicalidade jurídica safou a Andersen: quando o fato ocorreu, a destruição dos registros ainda era legal.

Letícia aproveitou a deixa para espicaçar:

– Seu maior pecado foi ter deixado impressões digitais.

– Onde? – provocou Pedro, dando-lhe trela.

– Na nota fiscal que ela emitiu de US$560 mil... Foram tantas as horas técnicas gastas na tentativa de encobrir os fatos que a Arthur Andersen decidiu cobrá-las!

André exclamou:

– Era para ganhar o concurso da maior cara-de-pau!

Letícia atestou:

– O promotor encarregado do inquérito apreendeu a nota fiscal e praticamente intimou o representante da Andersen a confessar.

– É óbvio que a empresa fazia parte da vigarice! – zombou André.

– Você tem como provar isso? – arguiu Pedro.

– Tenho! O que a Andersen aprontou na contabilidade da Enron? Ela sabia o que fazia ou não? E mais, você tem ideia por quantos anos ela prestou auditoria à companhia? Não vai acreditar: 16! O que você acha? Que nunca desconfiou de nada? Não vamos ser ingênuos...

– Foram cúmplices na certa – reforçou Luisa.

Pedro não se conformou:

– Inferência não é prova...

André não quis atiçar a polêmica. Simplesmente procurou avançar no raciocínio:

– O importante é que a Andersen jogou sua reputação profissional no lixo. E isso a liquidou! Divulgado o fato, o negócio foi pelos ares.

– Não foi porque foi impedida de realizar auditorias públicas? – auscultou Pedro, sem muita convicção.

– Também – respondeu. – Mas essa foi a pá de cal, não o estopim. Basta ver a sequência dos fatos. – Todos ficaram à espera de uma explicação. – Os clientes minguaram antes de a empresa deixar o setor público... O que será que acaba com um prestador de serviços? – Esperou quase nada e emendou: – Perder a credibilidade! Os clientes evaporam! Depois daquele escândalo, quem iria contratá-la? Você contrataria uma empresa de auditoria com nome sujo? Nunca!

Ajuizado, Pedro concordou:

– É mesmo: ninguém acreditaria num atestado de regularidade assinado pela Arthur Andersen.

Luisa enriqueceu o caso:

– E lá se foram 85 mil funcionários, US$9,3 bilhões de faturamento, décadas de construção de uma marca, dezenas de escritórios espalhados pelo mundo.

– O episódio foi tão grave – ratificou Selma – que pôs em risco o sistema da livre-iniciativa. – Pelas nossas reações, compreendeu que uma mediação se impunha: – Sálvio já nos alertou sobre isso, lembram?

O professor repetiu didaticamente o que dissera na véspera:

– Os escândalos colocaram em xeque a razão de ser do mercado de capitais. Quem iria investir em empresas cujas demonstrações financeiras não são confiáveis? Isso levou à promulgação da SOX.

– A lei procurou restaurar a confiança perdida no mercado de ações, não é mesmo? – complementou a esposa.

Inesperadamente, porém, ela encarou as duas moças e propôs:

– Alguém aceita suco de acerola?

Ambas aderiram com prazer. André brincou:

— É privilégio de clube fechado?

— É claro que não! – protestou Selma. – Está aberto a rapazes saudáveis. Vocês aceitam?

Fizemos que sim. Ela então pegou o telefone portátil que estava solto na mesa de centro, ligou para a cozinha e pediu suco para todo mundo. Sálvio retomou a palavra:

— Eu queria ressaltar uma faceta apontada por André. A questão da publicidade dos fatos, ou melhor, da transparência. – Passou nossos rostos em revista. – O termo se mantém em moda. Mas o que é ser transparente? É dizer a verdade nas questões que afetam os públicos de interesse. É transmitir mensagens compreensivas, relevantes, oportunas, confiáveis, comparáveis. É tornar visíveis decisões e ações, franquear, revelar. Em resumo, é expor-se ao crivo público. A democracia, por exemplo, é uma tentativa explícita de tornar o poder visível a todos; funciona como esforço deliberado para reduzir ao mínimo a esfera do poder invisível, a arma maior dos despotismos. A mídia é o meio de a cidadania garantir essa visibilidade.

— Na maior parte das vezes – ressaltou a esposa –, o exercício do poder se realiza em segredo. Não se divulgam manobras ou acertos de bastidores, maquinações, favorecimentos, cooptações, arranjos escusos, intrigas. A vigilância democrática põe isso a nu.

Mais uma vez, as observações do casal calavam fundo em mim. Em um relance, entendi que os controles e a notificação das infrações nas empresas são dispositivos de escuta de mão dupla: valiam tanto para a cúpula como para o chão de fábrica. Selma explanou:

— *Accountability*, dizem os americanos, isto é, transparência e prestação de contas, eis o cerne de uma postura responsável. No extremo oposto, quem esconde ou não assume o que faz pode sofrer sérios transtornos. Por quê? Porque a mídia dispõe agora de cobertura global e em tempo real; porque isso torna a visibilidade das empresas inevitável. Alguns estudiosos chegam a dizer que nos dias de hoje as empresas estão desnudadas.

— Basta ver o papel que os blogs desempenham na internet – apoiou Pedro. – Eles ameaçam os veículos de comunicação convencionais e fazem estremecer governos e empresas.

— Não exagere, companheiro – ponderei.

O grandão não se deu por achado:

— Cito um caso só. Um jornalista americano comprou um laptop da Dell e, ao se deparar com um defeito, acionou a assistência técnica. Após dezenas de conversas telefônicas, foi obrigado a enviar o computador para conserto (ele pagara pela assistência doméstica!). Mesmo assim, o laptop voltou com defeito... Nova troca de e-mails, até que ele perdeu a paciência e relatou o caso em seu blog sob o título de Dell Hell! Seis meses depois, cinco milhões de consumidores postaram suas reclamações no blog dele! Vocês imaginaram os danos de imagem?

– Pedro tocou num tema riquíssimo – observou o professor. – Assim como as pesquisas de opinião on-line ou os sites de leilões, os blogs e a Wikipedia expressam a passagem de uma comunicação de massa (*mass media*) para uma comunicação pessoal interativa (*personal media*). A postura dos usuários mudou radicalmente: passaram de receptores de mensagens para produtores delas, muitas vezes em redes de colaboração. – Estávamos plenamente de acordo. – Aliás, isso me lembra um caso bastante ilustrativo do poder da comunicação.

Selma se voltou para o marido, absolutamente sincronizada:

– Você vai contar o caso Ratner?

O mestre meneou a cabeça de forma afirmativa:

– Em 1984, Gerald Ratner passou a comandar a rede de 130 joalherias da família. Homem de marketing, reinventou o negócio vendendo joias baratas de baixo padrão para satisfazer o desejo de milhares de pessoas que só tinham acesso a bijuterias. Em sete anos, formou um império de 2.500 lojas no Reino Unido e nos Estados Unidos. Expandia-se comprando os concorrentes e jogava duro com os fornecedores. Incensado pela mídia, foi convidado em 1991 a discursar diante de uma plateia de quatro mil executivos. Era a conferência anual do Institute of Directors mantida no Royal Albert Hall. A certa altura da fala, decidiu fazer graça: disse que os brincos vendidos por sua rede custavam menos que um sanduíche de camarão e que suas joias eram puro lixo (literalmente *total crap*)! – Sálvio perscrutou nos rostos surpresos e saciou nossa curiosidade: – Os tablóides britânicos exploraram a frase de efeito e a repercussão foi devastadora. Os clientes se aglomeraram nas lojas para devolver os produtos! A rede perdeu 500 milhões de libras em valor e se desfez. Ele renunciou à presidência e seu nome virou sinônimo de gafe empresarial. – Fez uma pausa. – Pensem nisto: foi uma frase só, hem! Como foi possível que provocasse tamanho estrago? – Deixou a pergunta no ar um bom tempo. – A frase matou o sonho que Ratner vendia. E qual era? A ilusão do luxo! Desvendou seu segredo de Polichinelo: joias bonitinhas, mas ordinárias...

Ficamos ruminando as ideias, até que Pedro trouxe à baila outro caso:

– Eu li que, depois de quase três anos de operação, a companhia aérea canadense de baixo custo, a Jetsgo, sofreu vários acidentes. Isso ocorreu num curto espaço de tempo. Por displicência ou por cálculo, não se sabe, ela preferiu se isentar da responsabilidade. A mídia repercutiu os fatos e uma investigação federal foi instaurada. Sabem qual foi o resultado? – Fez mistério. – Descobriram que, para subsidiar as passagens (algumas de um único dólar!), a companhia deixava seus pilotos exaustos de tanto trabalhar e, pior, economizava na manutenção dos aviões! Publicadas as denúncias, a companhia encerrou as operações.

A essa altura, a dedução de André foi decisiva:

– Conclusão: não se brinca com a razão de ser do negócio. A suspeita de que os voos não eram seguros deve ter espantado os passageiros e isso acabou com a Jetsgo! O mesmo aconteceu com a rede Ratner: revelado o fato de que iludira a boa-fé dos clientes, fim de linha! – Seu tom era de quem não havia completado o raciocínio. – Mas eu queria aprofundar a questão, posso? – perguntou, fitando Sálvio. Este piscou em sinal de assentimento. – Vejamos uma indústria de cerveja. Caso seja acusada de sonegar imposto, o que vocês acham que aconteceria? Fecharia? – Balançou a cabeça de um lado para o outro, sem deixar de nos observar e respondeu: – Claro que não! Quando muito, sua imagem ficaria manchada, mas não acabaria. Então, o que pode destruí-la? – Nós nos entreolhamos. Ele nos deu uma folga e depois esclareceu com um sorriso de triunfo: – Água contaminada! Se usasse água contaminada na fabricação, entenderam? – A ideia pareceu plausível. O colega então finalizou: – Baque fatal! Posta a saúde do consumidor em risco, o elo de confiança se parte!

Ficamos impressionados.

– Admirável, meu caro André! – louvou o professor. E deu um estalo com a língua do jeito que lhe era peculiar. – Você tocou numa questão-chave: qual é o nervo do negócio? Que fato pode desmantelar o edifício todo? – Nossa curiosidade ficou atiçada. – Vou usar o exemplo do André. Se uma indústria de cerveja for acusada de sonegação fiscal, evasão de divisas, lavagem de dinheiro, falsificação de documentos, corrupção de funcionários públicos, formação de quadrilha...

– Caso da Schincariol em 2005! – glosou Luisa.

– Seria o bastante para feri-la de morte? – prosseguiu Sálvio, imperturbável. Pedro e eu fizemos uma careta de dúvida. Ele subscreveu: – Eu também acho que não. No Brasil esses males estão banalizados. André concluiu que, se uma indústria de bebidas ou, por extensão, uma indústria alimentícia não cuidar da sanidade de seus produtos, ela afunda. Perfeito. Mas por quê? – Ficamos na expectativa. – Se um abuso for cometido e divulgado, e caso seja considerado intolerável pelos consumidores, dificilmente a empresa consegue controlar a indignação pública e as consequências são desastrosas. Quem quer ver a própria saúde comprometida? Isso é o que poderíamos chamar de calcanhar-de-aquiles.

Com jeito aplicado, Luisa deduziu:

– Generalizando o caso da Jetsgo, eu diria então que a segurança dos voos é o ponto fraco das companhias aéreas. Descuidar da manutenção das aeronaves é dinamite pura! – Refletiu um instante. – E as auditorias independentes? O ponto fraco é sua fidedignidade, não é isso?

– Sim, senhora! – confirmou André. – Cometido um abuso intolerável (vou usar as palavras exatas do professor), atingido o ponto nevrálgico, a indignação dos usuários fica fora de controle. Daí para a frente, a crise de confiança se instala e os negócios se tornam inviáveis.

Juntei-me ao coro, reagindo intuitivamente:

– O calcanhar-de-aquiles dos bancos deve ser a segurança financeira...

Letícia me deu cobertura:

– Claro! O que apavora correntistas e investidores? – Esperou um segundo e respondeu: – Desconfiar de que seus recursos correm risco!

Pedro metralhou:

– E qual seria a razão de ser dos profissionais liberais? Sua competência técnica. E a dos laboratórios de medicina diagnóstica? A acurácia dos laudos. Não acham? Perdida a credibilidade, babau!

– Remédios que não cumprem suas promessas arruínam a indústria farmacêutica – raciocinou Luisa.

Nesse momento, apareceram o caseiro e a cozinheira carregando duas grandes bandejas. A primeira delas trazia copos e duas jarras de suco de acerola gelada; a segunda, travessas com torradas e cumbucas de patês, azeitonas verdes, cebolinhas em conserva e cubos de diferentes tipos de queijos. Os petiscos foram dispostos com esmero na mesa de centro. Não tardamos a nos servir enquanto conversávamos. André então voltou à carga:

– Eu queria explorar um pouco mais o tema. Tudo bem? – O casal de anfitriões estava encantado com nossas iniciativas. – Para as escolas brasileiras, a pedra de toque está na validade dos diplomas que emitem; se não tiverem amparo legal, para que serviriam? Para os pesquisadores, a falha na armadura está em sua retidão: vejam como acabam os que falsificam dados de pesquisa ou plagiam obras no mundo acadêmico. Para os juízes esportivos, a chave está em sua isenção; sem ela, os jogos de futebol viram simulações fajutas, como as "lutas livres" na televisão. Para o varejo, o negócio é realizar transações de boa-fé: os produtos vendidos prestam ou não? Os preços e as condições são abusivos? Ninguém quer ser fraudado. E, para os institutos de pesquisa de mercado, o que seria? A validade dos dados colhidos.

A desenvoltura de André nos fez suspeitar de que ele havia provocado a discussão com isso em mente. O rapaz era um assombro! Selma ampliou o leque das organizações em análise:

– E o terceiro setor, que vive de doações? O que inviabilizaria uma organização não-governamental? – Titubeamos. A consultora se divertiu com nossa hesitação: – Pôr em xeque sua respeitabilidade! – Ficamos em dúvida. – Pensem bem: um indivíduo doa tempo ou recursos como voluntário por quê? Porque acredita na boa causa que a ONG defende, mas supõe também que ela fará bom uso de suas contribuições. Se o respeito e a admiração acabarem, os alicerces da organização são destruídos. Suponha uma ONG envolvida em malversação de fundos, ou uma ONG incompetente do ponto de vista administrativo, o que aconteceria? – Balançamos os queixos, antecipadamente de acordo. – As fontes de financiamento secam, não é verdade? E rápido! Algum doador continuaria dando gás a pessoas perdulárias ou a larápios camuflados em bons samaritanos?

O professor então repetiu seu argumento a respeito da gravidade dos riscos incorridos:

– Quando a quebra da relação de confiança se dá por causa de um abuso sério, é difícil controlar a indignação dos públicos e, em decorrência, os negócios desmoronam.

A esposa dele procurou nos instigar mais ainda, repisando um argumento que já fora usado (eu sabia que a repetição da mesma ideia sob vários ângulos era um instrumento pedagógico de grande eficácia):

– Eu queria novamente chamar a atenção para um aspecto sensível dos escândalos corporativos. Aquela crise dos mercados acionários implicou sofrimentos individuais em larga escala. A Enron, por exemplo, perdeu US$68 bilhões em valor de mercado. Poupanças, economias de uma vida inteira e aposentadorias preciosas viraram pó. Uma verdadeira calamidade pública! Vale a pena pensar nisso, não vale?

Luisa sintonizou na hora:

– A Enron demitiu cinco mil funcionários e o fundo de pensão dos empregados perdeu US$800 milhões. Resta apenas um consolo: um dos ex-presidentes (o fundador morreu antes do julgamento final) acabou condenado a 24 anos de cadeia.

Selma seguiu avante:

– Li uma declaração de um Country Manager Partner da Andersen em 1999, ou seja, três anos antes do colapso da empresa. Ele disse que, se um dia a Arthur Andersen perdesse a confiança do público, ela estaria fora dos negócios... Frase premonitória! Desconfio que o sujeito soubesse que a empresa estava brincando com nitroglicerina.

Letícia se lembrou de observações feitas:

– Claro, devia desconfiar das conexões entre as divisões de consultoria e de auditoria...

– É isso mesmo – confirmou a anfitriã. – Aliás, em termos de reputação destruída, o exemplo da Arthur Andersen virou um clássico. – Passou a mão no cabelo, como se quisesse acentuar o que ia dizer: – São situações semelhantes à queda de um vaso de cristal; ainda que permaneça inteiro, coisa rara, sobra a trinca. O defeito fica para sempre!

Entusiasmado, André descambou para o deboche:

– É como ser apanhado pela namorada em flagrante delito com a melhor amiga dela!

Ninguém conseguiu segurar os risos; o jeitão sem-cerimônia do colega era irresistível. O professor esperou que a alegria arrefecesse para observar:

– Muitos funcionários consideram que os escândalos das empresas não os afetam. Alegam que nada têm a ver com isso, porque não são dirigentes, não tomaram as decisões que levaram à derrocada, são bagrinhos... Em minhas palestras, mostro que tanto os colaboradores como as empresas têm imagens inseparáveis: a lama respinga sobre tudo e sobre todos! Ninguém sai ileso de um escândalo. A mácula fica cravada: quem integrou os quadros se torna alvo de chacotas a torto e a direito, tem dificuldade para arrumar emprego, é discriminado, precisa se justificar o tempo todo, vive na boca do mundo. Em breve, sua "cotação de mercado" sofre viés de baixa...

Pedro comentou com ar sapeca:

– A não ser que omitam o fato no currículo!

– E se alguém descobrir? – atalhou Luisa. – E como justificar os anos fora do mercado?

Na hora, o colega reconheceu a gafe e levantou o polegar da mão direita.

– Imaginem então quando os próprios executivos se metem em confusões! – escarneceu André. – Aí, sem chance! Foi o caso da Volkswagen em 2005, com altos gestores da matriz alemã. Usaram dinheiro da companhia para fins impróprios. Acabaram demitidos!

Letícia não se conteve:

– Um deles mantinha uma amante brasileira. É isso?

André acenou afirmativamente e a colega informou:

– A Volks até patrocinava um programa de televisão comandado por ela!

– Da alcova ao palco! – bradou o outro. – Uma trajetória e tanto!

Eu me juntei ao coro:

– E aquelas noitadas de sindicalistas?

– Não somente eles! – aduziu André. – As confraternizações com os visitantes da subsidiária brasileira iam dos jantares em churrascarias às esticadas em boates... com acompanhantes incluídas!

Ficamos uns momentos relaxados, sem nos manifestar, até que Selma comentou:

– Concordo com Sálvio: é difícil escapar de um escândalo. Mas seria possível administrar o rescaldo? O presidente que assumiu a Tyco International em 2002, depois das fraudes contábeis, deparou-se com uma empresa quase falida e totalmente desacreditada. O que fez? Dos 300 executivos, demitiu 290! Logo em seguida, dispensou a própria diretoria que o contratou! Disse que era para resgatar a credibilidade perdida junto aos investidores... Golpe de mestre!

– Como dá para ver, os executivos não estão a salvo – saudou Sálvio.

– Nem os funcionários – sublinhou a esposa. – Há um caso brasileiro exemplar, aliás: o da TV Cidade, que pertencia aos grupos Sílvio Santos, Bandeirantes, Diários Associados, além de dois fundos de investimento. Custo do empreendimento? Milionário. Em 2003, quatro anos depois da inauguração, a empresa foi declarada insolvente. Alguém soube disso? – Ninguém tinha ouvido falar. – O novo presidente descobriu contratos fictícios com fornecedores, serviços de manutenção superfaturados, aquisições simuladas de ativos, clientes desviados para provedores clandestinos e

R$200 milhões de dívida. Um cardápio completo de falcatruas! Diante de tanta podridão, o que ele fez? Uma revolução: dispensou *todos* os funcionários e substituiu *todos* os fornecedores!

O professor esfregou lentamente uma mão na outra e contou:

– O caso mais notável de administração de uma crise de reputação é o da Salomon Brothers em 1991. Era então a maior corretora de Wall Street e foi acusada de manipular os leilões dos títulos do Tesouro norte-americano. Embora as regras do Tesouro só permitissem a aquisição de, no máximo, 35% dos títulos de dado lote, a Salomon abocanhava 50% ou até 100% em nome de clientes fictícios. O quase monopólio, em conluio com outros bancos e funcionários públicos, permitiu-lhe lesar o Tesouro com cotações baixas. Vantagem? Obter sobrelucros de um lado, ao mesmo tempo em que exigia preços exorbitantes de quem se interessasse pelos títulos. A corretora acabou denunciada por concorrentes menores que foram prejudicados pelas condutas abusivas e a investigação foi conduzida pelo Departamento de Justiça e pela SEC (a famosa Securities and Exchange Commission)...

– O órgão regulador do mercado financeiro americano – deixou escapar Letícia, à meia-voz.

– A Salomon Brothers foi acusada de violar os procedimentos antifraude, de manipular o valor dos títulos do Tesouro e de infringir duas leis (antitruste e contra a corrupção). Com o escândalo, perdeu US$1,3 bilhão ou 30% de seu valor de mercado. O presidente executivo e o presidente do Conselho de Administração se demitiram e o Tesouro suspendeu o direito de a Salomon participar dos leilões. Foi a pior crise de uma empresa venerável!

Tomou um longo fôlego, certo de que estávamos atentos. Foi quando Selma o instigou:

– Quais foram as pré-condições da crise?

Concatenado, o marido respondeu:

– Primeiro, uma cultura "macho", movida por um espírito bucaneiro e um individualismo exacerbado, o que significou ganância cega, competição desleal e vale-tudo para alcançar resultados. Segundo, a frouxidão dos controles num ambiente crescentemente competitivo. – Observou-nos com seus olhos claros e perspicazes. – Qualquer semelhança com as crises que analisamos não é pura coincidência, não é verdade? – Só podíamos concordar. – Ora, como se deu a reconstrução da reputação, já que a corretora estava praticamente falida? A sorte foi contar com um financista brilhante entre seus sócios: trata-se de

Warren Buffett, um homem com fama ilibada que aceitou assumir o comando. Ele começou demitindo dois terços da cúpula e dezenas de profissionais comprometidos com as antigas práticas. Logo depois, recrutou dirigentes de prestígio e os remunerou com ações cuja cláusula de carência era de cinco anos. E mais: administrou as ações judiciais; reestruturou os sistemas financeiros e os controles; expôs os dados comprometedores e, para recuperar a confiança dos investidores e dos clientes, passou a divulgar as informações sensíveis; convidou a Coopers & Lyland para auditar as operações com os títulos do Tesouro em substituição à Arthur Andersen que, pelo visto, já aprontava; cooperou com os órgãos reguladores e apaziguou as preocupações do Congresso americano com sua credibilidade e suas medidas; convenceu figuras prestigiosas a comprar ações da empresa; e, finalmente, recuperou seu direito de licitar. Aliás, seu objetivo foi definido de forma exemplar: "Meu trabalho é redimir os pecados do passado e capitalizar os enormes atributos que essa empresa tem."

A riqueza dos pormenores e as explicações fornecidas compunham um quadro tão cristalino que não deixavam margem à dúvida. Ficamos todos no aguardo de alguma manifestação. Então, a esposa decidiu fechar o cerco ao tema:

– Como vocês veem, as empresas correm diversos tipos de riscos. Que tal listar alguns deles?

Continuamos em silêncio, ainda sob o impacto do relato do professor. Este então propôs uma pequena pausa:

– Vocês não acham que está muito quente? – Anuímos, trocando olhares. – Sugiro que nos refresquemos na piscina. Uns 20 minutos para relaxar, que tal?

– Legal! – endossou Pedro.

Como se fosse hora do recreio, cada um de nós escolheu distrair-se à sua maneira. Pedro, naturalmente, mergulhou na água azul-esverdeada e deu longas braçadas ao lado do anfitrião. As duas colegas aproveitaram para passar mais uma camada de protetor solar que Selma gentilmente lhes ofereceu. André e eu nos apossamos dos jornais do dia que se encontravam em uma mesa de canto. A consultora entrou na casa.

Eu me sentia revigorado e satisfeito comigo mesmo. Tudo caminhava a contento e nenhuma ameaça pairava no ar.

5. A incerteza

O caminho para construir uma boa reputação é dedicar-se a ser o que se quer aparentar.

SÓCRATES

Após exatos 20 minutos, Selma deu por encerrado o período de descanso com voz entusiasmada:
— Vamos retomar a conversa, gente?

O professor e Pedro já estavam se enxugando; os demais estavam sentados em suas poltronas brancas. Ninguém se queixou; todos agiram de forma absolutamente natural, como se fosse uma rotina. Posso até dizer que aderíamos às atividades com certo entusiasmo. Além do mais, a disciplina agradava: os tempos certos, a ordenação dos temas, as provocações intelectuais.

A própria consultora, ainda de pé, reintroduziu o tema:
— Vamos deixar de lado alguns riscos e focalizar os que interessam mais de perto às empresas. Esqueçamos, por exemplo, os desastres naturais, assim como outros riscos gerais sobre quais os gestores empresariais têm pouca margem de intervenção: o risco regulatório que decorre das regulamentações dos órgãos reguladores e o risco-país, que indica o grau de confiança dos investidores externos. O que resta então?

Houve alguma hesitação, até que Letícia, sempre atenta, enumerou as grandes rubricas:
— Riscos operacionais, de crédito, de mercado. É isso?
— E de reputação – completou Luisa.
— Quem quer dar exemplos? – solicitou Selma.

Eu me habilitei, embora não muito seguro:

— Entre os operacionais, há as fraudes internas e externas, os processos trabalhistas, os erros não intencionais...

André veio logo em meu auxílio:

— Os danos aos ativos físicos, as falhas em tecnologia da informação ou no gerenciamento de processos... E assim por diante!

A anfitriã dava sinais de aprovação após cada ilustração. Eu apelei para uma das duas colegas:

— É tua vez, Letícia!

Foi Luisa, no entanto, quem respondeu ao chamado:

— Na questão do crédito, há o problema da inadimplência, da degradação das garantias disponíveis, da impossibilidade de compensação...

— E da concentração em determinados clientes, segmentos ou áreas — completou Letícia.

Selma estava simplesmente maravilhada. Pedro então se manifestou:

— Não posso ficar de fora, eu também fiz minha lição de casa! Entre os riscos de mercado, cara economista...

Olhou para Letícia.

— Eu também sou economista! — informou Sálvio, no embalo.

Ninguém ficou surpreso, embora ele parecesse engenheiro, como boa parte da cúpula da companhia. Pedro não se intimidou:

— Dá para citar a questão da liquidez, da oscilação nas taxas cambiais, do descasamento nas taxas de juros...

Provocada, a colega então rivalizou:

— Além da desvalorização da carteira de commodities e da variação na carteira de ações.

A anfitriã pareceu satisfeita. Foi quando Pedro a consultou:

— Antes de encerrar o assunto, eu queria decifrar um pequeno enigma. Posso? — Ela ficou curiosa e assentiu com um aceno da cabeça. — Por que a senhora fez a pergunta sobre riscos?

Demos pequenas risadas. Letícia interveio:

— Vou responder no lugar da senhora! As empresas dispõem de ativos intangíveis. Sem a análise dos efeitos que as decisões geram, um patrimônio valioso pode ser afetado. É esta a conclusão? Sem credibilidade no mercado, a empresa fica ao léu?

— Irretocável! — felicitou Selma. — Adivinhou meu pensamento!

Não só para Letícia, mas para todos nós, foi uma glória! O professor aproveitou para dar consistência ao raciocínio:

– Danos à reputação podem reduzir o valor da marca ou inviabilizar o negócio, como aconteceu com a Andersen e tantas outras companhias. O risco de reputação converte vulnerabilidades em bombas-relógio. Ou seja, por mais bem governada que seja uma empresa, há ovos de serpente ou esqueletos no armário que transformam a vida empresarial num campo minado. E isso pode afetar o ativo mais valioso que se tem!

– Ninguém lança impunemente farofa no ventilador! – zombou André. – Estamos sintonizados, professor?

– Estamos, sim, caro colega! – disse o outro, com ironia.

A esposa tomou a palavra para consolidar nossas reflexões com mais uma importante ilustração:

– Falhas éticas alteram destinos. É o caso do ex-presidente do Banco Mundial, Paul Wolfowitz, que havia sido subsecretário de Estado e arquiteto da invasão do Iraque no governo George W. Bush. Ao assumir, e para não incorrer em conflito de interesses, Wolfowitz transferiu a namorada, funcionária do BIRD, para o Departamento de Estado, já que ele se tornara seu superior hierárquico. Ocorre que, em paralelo, concedeu-lhe uma promoção e um aumento de US$60 mil (sic)! Ora, por incrível que pareça, cometeu aquilo que ele procurava evitar com a transferência: um ato de favorecimento! Para piorar, os novos rendimentos da namorada eram maiores do que os da própria secretária de Estado Condoleezza Rice! Após descoberto o fato em 2007, a mídia mundial expôs Wolfowitz a um desgaste sistemático e, a despeito do apoio do presidente dos Estados Unidos, ele foi obrigado a renunciar. A decisão de favorecer a namorada, embora marginal à sua atuação, comprometeu-lhe a credibilidade e detonou sua carreira.

Comentei:

– Cometeu um pecado capital e perdeu a autoridade moral.

– Bravo! – aplaudiu Sálvio. – Como muitos gestores, ele deixou de avaliar as implicações morais da decisão. Ou, talvez, estas nem fizessem parte de seu repertório a exemplo do legendário financista Bernard Madoff, um ex-presidente da bolsa eletrônica Nasdaq. Ele foi responsável pela maior pirâmide financeira da história, mais precisamente pelo maior esquema Ponzi: foram US$50 bilhões! Uma pirâmide financeira consiste em usar o dinheiro aplicado por novos investidores para remunerar os antigos; quando a entrada de novas aplicações sofre diminuição brusca, o esquema vem abaixo. Ora, como foi possível tamanho engodo? Madoff valeu-se de sua fama de mago de Wall Street e de filantropo e conseguiu fraudar bancos importantes, fundos de investimento, seguradoras, megainvestidores e inclusive universidades, fundações e entidades filantrópicas. Há pior quebra de confiança do que essa? – Interceptou nossos olhares de repulsa e desassossego. – Com sua prisão em dezembro de 2008, sua carreira obviamente chegou ao fim. Mas, de resto, que fiasco para os órgãos de fiscalização das operações financeiras!

Selma disse:

– Eu queria aproveitar a deixa e relatar alguns casos brasileiros. O que acham?

– Ótimo! – ecoou Letícia.

– Em 1994, o embaixador Rubens Ricupero era ministro da Fazenda do presidente Itamar Franco e, durante cinco meses, foi o responsável pela implantação do Plano Real. No intervalo de uma entrevista à Rede Globo, trocou impressões com seu interlocutor. – Nenhum de nós se mexeu; continuávamos no escuro. – Ele não sabia que um canal de serviço estava transmitindo a conversa. Num dado momento, deixou escapar: "O que é bom, a gente fatura, o que é ruim, esconde." Estava se referindo à situação econômica. O comentário foi captado pela antena parabólica de um telespectador que o gravou. Logo em seguida, a fita foi repassada à *Folha de S.Paulo* que publicou seu teor...

André soltou:

– Xi! Danou-se!

– A divulgação do episódio foi desastrosa. Ricupero teve de se demitir! Para a opinião pública, a máscara do governo caiu: a falta de escrúpulos do ministro da Fazenda sugeria que todas as armas seriam usadas para favorecer a candidatura de Fernando Henrique Cardoso à presidência da República. Consequência: a carreira de um brilhante servidor foi prejudicada. Mais tarde, Ricupero secretariou a UNCTAD, o que não é pouco dizer. Foi um prêmio de consolação, porque a entidade é considerada um patinho feio. – A consultora esperou para que reflitíssemos um pouco e depois alertou: – Pensem no seguinte: você faz um excelente trabalho durante um bocado de tempo e, de repente, pumba! Um único descuido põe tudo a perder!

Letícia ficou entusiasmada com o insight e contou:

– Isso me lembra a campanha presidencial de 2002 com Lula liderando as pesquisas de intenção de voto. Aí surgiu a pré-candidatura de

Roseana Sarney, governadora do Maranhão. Foi no primeiro trimestre. Vocês lembram, não? Teria sido a primeira mulher candidata à presidente. Isso me marcou!

– Ela estava em segundo lugar nas preferências dos eleitores – subscrevi.

– Até que a Polícia Federal baixou na sede da empresa do marido, Jorge Murad.

Luisa corrigiu:

– A empresa pertencia aos dois.

– Você tem razão. O marido era o homem forte do governo maranhense, o "gerente de planejamento". Ele cuidava dos recursos orçamentários e da coordenação dos escritórios regionais que tocavam os projetos mais importantes. Acontece que a polícia descobriu R$1,340 milhão guardados em dois cofres. A foto do dinheiro vazou para a imprensa: pilhas de cédulas de R$50 alinhadas na mesa! – Tínhamos lembrança dessa história. – A repercussão foi de arrasar! Murad deu sete versões. Uma das últimas foi a de que os recursos se destinavam à campanha presidencial. Não pegou. Permaneceu a dúvida: recursos antecipados, doações ilegais, dinheiro de corrupção? Roseana despencou nas pesquisas e teve de desistir da candidatura à presidência da República!

– Bem lembrado! – cumprimentou Selma. – Eis um evento crítico.

Não resisti:

– Já que falamos de fotos incriminadoras, que tal citar a propina paga a Severino Cavalcanti, o rei do baixo clero e presidente da Câmara dos Deputados em 2005? Bastou que o dono do restaurante da Câmara, um empresário que se dizia achacado, divulgasse a cópia ampliada do cheque e (tchau!) Severino deixou de comparecer às sessões da Câmara! Renunciou não só ao cargo de presidente, mas também ao mandato de deputado federal! Pitoresco, não é?

– Deplorável – emendou Luisa.

André se animou:

– Que tal os dólares na cueca de um assessor do irmão do presidente do Partido dos Trabalhadores, José Genoíno? Foram US$100 mil, além de mais de R$200 mil, apreendidos no aeroporto de São Paulo quando o sujeito embarcava para Fortaleza. Divulgado o fato, José Genoíno alegou nada ter a ver com o irmão, líder do PT na Assembleia Legislativa do Ceará. Não convenceu. Renunciou à presidência do partido no mesmo dia!

— Não posso faltar a esta festa de lembranças! — interveio Pedro.
— Há um fato que entrou no folclore brasileiro, para não dizer na história. É o caso do deputado Roberto Jefferson, presidente do PTB, que depôs no Conselho de Ética da Câmara. Isso também ocorreu em 2005. Ao acusar José Dirceu, chefe da Casa Civil e braço direito do presidente Lula, de ser o mentor do "mensalão" (aquela compra de deputados para dar sustentação ao governo), Jefferson soltou uma frase memorável: "Sai daí, Zé. Sai daí rapidinho!" Dois dias depois, José Dirceu, o construtor da vitória de Lula à presidência da República, se demitiu!

Luisa sublinhou:

— E ambos tiveram os mandatos cassados.

Nessa toada, relatei:

— O segundo homem forte do governo Lula, o poderoso ministro da Fazenda Antonio Palocci, foi defenestrado em 2006 por ter sido acusado de ser o mandante da quebra do sigilo bancário do caseiro de uma casa alugada por lobistas, seus ex-auxiliares na prefeitura de Ribeirão Preto. Parece que foi uma represália contra o caseiro: este afirmou que Palocci frequentava a casa, sim, desmentindo o depoimento do ministro diante de uma CPI.

— Havia festas naquela casa se não me engano — lembrou André. — Vai ver que era para celebrar bons negócios! Com prostitutas a tiracolo...

Eu concluí:

— Todos renunciaram porque não tinham mais condições morais para permanecer nos cargos.

— Saindo do campo da política — disse Letícia —, eu queria relembrar a condenação em 2002 do pediatra Eugênio Chipkevitch, terapeuta de renome internacional que foi acusado de abusar sexualmente de crianças e adolescentes depois de sedá-los. As provas mais contundentes contra ele foram as gravações que fez das sessões. Sua sentença foi de mais de 100 anos de prisão pelo crime de pedofilia e, naturalmente, ficou proibido de exercer a medicina. Aliás, mesmo que quisesse, teria como voltar a atuar? Com que credibilidade?

Sálvio demonstrava visível satisfação:

— Vocês captaram bem o quão sensível é a reputação e seus vínculos com as questões morais. Mas eu queria ampliar o quadro, avançar mais, apreciar alguns fatores correlatos.

Ficamos no aguardo de sua manifestação, cientes de que os assuntos que o casal encadeava nos colocavam metodicamente na berlinda. Afinal, era um modo sutil de aferir nosso nível de informação e, sobretudo, de descobrir nossa forma de pensar.

– Vocês têm ideia de como dimensionar o valor de uma empresa? – Nós íamos responder quando ele nos interrompeu com um gesto. – Tenho certeza de que sabem. Porém, na linha do que disse Letícia, eu queria destacar um aspecto relevante. Quero distinguir o valor dos dois tipos de ativos: os tangíveis e os intangíveis. Comecemos por verificar o que compõem os ativos tangíveis ou materiais.

Luisa respondeu celeremente:

– Terrenos, prédios, instalações, equipamentos, matérias-primas, estoques, recursos financeiros e até o montante das faturas emitidas.

O professor endossou e complementou:

– Quer dizer o capital físico e o capital financeiro. Perfeito. Agora, vocês sabiam que nos dias atuais, dependendo dos setores, isso pode representar a parte menor do valor de uma empresa? Porque a parte maior fica com os ativos intangíveis. Em alguns casos, seu peso ultrapassa 70%! – Observou a repercussão do que disse e foi em frente: – Agora, vocês têm noção de como se compõem os ativos intangíveis, quer dizer, os ativos simbólicos, imateriais, imaginários?

Sem titubeio algum, Luisa disparou:

– O capital intelectual, em primeiro lugar. Ou seja, as habilidades técnicas dos funcionários, sua instrução formal e seu nível de informação, a competência gerencial, as tecnologias disponíveis; em suma, a inteligência organizacional...

– Não esqueça a capacidade de inovação – acrescentou Letícia. – A área de pesquisa e desenvolvimento, a propriedade intelectual das patentes...

Luisa levantou os dois braços à meia altura e fez uma careta em sinal de mea-culpa: como pôde ter esquecido elementos tão importantes? Pedro não quis ficar fora do jogo:

– Em segundo lugar, os ativos intangíveis são compostos pelos relacionamentos mantidos pela empresa: sua base de clientes e a retenção da carteira (ou a lealdade desses clientes ao longo do tempo), as parcerias estabelecidas com os fornecedores, que garantem não só o respeito aos prazos, mas também a conformidade às especificações técnicas.

Eu quis dar o fecho:

– Em terceiro lugar...

Selma me interrompeu:

— E as alianças com o terceiro setor? Não menospreze esse fator! Porque projetos de responsabilidade social empresarial e maturidade em governança corporativa fazem parte daquilo que os americanos chamam de *goodwill* ou boa vontade dos públicos de interesse. Isso é coisa que se conquista a duras penas.

Não havia por que discordar. Anotamos mentalmente a informação e eu continuei:

— Em terceiro lugar, temos o valor das marcas ou *brand equity*.

Sálvio procurou resumir:

— Tanto o relacionamento com os públicos de interesse quanto as marcas fazem parte do quê?

Ficou aguardando a resposta. Trocamos olhares entre nós sem que ninguém se manifestasse. Então o professor esclareceu:

— O capital de reputação! Assim, os ativos intangíveis são constituídos por duas grandes rubricas: o capital intelectual e o capital de reputação. De modo que abalar a reputação empresarial pode ser catastrófico ou, no mínimo, pode dilapidar parte expressiva dos ativos.

A esposa dele nos deu subsídios:

— A Procter & Gamble pagou US$57 bilhões na compra da Gilette há alguns anos. Vocês sabem quanto valiam os ativos tangíveis, materiais? Eu lhes digo: US$6 bilhões! Isso significa que, fazendo a subtração, os ativos intangíveis valiam US$51 bilhões ou quase 90%!

Letícia então raciocinou, dando novo ponto de inflexão à conversa:

— Será que as empresas não poderiam conviver com uma lenta crise de reputação? Afinal, nem sempre as situações são cataclísmicas, não é? O conceito das empresas junto à opinião pública não poderia ser minado de forma paulatina?

— Ideia interessante — incentivou Sálvio.

— Digo isso porque há empresas cuja imagem foi abalada, mas que ainda sobrevivem (caso dos Correios, por exemplo, que desencadeou a crise do "mensalão"). Mas vou muito além: falo de setores excluídos dos índices mundiais de sustentabilidade corporativa como o Dow Jones Sustainability Index, porque são politicamente incorretos, ainda que apresentem boa rentabilidade...

— Quais setores? — indagou Pedro.

A colega não se deu por vencida e desfiou com firmeza:

– Os fabricantes de armamentos, as indústrias de cigarros e de bebidas alcoólicas, as empresas que lidam com jogos de azar. E, recentemente, as redes de fast-food. Suas comidas são acusadas de provocar obesidade...
– Assentimos de bom grado. Letícia foi em frente: – Neste caso, como reagem ao rótulo de "politicamente incorretas"? Algumas chegam a renegar a própria tradição: diversificam a linha de produtos, tiram itens do cardápio, propõem opções mais leves. O McDonald's fez isso: ofereceu frango grelhado, iogurtes, saladas, sucos, vegetais, frutas, água mineral e até água de coco! E mais. Há companhias que se comprometeram em anunciar apenas produtos saudáveis para as crianças com menos de 12 anos.

A consultora corroborou:

– Tarefa crítica essa de administrar o patrimônio intangível.

Nossa colega sorriu animada:

– Não dá para cochilar, não é verdade? Isso explica por que o McDonald's tira de linha itens extragrandes.

– Alto lá! – gritou André. – A rede manteve firme e forte um hambúrguer chamado Double Quarter Pounder with Cheese, de 740 calorias!

– Onde você viu isso? – protestou Letícia.

– Nos Estados Unidos! O Burger King também lançou um sanduíche hipercalórico! O tal de... – Hesitou à procura do nome. – Como é mesmo que chama aquela coisa?

Pedro entrou em cena, lambendo os beiços:

– Enormous Omelet! Uma monstruosidade com linguiça, dois omeletes, bacon e queijo! Haja gordura! Umas 760 calorias!

A colega não ficou impressionada e rebateu:

– São exceções à regra, desvios menores na política geral. – André torceu o nariz, mas não a interrompeu. – As empresas não desprezam nichos de mercado, só isso. A pressão da opinião pública sopra em qual sentido? O da comida saudável! Visitem os sites das redes de fast-food, vão ficar impressionados. Eles têm dicas de nutricionistas, dietas balanceadas e até orientações para um consumo adequado... de seus produtos tradicionais! É uma forma de imitar as indústrias de bebidas alcoólicas. Estas não recomendam "beba com moderação" ou "se beber, não dirija"? Mas é também o reconhecimento de que o consumo de seus produtos deve ser controlado, porque pode fazer mal.

Selma deu seu aval:

– Letícia tem razão. Vejam o exemplo da Philip Morris e da Japan Tobacco. Elas diversificaram seus investimentos porque estão preocupadas com a onda antitabagista. Lançaram cigarros light ou com baixo teor de nicotina e adquiriram empresas de alimentos e de remédios. Procuraram também redefinir sua imagem ao incentivar esportes e mostrar preocupação com o bem-estar das pessoas.

André não quis abrir mão de seu papel de advogado do diabo:

– Desculpe, gente, mas o que fez a indústria do tabaco ante a redução do consumo nos países do Primeiro Mundo? Avançou simplesmente sobre os mercados mais vulneráveis, aqueles em que as campanhas antitabagistas estão menos organizadas! Onde estão seus consumidores hoje? A maior parte está nos países emergentes. Ou vão dizer que não?

Eu raciocinei:

– É um jogo de gato e rato. A sociedade civil desenvolve nova consciência, pressiona as corporações, consegue até que leis restritivas sejam adotadas (como as que proíbem a publicidade de cigarros) e as empresas contra-atacam do jeito que podem.

A consultora mostrou que, apesar de tudo, havia uma evolução:

– A cidadania conta com vitórias expressivas. Trata-se de um processo infindável. Tomemos o caso do analgésico Vioxx, que ocupou tantas manchetes. Em 1999, o remédio recebeu sinal verde da FDA (Food and Drug Administration), a agência que regulamenta o setor farmacêutico nos Estados Unidos, e se destinava a combater artrite e dor temporária aguda.

– O produto não foi retirado do mercado? – averiguou Pedro.

– Sim, foi em 2004. E era o mais rentável da Merck (receita anual de US$2,5 bilhões). Acontece que a associação do remédio com um pequeno número de ataques cardíacos e de derrames foi comprovada.

– Desde que fosse tomado durante 18 meses e de forma contínua – especificou Pedro.

– É isso mesmo. Entretanto, cinco meses após a retirada, um comitê de especialistas convocado pelo FDA concluiu, embora por maioria apertada, que os benefícios do remédio seriam superiores aos riscos cardiovasculares. E sugeriu apenas que a dose máxima diária fosse reduzida à metade da original. O que fez a Merck? Preferiu manter o Vioxx fora do mercado. Por quê? Não só por causa do risco médico envolvido, mas para evitar maior exposição na mídia e mais processos judiciais. Afinal, a Merck e o FDA foram acusados de soberba e de ação tardia diante das evidências. No final de 2007, a Merck se comprometeu a pagar quase US$5 bilhões para resolver a maior parte das acusações de que o medicamento teria provocado ataques cardíacos e acidentes vasculares (AVCs) em milhares de usuários.

Pedro inferiu:

– Isso vai afetar a pesquisa de drogas e o marketing da indústria farmacêutica, não acham? Todo mundo vai exigir maior segurança. – Diante do silêncio do casal, consideramos as asserções válidas. O colega então foi além: – A chegada de novos medicamentos ao mercado também vai ficar mais difícil: os laboratórios vão ter de divulgar informações adicionais sobre os testes que patrocinam. Estou certo?

– Certíssimo, Pedro! – congratulou Sálvio. – A mídia revelou que os riscos dos remédios não são suficientemente difundidos.

Parecia que estava levantando a bola para a esposa que disparou:

– Tanto é que a FDA advertiu a Merck em 2001 por marketing impróprio do Vioxx, pois parece que os riscos potenciais haviam sido minimizados. No ano seguinte, requereu nova etiqueta sobre ataques cardíacos.

– Para piorar o quadro – complementou o professor –, saíram reportagens sobre pagamentos que algumas indústrias farmacêuticas faziam a médicos, igualando-os a vendedores! Resultado? Os consumidores ficaram inseguros e desconfiados. Mesmo assim, as indústrias não quebraram. Quer dizer que é possível administrar o desgaste de imagem...

Todos nós meneamos a cabeça diante da conclusão de Sálvio. Só que Letícia se lembrou de outro exemplo:

– Isso me lembra que, nos anos 90, milhares de ações judiciais levaram a fabricante Dow Corning a uma quase falência. Foi por causa do silicone utilizado em implantes nos seios. Havia a suspeita de que podia provocar câncer de mama e doenças como lúpus e artrite reumatoide. Anos mais tarde, pesquisas científicas independentes comprovaram que a implantação do silicone não parece causar tais doenças...

André buliu então com Letícia:

– Por que será que você se interessou pela matéria, hem?

A colega ficou corada e puxou a língua em represália, enquanto Sálvio desviava rapidamente a atenção:

– Nesse caso, o calcanhar-de-aquiles da empresa estava em jogo. E graças a quê? À vigilância da mídia e à mobilização da cidadania. – Mas logo disse, de maneira inopinada: – Vocês gostam de churrasco? – Todos nós dissemos que sim. – Vamos então fazer uma pausa. Chega de assuntos sérios durante algumas horas, que tal?

Embora desconcertados pela interrupção de um tema que parecia prometer muito, Sálvio foi simplesmente ovacionado. Ele deu uma risada agradecida. Enquanto isso, a esposa se levantou e foi até a churrasqueira, que já estava sendo aquecida pelo caseiro. Era um homem corpulento e bastante afável, neto de imigrantes poloneses radicados no Paraná, assim como a mulher dele. Revelou-se um excelente churrasqueiro.

O professor nos comunicou que tomaria um banho de chuveiro e depois responderia a correios eletrônicos. Ficamos sozinhos na piscina descansando e trocando impressões. Pouco depois, fomos brindados com a abertura de um pequeno barril metálico de chope.

No almoço, tivemos de entrada uma grande variedade de folhas verdes, tomates e pepinos fatiados, aspargos, palmitos, corações de alcachofra, brotos de feijão, cenouras e beterrabas raladas, além de gordas azeitonas pretas. Soubemos ainda que boa parte das hortaliças vinha da própria horta da casa. Comemos queijo na brasa, asas e coxas de frango grelhado, filé-mignon, picanha, costeletas de porco, arroz birobiro, cebolas e bananas assadas, tudo acompanhado por molhos à escolha. Uma festa para o paladar!

Embora amortecidos pela cerveja, os aromas aguçaram nossos sentidos. E nossa alegria recrudesceu com uma sequência impagável de piadas de André. De sua parte, Selma aproveitou para contar saborosas curiosidades corporativas. Como sobremesa, tivemos salada de frutas e sorvete – de abacaxi e de pistache.

No final, o professor nos disse que o casal costumava sestear e nos informou que a casa era nossa. Marcou um encontro às 17:30 na sala de estar. As duas moças aderiram à ideia da sesta, enquanto meus dois colegas e eu, entremeando cochilos, fomos ler jornais e revistas nos sofás da sala de projeção. Bendita folga!

6. O contexto

Profissional de talento é aquele que soma dois pontos de esforço, três pontos de talento e cinco pontos de caráter.

Roland Barthes

Às 17:30 em ponto, estávamos todos reunidos na sala de estar. E qual não foi nossa surpresa? Havia um chá da tarde nos esperando, com bolo inglês, pão-de-ló, croissants e pães de queijo. Um cenário tão agradável e convidativo que Letícia não se conteve:

– Quantas delícias! É um regime de engorda!

A anfitriã sorriu, satisfeita.

– Há chás para todos os gostos. Aconselho o chá verde. E, para quem quiser leite e café, os bules são aqueles – disse apontando para dois recipientes bojudos ricamente decorados.

Nós nos servimos e os comentários foram unânimes: a continuar desse jeito, só nos faltará levitar! Nossa estada em Itu estava nos enriquecendo intelectualmente, mas – como resistir? – iria pesar na balança!

Após devorar uma porção de quitutes, Pedro se afastou do grupo para fumar no jardim como sempre fazia: inalava uma dose "preventiva" de nicotina para não ter de pedir licença no meio da conversa. Fomos sentando aos poucos nos sofás que formavam um L, a xícara de chá mal equilibrada no pires. Como o colega nos observava de longe, ele achou prudente voltar e, para não atrapalhar, plantou-se na soleira de uma das grandes portas envidraçadas. Ficou lá tragando seu cigarro.

Bastante afável, o professor dirigiu-lhe a palavra:

– Não precisa se apressar, Pedro. Pode ficar onde está. Dá para ouvir bem, não dá?

O grandalhão ficou embaraçado:

— Não demoro. — E a título de justificativa: — Vou parar um dia desses...

— Mas é claro! — caçoou André. — Só falta avisar um carioca que eu conheço!

Sem rispidez, Sálvio exortou:

— André, por favor... Já bastam as discriminações que infestam a companhia! Aliás, elas parecem tão naturais, não é? "Fumódromos", bandejões, restaurantes executivos, vagas no estacionamento, banheiros reservados, mil restrições! — André murchou. — Ninguém consegue segurar essa praga, nem eu. E olha que eu sou chato! — Como pressentiu certa curiosidade, compartilhou a preocupação: — Os preconceitos, então, estes são como coelhos, multiplicam-se sem você perceber. Contra negros, mulheres, deficientes, judeus, homossexuais, drogados, aidéticos... Mas também contra grávidas, estagiários, fumantes, cinquentões, nordestinos, ateus, imigrantes, gordos, baixinhos, diplomados em faculdades sem grife...

Mal segurei um risinho bobo, sinal confuso de meu incômodo. Pedro amassou o cigarro num cinzeiro que ele carregava como se fosse um pedinte e desabafou:

— Está bem! Entendi. — Ele entendeu errado, isso sim: devia agradecer ao professor por defendê-lo! Mesmo assim, insistiu: — Vou reduzir essa desgraça já!

Sálvio foi o único a se condoer:

— Venha cá. Vou lhe contar uma coisa.

Pôs a mão em seu ombro para encorajá-lo e sussurrou longamente em seu ouvido. Nós ficamos saboreando os croissants. À noite, Pedro nos confidenciou que o professor fumou furiosamente durante 15 anos e só parou porque sofreu ameaça de infarto. Foi uma batalha de recaídas e arrependimentos. Por fim, livrou-se do vício.

Finda a conversa reservada, Sálvio deu início a uma nova rodada de discussão:

— Vamos nos debruçar sobre o contexto contemporâneo. Quais são seus motores? Não basta constatar que nas duas últimas décadas as pressões da sociedade civil cresceram sobre as empresas. Quais são as razões, os desdobramentos?

Era um chamado à ordem, um modo de transcender a pontualidade dos fatos, um esforço para mapear fundamentos. Belo procedimento! O professor definia as premissas do debate, alinhava os fatores e exigia uma análise em profundidade.

— Vou começar pelo fim. Entre outros feitos, a mobilização da sociedade civil produz um efeito decisivo na paisagem social. Qual? Parte dos lucros empresariais tende a ser convertida em "ganhos sociais". Isso significa que uma parcela dos lucros é revertida em benefício dos públicos de interesse. Há algo de fantástico nisso: o processo transcorre sem convulsão, sem afetar as relações de propriedade, sem pôr em xeque o sistema capitalista! Muitas empresas adotam essa estratégia sob pressão da cidadania, é claro. — Estalou a língua como fazia sempre para sublinhar algo importante. — Este é o segredo profundo da responsabilidade social empresarial, sua lógica intrínseca.

Ficamos interessados, cientes da relevância e da atualidade do tema. Selma murmurou de forma quase desleixada:

— Não duvido que vocês já conheçam o conceito de públicos de interesse ou de *stakeholders*.

Como sempre, Luisa se antecipou:

— São as partes interessadas da empresa. Primeiro, os públicos internos: acionistas, funcionários, gestores. Segundo, os públicos externos: clientes, fornecedores, prestadores de serviços, distribuidores, mídia, órgãos governamentais, sindicatos, comunidades locais, concorrentes, entidades do terceiro setor...

Notei que a consultora não se espantava mais com a rapidez das respostas e, principalmente, com sua pertinência. Senti orgulho e vi nos olhos dos demais que eu não estava sozinho. Ela então pinçou uma ideia:

— Esses interesses são divergentes e até contraditórios, de maneira que não é fácil administrar uma empresa nos dias que correm. Decisões delicadas precisam ser tomadas, porque beneficiam alguns e contrariam outros. Eis mais uma incumbência que recai sobre os ombros dos gestores: analisar o contexto, desenvolver sensibilidade política, discernir as múltiplas forças em presença. — Encolheu os ombros. — Exige-se dos coitados que sejam super-homens!

O marido sorriu solidário e engatou didaticamente um arrazoado:

— Avancemos por partes. Quais as bases do ativismo dos cidadãos? Isto é, por que as empresas sofrem crescente aperto? — Seu olhar se voltou para um quadro na parede, uma obra primitivista cujas cores fortes confeririam à sala um tom jovial. — Porque a situação mundial se alterou substancialmente nos últimos 25 anos e isso ocorreu de forma acelerada. Não me refiro apenas ao fim da Guerra Fria e ao esgotamento da corrida armamentista, nem esqueço a queda do Muro de Berlim e o desmanche da União Soviética. Esses são fatores estratégicos, não nego. Eu me refiro à colisão de um gigantesco meteoro com nosso planeta... – Perscrutou nossas faces surpresas e engatou: – Este choque cósmico decorre da Revolução Digital, da terceira revolução tecnológica que a humanidade conheceu. – Esperou um bom tempo para ver como reagimos. – Alguém pode nos falar da primeira revolução? Quem se habilita?

Como se estivesse submetida a uma prova oral, a indefectível Luisa se prontificou a responder:

– A Revolução Neolítica se processou entre cinco e oito mil anos antes de Cristo em diversas partes do globo. – E antes que alguém insistisse para que ela definisse os caracteres, ela especificou: – Baseou-se num tripé: a agricultura, o pastoreio e o artesanato. Graças a ela, as sociedades humanas deixaram de ser eminentemente coletoras e caçadoras para serem agrárias. Passaram também de nômades a sedentárias.

André acrescentou:

– O que mais importa é que ela possibilitou a acumulação sistemática de excedentes econômicos, uma vez que era possível estocar alimentos. Foi nesse terreno que nasceu a desigualdade social.

– Eis a planta maligna! – comentei.

Luisa apenas sorriu.

– Estados se formaram baseados no monopólio da violência para defender a exploração exclusiva de um território, preservar os estoques de víveres da cobiça alheia e regular as atividades coletivas da população. O crescimento demográfico que resultou da Revolução Neolítica também levou as sociedades agrárias a se espraiar pelo planeta todo.

O professor não escondia a satisfação. Levantou as duas mãos como se fosse dizer "chega, está bom demais!". Luisa era, sem dúvida, uma moça superdotada. Mas havia mais: era a segunda filha de um casal emigrante do Leste Europeu, pai judeu e mãe católica, ambos médicos e donos de uma clínica de pediatria, amantes da literatura e leitores inveterados. Quando o quarteto familiar se reunia no jantar, o hábito era discutir as notícias do dia e entender os porquês dos acontecimentos. Temas históricos eram também o forte do pai. A irmã mais velha de Luisa havia defendido seu doutorado em biologia nos Estados Unidos e era uma pesquisadora científica respeitada. De certa forma, Luisa se sentia como a filha enjeitada. Ouvi seu desabafo no intervalo de uma palestra. Perguntei a razão e ela me respondeu que o curso de administração de empresas não era nobre o bastante para seus pais; queriam que ela fosse uma cientista, alguém que contribuísse para o mundo evoluir... Foi assim que imaginei que sua voracidade em aprender fosse uma reação a esse dissabor. Daí a curiosidade: o que orgulhava meus pais desapontava os dela. Estranhas formas de medir!

Sálvio tentou progredir no raciocínio:

– E a segunda revolução tecnológica? Qual é?

Luisa preferiu manter-se calada, abrindo espaço para que outro falasse. Pedro preencheu o vazio:

– É a Revolução Industrial. Tem seu berço na Inglaterra da segunda metade do século XVIII. Com ela, passamos das sociedades agrárias às sociedades industriais. Numa primeira fase, a base técnica foi a mecânica; numa segunda, a eletromecânica. Ou, para usar imagens mais populares, transitamos da era do arado para a era da máquina.

Rematei:

– E, agora, entramos na era da informação, a caminho da sociedade do conhecimento, filha da Revolução Digital.

– Cuja base técnica é a eletrônica – complementou Pedro.

– É chato ser o primeiro da classe! – exclamou Sálvio, num tom entre o elogio e a troça.

A observação obviamente se dirigia a todos nós. De tão pretensiosos, nem ligamos. Em contrapartida, pensei que a estocada também valia para o próprio professor, uma figura incomum. Ele prosseguiu pedagógico:

– Vamos voltar ao início da conversa. Por que os cidadãos estão atualmente tão bem instrumentados ou, melhor ainda, tão prontos para agir? – Passou a mão no rosto, como se quisesse nos conferir um tempo, e depois seguiu adiante: – Eu digo por quê. Uma economia capitalista competitiva vem se constituindo em âmbito planetário. Oligopólios ou monopólios tanto estatais como privados perderam sua dominância. O processo de globalização econômica traduz bem essa transformação. E o que resulta disso? Uma competição acirrada entre as empresas. De um lado, o balanço das forças se altera; de outro, um prodigioso poder de fogo é conferido aos clientes ou, por extensão, aos cidadãos.

Estávamos conscientes de que a Revolução Digital transformou radicalmente as formas de organização do trabalho e sabíamos que o polo do consumo passou a dar as cartas, deixando a produção a reboque. Mas agora – fina perspicácia! – uma única chave explicativa enfeixava três coisas que pareciam distantes entre si: a competição entre as empresas, a intervenção dos consumidores no cenário econômico e as pressões políticas da sociedade civil. Sem pressa, Sálvio manteve o rumo:

– Simultaneamente à expansão dos mecanismos de concorrência, o mundo sofreu outra transfiguração: muitos regimes políticos "de exceção" (ditaduras autoritárias ou totalitárias) foram derrubados e substituídos por regimes "de direito", mais precisamente por regimes liberais. Isso garantiu o respeito aos direitos dos cidadãos e criou um ambiente propício para o florescimento das liberdades civis.

A consultora exemplificou:

– É o caso do Brasil, com o fim do regime autoritário-militar em 1985 e a consolidação liberal dos anos 90.

O marido aquiesceu e formulou:

– A função fundamental do direito é estabelecer as regras do uso da força. – Pelos nossos semblantes, a asserção exigia esclarecimentos. – Nos Estados de Direito, o sistema de freios e contrapesos assegura a vigência das regras políticas. Existem poderes autônomos que se policiam uns aos outros e que, por sua vez, ficam sob o crivo da sociedade civil, isto é, da cidadania organizada (a mídia, os movimentos sociais, as organizações não-governamentais, as igrejas, as associações empresariais e profissionais etc.).

Sálvio se levantou para saborear um pão de queijo que acabara de sair do forno e que o caseiro trouxera numa cestinha coberta por uma toalha finamente bordada.

– Vamos recapitular. Até agora, citei a economia mundial competitiva e os regimes políticos liberais. Há outros fatores que merecem destaque. Em particular, o papel crítico da mídia. Ela se diversificou e deixou de depender apenas dos grandes anunciantes. Conquistou bases amplas de assinantes e passou a receber recursos significativos de outras fontes: pequenos empresários, autônomos, profissionais liberais, associações variadas.

Mais uma vez, a esposa elucidou o assunto:

– Temos inúmeros veículos nos dias de hoje, desde rádios comunitárias até canais de televisão de sinal fechado, dúzias de revistas e de jornais. E, sobretudo, temos a internet! Todos multiplicam notícias e opiniões. E há tamanha competição entre eles que os leitores, ouvintes, telespectadores, internautas podem recorrer a uma infinidade de fontes de informação e de análise. Ao aceder aos mais diversos pontos de vista, os receptores se habilitam a comparar o conteúdo das transmissões e podem contribuir de forma proativa com suas próprias críticas e opiniões. Se somarmos a isso tudo a capacidade investigativa da mídia, veremos que os meios de comunicação se tornaram caixas de ressonância indispensáveis para a vigilância democrática.

O professor trouxe mais água ao moinho:

– Por fim, mas não por último, as expressões mais visíveis da Revolução Digital são as telecomunicações em tempo real e, principalmente, a tecnologia da informação. São responsáveis por mudanças inéditas! Porque redefiniram por inteiro as relações entre países, organizações e pessoas. Vejam, por exemplo, o que aconteceu com as referências ao espaço, ao tempo e à massa. – Fez uma pausa para nos observar. O tom continuava sendo de preleção. – Até ontem, essas três realidades formavam compartimentos estanques: a transposição do espaço exigia um tempo extenso e a massa era tangível; os transportes eram lentos e caros; as viagens eram longas e cansativas. Dependendo das distâncias, as mensagens demoravam meses ou anos para chegar ao destino. Tudo era medido com parâmetros materiais, de maneira que os recursos físicos eram o estalão de todas as coisas. – Parou um segundo e perguntou: – Vocês estão me acompanhando?

Letícia falou por todos nós:

– Estamos sim.

– Hoje, as três realidades se enlaçam. A conectividade transpõe o espaço, a velocidade encurta o tempo, a intangibilidade supera a massa. Pensem nos transportes: eles ficaram rápidos e baratos, e as viagens, confortáveis. Pensem no caso paradigmático da internet: num apertar de tecla, entramos diretamente em contato com o mundo, dá para receber e enviar textos, trocar gráficos, ver imagens, ouvir sons, gravar vídeos. E tudo instantaneamente e a um custo ínfimo! Os recursos simbólicos passaram a ser o padrão universal de medida; o intelecto tornou-se a força motriz da economia. Por isso é que falamos em economia do conhecimento! Entenderam?

– Está mais do que claro! – elogiou Pedro.

– E há muito mais: a economia tende cada vez mais a se desmaterializar; processa-se uma modificação profunda da natureza do que é vendido (não mais produtos, mas serviços ou suas funções finais). Vejam como: em vez de adquirir um laptop, compra-se o uso dele, juntamente com os softwares, o treinamento e as atualizações; em vez de usar o próprio carro ou comprar uma bicicleta, compra-se mobilidade (serviço de transporte) por meio do *car-sharing* ou do aluguel de bicicletas disponíveis em diversos pontos da cidade (são os Vélib' de Paris, por exemplo); em vez de adquirir embalagens para produtos, compra-se serviço de proteção ao conteúdo que permite aumentar o ciclo de vida da embalagem e permite futura reciclagem. Fantástico, não acham?

Ficamos deslumbrados com essa outra chave de decifração. Ante seu passado recente, o mundo contemporâneo era realmente outra galáxia. Piscamos várias vezes em sinal de concordância.

– Vamos às conclusões – decretou o professor voltando a sentar. – Como será que os clientes conseguem fazer valer seus interesses? Fazendo uso do oxigênio do mercado, aproveitando o fato de que as empresas competem umas com as outras no âmbito nacional e internacional (não esqueçam a abertura comercial promovida no seio da Organização Mundial do Comércio). Assim, contratantes, compradores de bens e tomadores de serviços adquiriram um prodigioso poder de dissuasão. Qual poder? – Aguardou uma reação. Embora já desconfiássemos do que viria a seguir, preferimos escutar. – O de retaliar! Os clientes dispõem agora de um arsenal de represálias. O que podem fazer? Debandar para os concorrentes: os insatisfeitos trocam de fornecedor. Recorrer às agências de defesa: os reclamantes oferecem denúncias, valendo-se do Código do Consumidor. Apelar para a mídia: os queixosos podem denegrir marcas e imagens e, com isso, provocar danos aos ativos intangíveis. Mover processos na Justiça contra os abusos que as empresas cometem: os prejudicados conseguem infligir multas ou receber indenizações. E, golpe final, podem boicotar os negócios!

A lucidez e a capacidade de síntese do professor não nos eram estranhos. Sabíamos que, além de ser um formulador respeitado dentro da empresa, desempenhava o papel de *ghost-writer* do presidente.

– Qual é a lógica sociológica disso tudo? Graças às pressões cidadãs, a sociedade civil vem forçando as empresas a adotar a estratégia de responsabilidade social. O nó da questão está aí.

– Era o que faltava demonstrar! – exclamou a esposa.

Havíamos prendido a respiração em respeito ao orador que parecia oficiar um serviço religioso. Lá fora, o canto intermitente dos pássaros nos servia de pano de fundo. Sálvio estava concentrado e queria desenvolver o pensamento até o fim:

– A cidadania organizada faz "política pela ética": intima praticamente as empresas a pôr de lado sua tradicional retórica (falar muito e fazer pouco) e as força a abandonar práticas isolacionistas. Leva-as a se engajar no mundo e as compele a superar seu papel de espectadoras ou, se preferirem, de meras usuárias dos bens públicos. Exige então que as empresas sejam partícipes, que forneçam contrapartidas pelas externalidades negativas que geram (desperdício, poluição), pelo uso que fazem dos recursos naturais (a água, por exemplo, que a agricultura e a pecuária incorporam em seus produtos) e da infraestrutura material (rodovias, ferrovias, hidroelétricas, portos etc.). Tudo isso é custeado pela sociedade como um todo via impostos gerais e deixa marcas indeléveis no meio ambiente. Mais especificamente, a cidadania induz as empresas a redefinir políticas, costurar parcerias com os públicos de interesse, levar em conta o bem comum. O que significa deixar de lançar às costas do Estado ou das entidades filantrópicas a responsabilidade exclusiva pelas questões sociais. Como vocês veem, é uma pauta e tanto! Não acham? – Ficamos inseguros quanto ao sentido da pergunta. – Alguém sabe quando se deu o ponto de inflexão?

Ninguém quis se arriscar. Selma então elucidou a questão:

– Contrariamente ao que dizem algumas vozes desavisadas, o esfacelamento do socialismo real não enterrou de vez os anseios por justiça social. Ao contrário. O ideal humanista irradiou suas inquietações das esquerdas para as direitas, a liberal e a conservadora. Daí em diante, as diferenças distributivas deixaram de ser negligenciadas. Não só porque a mídia estampa a toda hora o horror das carências da população, mas porque a pobreza não está mais confinada às áreas rurais ou às periferias das grandes cidades. Está visível a olho nu.

O marido procurou lançar mais luzes:

– O Terceiro Mundo não se cinge mais às fronteiras tradicionais: está presente nos arredores dos centros urbanos do Primeiro Mundo, nos guetos metropolitanos, nos morros que ladeiam as avenidas, nos imigrantes ilegais que se submetem a condições subumanas de trabalho, nas camadas populares marginalizadas, na insuficiência de serviços públicos, nos altos índices de desemprego, na brutalidade da criminalidade comum...

– Os desequilíbrios que essas diferenças geram são enormes – reforçou a consultora. – Como negá-los? Por exemplo, a convivência num mesmo espaço entre os bairros opulentos e a miséria se tornou dramática. Todos se inquietam com o crescente descontrole, a insegurança se generaliza. Sob pena de descambar na barbárie totalitária, a agenda contemporânea incorporou a questão da inclusão social.

Continuávamos sem saber aonde o casal pretendia chegar. O professor deu o tiro de misericórdia:

– A reflexão ética ganhou força nas últimas décadas. E seu caráter é ecumênico. No essencial, eis a fórmula e, a um só tempo, a pergunta que perturba: faz ou não sentido as empresas assumirem compromissos com as "boas causas" ou, mais extensivamente, com o bem-estar coletivo? De forma concreta: teriam elas de defender os direitos dos cidadãos e contribuir para a preservação do meio ambiente? A resposta a essas perguntas é positiva e seu efeito imediato transfigura o imaginário social. Esse é o terreno sobre o qual se enraíza o ativismo empresarial.

Fiz uma observação:

– Desculpe interromper, mas há algo que não parece encaixar. A lógica da economia capitalista não é a de maximizar os lucros? Como compatibilizá-la com essas preocupações todas, ou melhor, com exigências tão estranhas à obtenção do valor econômico?

Letícia advogou em meu favor:

– É isso mesmo: os capitalistas operam com capital de risco; as empresas não são entidades beneméritas.

– Quer dizer exatamente o quê, Letícia? – pressionou Pedro por desencargo de consciência.

Sem pestanejar, ela contrapôs argumentos como se estivesse sendo submetida a uma prova oral:

– Os empreendedores captam necessidades do mercado, não é esse o início de qualquer negócio?

– Às vezes vão muito além, criam necessidades – assinalou o grandão. – Vide as invenções do Walkman, do celular, do iPod...

– Não discordo – reconheceu a colega. – Mas logo em seguida mobilizam as competências necessárias para fabricar produtos ou prestar serviços que satisfaçam demandas reais ou latentes. Para tanto, observam algumas condições: custos compatíveis, prazos certos e preços condizentes. Não é isso? – Pedro fez cara de quem não tinha por que divergir. – E por que esse dispêndio todo de energia? Para lucrar, apropriar-se dos excedentes econômicos gerados. A lógica está aí. Caso não consigam completar o circuito, perdem os investimentos feitos. Quer dizer, se as atividades não corresponderem às expectativas do mercado (qualidade, atendimento, especificações, logística) ou caso os preços forem muito altos, eles sofrerão prejuízos. É o custo que se paga pela incompetência!

Adicionei:

– Como a exposição ao risco é permanente, quanto maior for o retorno econômico, mais cedo os empreendedores recuperam o que investiram. É o fundamento da maximização dos lucros.

– É a chave, sem dúvida – sentenciou o professor. Letícia olhou triunfante para Pedro, enquanto Sálvio desenvolvia o pensamento. – Eis o ponto em que a reflexão se transforma em ação, que a "política pela ética" intervém. A sociedade civil se empenha para que as empresas adotem a estratégia da responsabilidade social. – Estalou a língua. – Ora, isso nada tem a ver com a lógica do capitalismo! – Eu me senti apoiado. – De fato, as pressões políticas que ocorrem são externas ao sistema, não fazem parte de sua razão de ser. – Respirou fundo. – Vou além e arremato: a cidadania organizada exige que parte dos lucros empresariais se converta em "ganhos sociais", que haja algum tipo de partilha dos excedentes gerados. – E sublinhando as palavras: – Ao temperar a maximização dos lucros com a otimização dos benefícios sociais, o capitalismo se democratiza!

A esposa emparelhou e mostrou as implicações do argumento:

– Em última análise, a agenda empresarial incorporou uma nova problemática: a da redução das distâncias sociais. Mas isso aconteceu sob pressão, não por bom-mocismo. E o mais significativo é que, em vez de partir para a filantropia, as empresas desenvolveram formas de fazer com que todas as partes se beneficiassem sem que ninguém perdesse. Entenderam agora o que significam "ganhos sociais"? – Era uma bela análise, mas parecia uma figura de retórica. Ou melhor, um *wishful thinking*. Ansiávamos por ilustrações concretas. – Temos aqui um desafio teórico e tanto – reconheceu Selma. – Como realizar essa proeza?

O marido retomou a palavra:

– Vou dar um exemplo sobre como se dá a partilha dos "ganhos sociais". Imaginem uma empresa que decida gastar dinheiro na capacitação de seus funcionários. Para o comum dos mortais, o gesto parece insensato. Por que desperdiçar lucros se a empresa poderia recorrer ao mercado e recrutar pessoas já preparadas, prontas para atender às suas necessidades? Seria como comprar periféricos eletrônicos *plug and play*. Não precisa se amofinar para instalá-los, não é isso? – Esfregou uma mão na outra. – Entretanto, se a empresa investir em treinamento de forma consistente, ela assume tarefas que não são necessariamente dela. São atribuições da sociedade como um todo ou, se preferirem, do Estado, que deve prover um sistema de educação universal e gratuito. Mais ainda, ao gastar tempo e dinheiro para capacitar sua força de trabalho, a empresa ainda corre o risco de perder quem ela qualifica. Qual é a vantagem então? Mais do que polir a própria imagem, mais do que fortalecer a coesão interna ou incrementar a lealdade dos funcionários, a empresa ganha dinheiro... E sabem como?

Estávamos com toda a nossa atenção voltada para o professor. Ele adorava realçar elementos do discurso: novamente se levantou e começou a circular pela sala.

– Digo como: a empresa valoriza seu capital intelectual, aumenta a produtividade, alcança maior eficiência, reduz erros, diminui o volume de "retrabalho" e, com isso, agrega mais valor a seus ativos! É um grande negócio, não acham? – Nada tínhamos a opor. – É um ato de realismo, não um gesto de filantropia! E o que ganham os funcionários com isso? Qualificação técnica, empregabilidade, incremento de sua autoestima. De maneira que todos ganham: a empresa e os funcionários! E o mais importante: ninguém perde nada! Aquela pequena parcela dos lucros que foi desviada para programas de capacitação beneficia ambas as partes. Os retornos são compensadores. – Ficou apreciando os efeitos que sua fala havia produzido em nós. – Vou ampliar a análise e perguntar: será que, por extensão, mais gente se beneficia com isso? Dou-lhes uma resposta acachapante: sim, senhor, a sociedade como um todo ganha! Céus, por quê? Porque os benefícios se espraiam como os adubos fertilizam o solo! Querem ver? Uma população mais bem preparada provoca ganhos nos mais diversos setores de atividades. Alguém duvida de que as pessoas alcançam melhor desempenho?

Procurei estabelecer um paralelo, dando um passo à frente no raciocínio:

– Por exemplo, quando uma empresa investe em pesquisa e desenvolvimento, em inovações de processo ou de produto, ela não só consolida, mas também amplia sua fatia de mercado, não é isso?

Sálvio ouviu a observação, mas preferiu não responder, franqueando a palavra para que outros a usassem. Letícia então fez inferências, valendo-se do pensamento desenvolvido pelo professor:

– Claro que é! Porque os clientes também tiram partido disso. Fazendo o quê? Adquirindo produtos tecnologicamente mais avançados ou inovadores, produtos às vezes mais duráveis e mais baratos. Em suma, eles têm acesso a produtos melhores.

– Assim todo mundo ganha! – exclamou Luisa, fazendo questão de repetir a fórmula.

– E quando uma empresa decide adotar parques ou praças de um município, como fica? – averiguou Pedro.

André acorreu:

– Os munícipes ganham em qualidade de vida! E a empresa projeta uma imagem favorável junto à comunidade! Isso melhora suas relações com as autoridades, os fornecedores, os clientes, os próprios funcionários e as associações que atuam no município.

Decidi generalizar:

– Se pegarmos um público de interesse qualquer e fizermos um exercício semelhante, veremos que há sempre ganhos conjuntos, é isso?

Selma deu o fecho:

– Sem dúvida! É assim que se constroem parcerias.

Esperou um pouco. Nada dissemos. Então, ela deu uma importante guinada na conversa:

– Agora, qual disciplina teórica fundamenta essa análise toda? – Eu tendia a pensar que fosse a Sociologia, mas a consultora me surpreendeu: – A Ética! Uma ciência social extraordinariamente atual! Todas essas polêmicas pertencem a seu campo de reflexão. Eis o pulo-do-gato! Questões como responsabilidade social corporativa, sustentabilidade empresarial, cidadania organizacional, capital de reputação, prevenção da corrupção, conflitos de interesses dizem respeito à Ética aplicada aos negócios. – Aí parou para sublinhar: – Vamos cercar o objeto de estudo da Ética, demarcar sua especificidade em relação às outras ciências. O que acham?

Antes que concordássemos, o marido atendeu o celular. Ficamos calados para que ele pudesse ouvir. Ele se levantou com o semblante sério, caminhou alguns passos em direção à sala de jantar e conversou rapidamente. Depois voltou e disse:

– Era o presidente. Vocês vão me desculpar, mas vamos ter de interromper a conversa por uns 30 minutos. Faltam uns retoques finais num relatório que preparei e cuja entrega foi antecipada...

– Algum problema? – perguntou a esposa. – Posso ajudar?

– Não, obrigado. Está tudo sob controle. – Voltou-se para nós cinco. – Fiquem à vontade. Não demoro.

Selma propôs:

– Que tal ficarmos no jardim observando este lindo fim de tarde?

Adorei a proposta. O sol já estava com tons alaranjados, quase na linha do horizonte. Sentamos nas espreguiçadeiras espalhadas no deque da piscina e aproveitamos a serenidade do momento. O silêncio era um maravilhoso conforto. As plantas e o gramado exalavam um cheiro de natureza farta. Olhei e percebi gotículas espalhadas. Deduzi que o sistema de irrigação artificial devia ter disparado enquanto conversávamos. Minhas narinas aspiraram repetidamente esse odor de terra fresca e senti uma doce tontura. Pensei: será que vou gostar disso tudo quando ficar velho? E concluí que sim. Certas coisas nada têm a ver com a idade.

7. O objeto

*Performance é mais do que resultado; é também exemplo,
e isso requer integridade.*

ALFRED P. SLOAN, JR.

Não se passaram os 30 minutos anunciados e Sálvio já estava de volta com um sorriso estampado no rosto.
– Já mandei o relatório. Esta internet faz milagres! No meu tempo era preciso um portador...
A consultora o interrompeu:
– Seu tempo é agora, Sálvio. Chega de falar como se fosse um velho!
O professor foi expedito:
– Vamos voltar para a sala de estar e tratar da questão que ficou pendente. Aliás, é a razão de ser de nossas conversas...
Fiquei com a pulga atrás da orelha. Nós nos levantamos bastante animados e retomamos nossos lugares. Sálvio reintroduziu a discussão:
– A Ética enfrenta questões extremamente sensíveis, funciona como um grande estuário cheio de arrecifes. Seus dilemas permeiam a realidade cotidiana, o mundo político, os negócios. É cada vez mais impossível deixar de estudá-la nos dias de hoje.
Ficamos à espera, até que a esposa se manifestou:
– Que tal definirmos o termo? O senso comum faz um estrago danado nessa área. Por exemplo, é costume confundir a disciplina teórica com um adjetivo. Quando se diz por aí "conduta ética" ou "empresa ética", o que se quer dizer? Que o agente é íntegro, sério, correto, confiável, virtuoso. Ética, então, vira um valor cultural! – Todo mundo assentiu. – Pior ainda: quando se tacha alguém de "falta de ética", qual é o sentido? O sujeito está

sendo acusado de falta de escrúpulos, de não ter vergonha na cara, não é isso? Isso significa que a Ética fica reduzida à própria moralidade que ela estuda, à prática dos bons ou dos maus costumes. Fala-se, assim, que uma empresa "feriu a ética"! – Ficamos surpresos com essas evidências. – Há outra lamentável confusão que se comete: Ética e moral são transformados em sinônimos, como se fossem termos intercambiáveis. Ora, como pode? A Ética é o estudo da moral! É um absurdo não fazer distinção entre a Ética como teoria e as morais, que são sistemas de normas que pautam as condutas dos agentes. Mas o fato é que se fala comumente de "ética" cristã, em vez de moral cristã, de "ética" nazista, de "ética" protestante, de "ética" do terceiro setor e outros que tais sem atentar para o fato de que uma coisa é o feixe de normas morais que orientam os agentes, outra coisa é o esforço teórico de reflexão a respeito delas e dos demais fenômenos morais.

Estávamos disciplinadamente na escuta, mas agora algo inseguros, porque não sabíamos mais qual definição seria a mais apropriada. Selma captou no ar essa dúvida:

– Vamos recapitular. A primeira acepção (Ética confundida com moralidade) é *descritiva*, reproduz as boas práticas sociais; a segunda acepção (Ética confundida com moral) é *prescritiva*, reúne o que se recomenda praticar. Aliás, nesse segundo caso, fala-se também de "ética" médica ou de "ética" de outras tantas categorias ocupacionais. Ora, a que estamos nos referindo aqui? Ao código de conduta profissional, aos padrões morais que orientam determinados corpos de especialistas.

– Afinal, o que é a Ética? – interrompeu o professor.

André arriscou:

– É uma disciplina filosófica.

Luisa discordou:

– Científica.

Sem pretender ser amável, assumi uma posição mediadora:

– Desconfio que ambas as abordagens existam.

A consultora esclareceu:

– Essa é a terceira acepção de Ética, a *reflexiva*. Ética como teoria ou estudo dos fatos morais. Leo tem razão quando diz que as duas abordagens coexistem. A tradição filosófica já se encontra entre os gregos antigos há pelo menos 2.500 anos. Mas, desde o final do século XIX, desenvolveu-se uma abordagem científica pelas mãos pioneiras de Émile Durkheim e de Max Weber (aliás, dois fundadores da Sociologia).

– Agora, cabe analisar os dois discursos cujos protocolos diferem – apontou o marido. – A filosofia da moral postula *a priori* princípios ou valores universais, estuda ideais morais, "o dever ser"; ela produz juízos de valor. A ciência da moral, por sua vez, elabora conceitos de aplicação universal a partir da observação da realidade, tem por objeto de estudo os fenômenos reais, "o que é"; ela produz juízos de realidade. Temos, assim, um corte perfeito entre o pensamento especulativo da filosofia, um discurso que prescinde de provas empíricas, e o pensamento demonstrativo da ciência, estribado em provas experimentais. – Ficamos pensativos. – Vejam bem: a abordagem filosófica é normativa e prescritiva; a abordagem científica é descritiva e explicativa. São dois mundos que não se superpõem, embora tenham conexões entre si e se fecundem mutuamente.

Selma procurou esmiuçar as afirmações para não dar margem à controvérsia:

– A filosofia da moral tende a estabelecer princípios gerais e absolutos, isto é, identifica os princípios que, em tese, deveriam embasar as práticas morais de todas as sociedades e épocas. Parte do pressuposto de que existem padrões ou virtudes essenciais que todos os homens partilham. Em razão disso, almeja estabelecer um leque de *princípios éticos* universais. Acontece que essa postura não encontra respaldo no conhecimento antropológico e sociológico, porque os princípios alegados não se encontram praticados em todas as sociedades humanas. – Ela nos encarou. – Mergulhem nas pesquisas empíricas e verão que não existem valores universais. – Esperou um instante. – Na contramão, a ciência da moral constitui um corpo de conhecimentos fundado em observações empíricas: investiga os fenômenos morais, torna-os compreensíveis, explica sua variabilidade. Os *conceitos éticos*, de base científica, esses sim são universais, como o são quaisquer conceitos pertencentes às ciências naturais, sociais ou psicológicas. Em quaisquer sociedades humanas, vocês encontrarão fenômenos que esses conceitos conseguem decifrar. De sorte que os dois discursos são radicalmente diferentes.

Letícia se mexeu no assento como se algo a incomodasse. Sálvio se preocupou em lastrear o argumento:

– De que maneira opera a ética científica? Ela observa a ocorrência de regularidades nas mais diversas sociedades, apreende a lógica das condutas morais e constrói conceitos que enfeixam essas generalidades. É um processo que privilegia a indução, e não a dedução, como faz a ética filosofia. Dessa maneira, localizamos no mapa do domínio ético conceitos fundamentados porque decorrentes da observação factual, significativos porque aplicáveis à realidade, articulados porque logicamente consistentes. Ora, qual é o propósito essencial dessa *démarche*? Dar conta da realidade social e permitir intervenções inteligentes que tornem mais solidária a vida em comum.

Selma retomou a palavra:

– Eu queria insistir: será que existem princípios ou valores universalmente aceitos, como pretende a filosofia da moral? Eu disse que não. E sabem por quê? Porque princípios e valores são padrões culturais e, portanto, relativos no tempo e no espaço.

Estávamos na expectativa. Pedro ponderou:

– A preservação da vida não é um valor universal?

Contestei na hora:

– De forma alguma! Pergunte aos samurais ou aos camicases japoneses de ontem: para eles, a morte era o supremo anseio! Pergunte aos suicidas fundamentalistas de hoje, que cultuam a morte e defendem o terror: eles acreditam que seu sacrifício lhes abrirá as portas do paraíso!

A consultora aprovou com entusiasmo:

– Os xiitas de todos os matizes apregoam que morrer é o ápice na vida dos homens de fé. – Passou longamente a mão no cabelo. – O próprio tabu do incesto, tão apregoado em antropologia como constitutivo da passagem da natureza à cultura, não passa de um instrumento heurístico, uma hipótese metodológica. Basta observar as práticas incestuosas entre monarcas medievais e até no interior brasileiro. O regente Diogo Feijó não vivia maritalmente com a própria irmã? E não eram fatos isolados, desvios ocasionais e aberrantes, mas formas costumeiras de relacionamento...

– Ficamos mudos. Pedro parecia conformado. – Sálvio e eu consideramos a filosofia da moral um esforço meritório, porém precário. Preferimos a abordagem científica. Vista por esse prisma, a Ética é um corpo de conceitos que torna inteligíveis os fatos morais. E estes o que são? Efeitos de nossas ações sobre os outros. Desse modo, a Ética é perene, mas os fatos morais que ela estuda pertencem ao tempo.

O professor sentiu-se na obrigação de reforçar ainda mais as especificações:

– Os conceitos éticos são generalidades abstrato-formais, ferramentas que os cientistas investem na observação, descrição e explicação dos fenômenos morais concretos, históricos, reais. Conceitos tais como valores e normas morais; princípios e ideais; moralidade, amoralidade e imoralidade; racionalidade universalista e racionalidade particularista; altruísmos, autointeresse e egoísmo; bem comum e bem restrito; virtudes e vícios; senso do dever e senso crítico; códigos morais, assédio moral, sigilo profissional, confidencialidade de informações, conflitos de interesse e assim por diante.

As distinções entre as duas abordagens estavam ficando claras e Selma aproveitou a deixa para retomar a iniciativa e testar nosso nível de compreensão:

– Agora, em qual sentido a Ética está sendo utilizada quando se diz a "ética de minha empresa", "minha ética", a "ética da malandragem" ou a "ética dos parlamentares"?

De chofre, Pedro acertou o alvo:

– Há substituição da Ética pela moral...

– Como assim? – rebateu a consultora para forçar o entendimento.

– As pessoas estão se referindo ao conjunto de regras que disciplinam as condutas. Querem dizer a moral de minha empresa, a minha moral, a moral dos malandros, a moral dos parlamentares...

– Certo! – aprovou Selma. – E quando se diz: "sujeito sem ética", isso quer dizer o quê?

De novo, o colega compareceu:

– Aqui o conceito está no lugar de integridade, seriedade, virtude, responsabilidade, escrúpulo, decência ou algo que o valha.

Qualifiquei sociologicamente o assunto:

– O sentido equivale ao de valor cultural, de uma qualidade socialmente desejada, como a senhora disse há pouco. Ou seja, as pessoas querem dizer que há falta de caráter. Neste caso, a disciplina teórica fica reduzida a um adjetivo, prestigioso por sinal.

– Os dois acertaram em cheio! – exultou nossa anfitriã. – Vamos a mais uma: quando se fala de "altos padrões éticos", "cumprir deveres éticos", "alinhar-se com as regras éticas", o que se pretende dizer?

Pedro disse:

– Essa é tranquila: aqui se confunde Ética com norma de conduta, com pauta de ação.

– Um coquetel e tanto, hem! – devolveu André. – Afinal de contas, se partirmos do pressuposto de que existem "*altos* padrões éticos", isso supõe logicamente a existência de "*baixos* padrões éticos", não é? Ou até de padrões *médios*! É a síndrome dos padrões de qualidade! Ora, será que dá para quantificar princípios ou valores? – Fitou-nos com ar debochado. – A Ética virou uma feira de mil e uma utilidades... Estou errado? São frases feitas, lugares-comuns, chavões. Tudo isso desemboca num palavreado vazio, não acham?

André sabia pegar duro e de surpresa. Ficamos meditando, até que Letícia concluiu:

– Em resumo, temos uma salada semântica! O que vale então? Ética como disciplina que estuda os fatos morais ou essas metáforas todas?

A consultora encampou as manifestações:

– É isso, Letícia, definição simples e direta. Ética como corpo de conhecimentos significa que há um objeto de estudo. E qual é o objeto? Os fatos morais, quer dizer, a moralidade, os códigos morais, os padrões morais e suas manifestações comportamentais. – Sorriu. – No frigir dos ovos, os sentidos dados pelo senso comum são reducionistas. Mas, cuidado, não é fácil descartá-los! O bom senso indica que é preciso conviver com a força dos hábitos e aprender a decodificar a acepção utilizada caso a caso...

O professor a secundou:

– Precisamos convir que a origem dos termos confundiu as coisas. Ética vem do grego, *ethos*, e significa mentalidade, caráter moral, espírito. Por sua vez, moral vem do latim, *mos* – ou *mores* no plural – e remete a usos e costumes, maneiras de agir, atitudes morais. Ambos os sentidos tendem a se sobrepor.

Irrequieta como ela só, Luisa interrogou:

– A flutuação deriva disso?

– A flutuação semântica? – completou Selma mecanicamente. – Não só. Há outras razões. Mas uma coisa é certa: o termo "moral" foi desmoralizado! – Ficamos perplexos. – É isso mesmo, desmoralizado! A começar por um motivo anedótico, coisa de folclore. Durante o regime militar brasileiro (exatamente em 1969), foi introduzida uma disciplina chamada "Educação Moral e Cívica". Pelos comentários que ouvi, seu ensino era edificante e tedioso. – Trocamos olhares: o evento ocorreu antes de nosso nascimento, não estudamos nada disso. – Há outras razões pelas quais se prefere utilizar "ética" em vez de "moral". A segunda delas é mais séria. Os países latinos cultivam um moralismo hipócrita, um falso moralismo, um jogo de faz-de-conta. Trocando em miúdos, são ditas coisas em público e feitas outras bem diferentes em ambientes reservados.

Sálvio foi sarcástico:

— Nas rodas em que pessoas íntimas se reúnem, o que acontece? Rolam soltos comentários escabrosos, trocam-se ações entre amigos, quebram-se galhos, inventam-se tramoias. Tudo na maior informalidade e com enorme dose de cumplicidade. Assim, o que se diz em pequeno comitê e o que é feito às escondidas têm pouco a ver com o que se fala à luz do dia.

— Faça o que eu digo, mas não faça o que eu faço! – sentenciou André.

— Essa é uma das máximas mais triviais, sim! São exortações feitas da boca para fora. Ineptas. Pois o que vale mesmo é o exemplo que se dá...

Pedro, que estava pensativo, ponderou:

— Mas a hipocrisia não é universal?

O professor inquiriu a esposa pelo olhar, hesitou e disse com prudência:

— Eu não me arriscaria a tanto.

Pedro insistiu, reduzindo significativamente a abrangência do fenômeno:

— Quem sabe seja um traço de caráter das sociedades com economias monetárias...

A consultora comentou depois de refletir um pouco:

— Não a hipocrisia atual, com toda aquela carga de falsidade. A astúcia, esta sim, parece universal. Alguns psicólogos evolucionistas afirmam que a arte do fingimento e da artimanha marca nossos relacionamentos, faz parte de nossa humanidade. Algo semelhante à camuflagem que os seres vivos usam para enganar os predadores que querem devorá-los. Vejamos um exemplo banal: as crianças são ensinadas a falar a verdade, mas também, e invariavelmente, aprendem a mentir de uma maneira socialmente aceitável.

— Chamamos isso de polidez – definiu com ironia o marido –, uma dissimulação instrumental para a boa convivência.

Selma se esforçou em ilustrar o enunciado:

— Por exemplo, a dissimulação é visível nos sorrisos falsos, tão convenientes em encontros sociais, não é mesmo? E nas omissões piedosas: não se diz a um doente que ele tem mau hálito. E nos elogios corteses: louvam-se as habilidades culinárias das donas de casa que nos hospedam. E nos cumprimentos efusivos, então? Saudamos as pessoas temidas ou aquelas que gostaríamos de ver longe por pura precaução, não é verdade? E como esquecer nossa humildade estudada? Fingimos ser modestos com segundas intenções. Por fim, as mulheres simulam orgasmos para não espantar a fogosidade dos machos...

– Essas mulheres! – deixou escapar André, caindo num riso despregado.

Foi difícil não acompanhá-lo. A anfitriã sorriu para todos nós, pois partiu dela o comentário jocoso, e se esforçou em concluir o raciocínio:

– A astúcia tem sentido, sim. Deriva da necessidade de administrar relacionamentos sociais tão complexos como uma partida de xadrez. Não temos ainda dados empíricos suficientes para generalizar. Será que todas as sociedades humanas fazem do despistamento uma estratégia de sobrevivência? Acho possível. Mas deixemos as pesquisas avançarem. Posso afiançar, porém, que a duplicidade moral dos países latinos não é universal.

Sálvio se manifestou:

– Do Sul da Europa (França, Itália, Espanha, Portugal) até a América Latina, patinamos todos na ambivalência moral. É um assunto que importa muito aos brasileiros. – Esperou que percebêssemos o alcance de seu comentário. – Coexistem entre nós, latinos, dois códigos: um oficial e outro oficioso, um público e outro clandestino. E ambos se contradizem. Em contraposição, os países anglo-saxônicos e protestantes, mais especificamente os Estados Unidos, não abrigam dois códigos gerais, mas apenas um: a moral puritana. Eles não cultivam como nós uma segunda moral, velada, um repertório que embasa padrões que se praticam à socapa.

A observação nos surpreendeu e, ao mesmo tempo, funcionou como um clarão no escuro.

– Por favor – recomendou Selma com veemência –, não deduzam que os países anglo-saxônicos estejam livres de transgressões morais! Todos os povos cometem deslizes morais, dos anglo-saxões aos escandinavos, dos eslavos aos germânicos, dos asiáticos aos africanos! A particularidade latina é que nós desfrutamos de um "colchão emocional", do ombro amigo das pessoas mais chegadas. O que isso significa? Que gozamos de apoios em surdina, de orientações coniventes, de acobertamentos e, por que não dizê-lo, de incentivos para fazer mais e pior! Sublinho: nosso círculo íntimo nos ampara com particular boa vontade. E por quê? Porque todos partilham aquele código disfarçado. Isso nos distingue.

Diante de nossa curiosidade, o marido atalhou:

– Veremos adiante as razões históricas dessa ambiguidade latina. – Mais uma vez, o casal adiava algumas explicações e não escondia o fato de que as discussões obedeciam a um plano. Mas Sálvio prosseguiu logo: – Outra razão da desmoralização do conceito de moral é que os fatos morais são múltiplos e variam no tempo. Afinal, são padrões culturais! Terrível relativismo. De modo que apelar para a moral nem sempre significa coisa boa!

A consultora fez questão de exemplificar:

– Veja a dinâmica da exposição pública do corpo humano, tolerada hoje, antes condenada. Ou a existência de filhos fora do casamento, antes rotulados como bastardos e hoje postos em pé de igualdade. Ou o hábito de fumar, que deixou de ser glamoroso. Ou ainda os corretivos dados às crianças, antes usuais, agora coibidos. Sem falar do trabalho das mulheres fora de casa, da virgindade ou das separações entre casais, práticas que deixaram de ser tabus.

– Diante desse relativismo moral – argumentou Sálvio –, as pessoas ficam desconcertadas. Porque, dependendo do ponto de vista, existem valores morais positivos e valores morais negativos. Ações que orgulham um mafioso estigmatizam um homem de bem. A fluidez perturba!

– Sim, as pessoas gostam do absoluto – criticou Selma –, da fixidez dos dogmas. Convivem mal com o dinamismo dos juízos morais. Daí a censura à palavra "moral". Parece que todo mundo quer se livrar dela!

O professor arrematou:

– Esses fatores todos tornaram o termo "moral" simplesmente rebarbativo! Daí o uso da expressão "ética", que ainda se mantém incólume, à margem da contaminação, intocada em sua pureza.

Nossa anfitriã então disse:

– Há, aliás, uma pergunta crucial a fazer...

O marido a interrompeu com delicadeza, juntando as duas mãos à maneira indiana:

– Espera aí, meu bem. Não dá para postergar o tópico? A moçada deve estar cansada... – Ficamos imóveis, sem saber ao certo o que dizer ou como nos comportar. Simplesmente aguardamos, enquanto a esposa nada dizia. Sálvio foi assertivo: – Vamos assistir às notícias ou ver um documentário, o que acham? – As duas moças se mantiveram impassíveis. – Afinal, o que temos para jantar?

– Ouvi dizer que estamos em regime de engorda – replicou Selma, fingindo se queixar.

— Não foi reclamação, não! – defendeu-se prontamente Letícia. – Ao contrário: está tudo delicioso demais!

A anfitriã sorriu, algo envaidecida:

— Vamos fazer uma boa pausa e, depois, que tal um encontro à luz de velas? Um lanche leve ao som de Bach, Mozart, Vivaldi e Albinoni?

— Regado a vinho? – brincou Sálvio.

— Com queijos e cesta de pães! – rematou a esposa.

Na sequência, fomos nos acomodar no home theater. Assistimos à CNN e pulamos de um telejornal a outro. Demos risadas e trocamos ideias sobre a política nacional. Confesso que me senti em meu habitat, plenamente integrado.

Foi quando tive um insight sobre o valor dos pequenos momentos de felicidade. Dei-me conta, como se fosse uma revelação, de que são estados de bem-estar subjetivo, microtempos feitos de equilíbrio e de serenidade. Experiências ou vivências bem diversas das comemorações rituais, das confraternizações festivas como as formaturas, os batizados, os aniversários, os casamentos, as ceias de Natal. Pensei: é possível ser feliz sem que haja arrebatamentos ou grandes efusões; não é preciso espocar garrafas de champanhe, reunir amigos e família, estourar fogos de artifício, trocar beijos e abraços; nada disso é indispensável.

E concluí que a felicidade se assemelha a uma tapeçaria, uma renda delicada tecida na intimidade do amor ou na descontração de um papo amigo, na folga após uma jornada estafante ou na superação de um desafio, na fruição de uma iguaria ou de um chope bem tirado, no passeio de mãos dadas com a namorada ou na contemplação do sol poente, no doce abandono do corpo numa rede malemolente...

Momentos inocentes, certamente, mas mágicos o bastante para que seu desfrute valha a pena. Celebrei esse parêntese de felicidade em secreto regozijo.

8. O fato

*Não se constrói uma sociedade baseada na virtude dos homens,
e sim na solidez de suas instituições.*

Barão de Montesquieu

Quando fomos chamados para jantar, a magia do chá da tarde empalideceu. A sala de estar estava iluminada com grossas velas, muitas dispostas sobre os móveis, algumas cuidadosamente distribuídas no chão, outras espalhadas no jardim. Na lareira, crepitavam três toras de madeira perfumada. No som ambiente, o *andante* do Concerto em D menor, de Alessandro Marcello. Tudo recendia a incenso, como se o lamento do oboé oficiasse uma missa profana. Comovido, saudei intimamente esses requintes auditivos, olfativos e visuais.

Na mesa de centro, larga e baixa, duas imensas tábuas de queijos. Os acepipes estavam desembalados e uma bandeirinha espetada em suas cascas identificava o tipo: Camembert, Brie, Chamois Bleu, Gouda, Itálico, Estepe, Gruyère, Emmentale. Na variedade de pães, nenhuma modéstia: havia baguetes francesas, pão de forma integral, pão preto, pão sueco, pão de quatro grãos, ciabatta, meias-luas de pão sírio e pequenas torradas quadradas. Uma bandeja, disposta num canto da mesa, trazia legumes crus e cortados em palito, como salsão, aipo, cenoura, pimentão e erva-doce. Prontas para serem destampadas, garrafas de Cabernet Sauvignon, Merlot e Chardonnay. Como sobremesa, tivemos uma colorida salada de frutas com sorvete de creme.

Esse banquete, nos dizeres da anfitriã, prometia ser um lanche leve! Mais uma vez ficamos admirados com a faceta de gourmet do casal e a degustação nos mergulhou nos finos prazeres da mesa. O bate-papo foi animado e versou sobre os pães mais adequados a cada tipo de queijo e – como evitar? – sobre o vinho mais apropriado ao paladar. Nessa matéria, Pedro pontificou, deixando as moças boquiabertas. Com as muitas festas promovidas pelo pai – pretextos para acercar-se dos homens certos nos lugares certos da política fluminense –, ele havia aprendido alguns refinamentos em meio às falcatruas. Enquanto saboreávamos os quitutes, o caseiro abriu as garrafas com um precioso saca-rolhas de sommelier.

Depois de a anfitriã ter se certificado de que tudo estava a contento, deu início à nossa conversa com uma pergunta que havia ficado no ar:

– É costume no Brasil confundir atos amorais com atos imorais, o que vocês acham?

– Que estranho! – exclamou Luisa.

– O quê? Que o fato aconteça?

– Não, a mistura das coisas. Afinal de contas, o prefixo "a" não diz respeito à privação de algo? – E acentuando a primeira letra: – Como em *a*partidário, *a*temporal, *á*grafo, *a*político, *a*fônico, *a*nônimo, *a*típico...

– É isso mesmo, Luisa! Por isso é que, a rigor, amoral significa moralmente neutro, um fato social que fica à margem das normas morais, que está desprovido de qualificação moral. Portanto, um fato que não é moral nem imoral e que, portanto, constitui o objeto de estudo da Sociologia, e não da Ética.

Num relance, imaginei como caracterizar essa nossa refeição. Pelo critério enunciado, ela seria amoral. Todavia, ponderei: e se levarmos em conta a fome que grassa neste mundo afora, como ficaria? Pieguice, dirão: avaliar tudo à luz das misérias humanas seria "moralizar" todos os acontecimentos de forma absolutamente imprópria; nada que ocorresse deixaria de ter implicação moral. Em razão disso, procurei manter a objetividade:

– A ciência se pretende neutra; os fatos da natureza são neutros; boa parte dos fatos sociais é moralmente neutra. É isso mesmo?

A consultora concordou comigo e esclareceu:

– Nesse preciso sentido, são amorais, sim. Em contraposição, imoral é ser contrário à moral. Acontece que, mais uma vez, o senso comum baralha os significados.

Pedro reforçou essa impressão com um fato:

– Vejo sempre que legendas de filmes americanos traduzem a palavra amoral em inglês por imoral em português! Por que será?

– Não vai querer – divertiu-se André – que esses "linguistas" saibam as diferenças, vai? – Então, ele arriscou: – Quem sabe existe outra acepção? Por exemplo, se amoralidade for entendido como um estado em que os agentes estão desprovidos de senso moral, não fica tudo confuso?

Selma aprovou o argumento:

– É isso, André, você acertou! Essa acepção existe e confunde amoralidade com imoralidade. Desperdiça-se, assim, uma vertente conceitual a troco de nada. Para nosso uso, vamos adotar o sentido neutro de amoralidade. De modo que parte considerável dos fatos sociais é neutra do ponto de vista analítico, ou melhor, não tem implicações morais. O que isso significa? Que os fatos não afetam as pessoas para o bem ou para o mal. O passeio que vocês acabaram de dar, por exemplo, é moralmente neutro, assim como o são os papos entre amigos ou as compras num supermercado.

– O banho de piscina, o almoço, nossa vinda a Itu também o são – raciocinou Luisa. – Há intercâmbios sociais, interações entre pessoas, sem haver implicações morais. É isso mesmo?

– Captou bem os exemplos, Luisa. Não são especificamente eventos morais. Mas, cuidado, vou me repetir: para tornar a realidade apreensível, a ciência segmenta e simplifica os eventos observados. Aliás, André já nos alertou a respeito! Os fatos reais são mais ricos que os recortes que fazemos; não são dissecações de laboratório.

Ficamos um pouco perdidos. O professor desdobrou a ideia:

– Todo evento é intrincado, tem múltiplas determinações. O pensamento categoriza os fatos para torná-los compreensíveis, comparáveis, e, para tanto, resgata seu caráter essencial. Caso contrário, haveria uma espécie de tendência imperialista entre os campos. Por exemplo, psicologizar os eventos sociais (o nazismo seria fruto da personalidade autoritária de Hitler) ou naturalizá-los (a sociedade contemporânea estaria doente por ter perdido valores tradicionais). De forma simétrica, precisamos tomar cuidado para não "moralizar" tudo e qualquer coisa.

– Isso não significa – retomou a esposa – que eventos sociológicos e, portanto, neutros moralmente não possam se revestir de caráter moral: depende de seu alcance e de sua inscrição na agenda social. Explico. Hoje em dia, por exemplo, comprar produtos não biodegradáveis é assunto que a Ética estuda por seus impactos sobre o meio ambiente. De maneira similar, usar sacolas de plástico para acomodar suas compras ou levar consigo a própria sacola de pano não têm o mesmo sentido. Dizer então que uma compra em um supermercado é amoral, ou moralmente neutra, é válido apenas em tese. Porque produtos poluentes, ou fabricados por crianças, ou sacolas descartáveis são atos imorais hoje em dia. Não o eram há poucos anos. Nenhum fato social, em consequência, é exclusivamente e para todo o sempre neutro.

Pelo olhar, Luisa exigiu maior explicação. Sálvio sugeriu a Selma:

– Por que você não distingue etiqueta e moralidade como você sempre faz? Isso pode esclarecer as coisas.

– Boa ideia – reconheceu a outra. – Qual é a diferença entre boas maneiras e normas morais? – Hesitamos. Afirmou então: – As regras de etiqueta não são regras morais. O que as diferencia? Por exemplo, quando você fala com um cliente ao telefone, você obedece a certa formalidade, toma cuidado, observa limites, faz cerimônia, policia a linguagem e o tom. Nesse caso, você se submete à etiqueta. Diz: "Bom-dia!", "Como vai o senhor?", "Foi um prazer ouvi-lo", "Até logo" e outros que tais. O telefonema em si é moralmente neutro.

– Todo relacionamento pressupõe obediência a convenções – argumentou André –, boa educação, modos protocolares, é isso?

Ficou evidente que ele ironizava os constrangimentos que seu comportamento pouco convencional lhe causava.

– Agora, imagine a seguinte situação – especulou a consultora. – Enquanto você está falando com seu cliente, entra uma linha cruzada. Como podemos qualificar a situação?

Num relâmpago, Pedro se antecipou:

– Entra a questão da privacidade!

– Quer dizer o quê?

– A intimidade dos outros exige respeito. É preciso que os intrusos desliguem, não é?

– Ou que todos desliguem – corrigiu a anfitriã. – Certo, Pedro? – O colega concordou, piscando repetidas vezes. – Isso significa que estamos diante do quê?

Luisa inferiu:

– De um fato moral se todos desligarem!

– Mas suponha que seu cliente perceba o que aconteceu e fique quieto, e que você também fique calado, e que ambos sigam atentamente a conversa dos outros dois... O que temos agora?

– Gente bisbilhotando a vida alheia! – apressou-se a responder Pedro. É imoral!

— E por quê?

— Porque violamos a privacidade alheia: ouvir a conversa dos outros sem ser chamado é imoral!

Selma sorriu de orelha a orelha.

— Felicitações! Então vejamos. Num primeiro momento, antes da linha cruzada, prevalecem as boas maneiras, não as regras morais, porque o tratamento obedece a convenções estabelecidas que não geram nem bem nem mal. Num segundo momento, depois da linha cruzada, entra em jogo uma regra moral, porque afetamos positiva ou negativamente os outros, criamos uma situação que é objeto de estudo da Ética.

Estimulado, o grandalhão quis se certificar de que havia captado a mensagem e apresentou uma situação que lhe ocorria:

— Em reunião na sede de uma associação de empresários, depois das formalidades de praxe, um dos participantes propõe formar um cartel...

Luisa precipitou-se a concluir:

— Fato moral a estudar, fato imoral como conduta! Vão atentar contra a livre concorrência!

— Claro que vão! — ecoou o colega. — Clientes e fornecedores vão pular miudinho!

A consultora sinalizou que concordava e decidiu clarificar as ideias:

— O que conseguimos até aí? Alguns fatos sociais podem se revestir de caráter moral, tudo bem. Mas quando isso ocorre? Quando eles afetam os outros para o bem ou para o mal. Eis a chave. Caso contrário, o fato é moralmente neutro.

Sálvio interveio:

— Peço apenas atenção para algo que pode ser motivo de confusão e que Luisa assinalou há um segundo. Quando se fala de *fato moral* como objeto de estudo da Ética, usam-se características gerais, aponta-se para uma generalidade abstrata. Ou, dito de outra forma, um evento moral não é necessariamente "moral" no sentido de exprimir a moral pública, está claro? — Não estávamos tão seguros. Ele ficou nos olhando. — Dependendo de seu conteúdo concreto, um evento moral (objeto de estudo) pode ser considerado "imoral" pelo código dominante (qualificação histórica), como no exemplo da quebra da privacidade que acabamos de discutir ou da formação de um cartel. Daí advém a seguinte conclusão: existem fatos morais (objetos de estudo) que podem ser qualificados como "imorais" ou como "morais" (qualificações históricas), em função do que diz a moral vigente em uma sociedade determinada.

O cuidado apontado era valioso porque, à primeira vista, a definição poderia parecer desconexa. Eu fiz um paralelo:

– Isso também se aplica aos *fatos sociais*, que são objetos de estudo da Sociologia. Eles podem eventualmente se revestir de um caráter antissocial. Por exemplo, urinar nas calçadas, promover quebra-quebras, lançar vírus na internet ou pichar monumentos. Embora negativos, eles são "fatos sociais" do ponto de vista sociológico, estou certo? – O professor endossou minha fala fingindo me aplaudir. Acrescentei: – O mesmo vale para as sanções: há sanções positivas (as recompensas) e sanções negativas (as punições). Porém, não importa o sinal que se apõe, genericamente uma sanção é uma sanção.

– Você captou bem o sentido, Leo – abonou Selma. – Uma coisa é falar do fato moral como conceito abstrato, como objeto de estudo da Ética, outra coisa é apreendê-lo como fato concreto, qualificar sua natureza histórica a partir dos códigos morais existentes e dizer: este é um fato "moral", aquele é um fato "imoral". – Passou-nos em revista para verificar se havíamos entendido corretamente a mensagem. – Agora vamos checar. Há alguns anos, uma capa de revista estampou o compositor Chico Buarque de Holanda beijando uma mulher na praia do Leblon em plena luz do dia. – Letícia deu sinais de que lembrava perfeitamente o fato. A anfitriã quis conferir: – Seria o caso de dizer que houve uma perseguição de *paparazzi* a uma celebridade?

– Que raio de beijo é este – estranhou André – que fica na capa, e não em uma página interna?

– Justamente, André, justamente! – insistiu a consultora. – Que raio de situação é essa?

Letícia não aguentou:

– É porque é um fato moral, e não um fato social moralmente neutro! – Ela nos encarou. – E sabem por quê?

Luisa também lembrou:

– Porque a mulher era casada! – E afinando a voz de forma picante: – Com outro cara, não com o Chico!

André, Pedro e eu caímos numa gargalhada deplorável; a consultora não perdoou:

– Vamos ter modos, rapazes! A mulher tem dois filhos e já andou apaixonada pelo Chico.

Não conseguíamos parar de rir. Mas percebemos também que Selma nos recriminou por puro desencargo de consciência. O próprio professor mal segurava a barriga de tanto dar risada! A esposa franziu a testa:

– Vocês estão rindo de quê?

Emendei:

– Melhor seria dizer "de quem"?

– Do marido, é isso? Por ter sido traído?

– Um corno na boca do mundo! – soltou André.

A consultora o fuzilou com o olhar e o recriminou:

– Não há nada pior que macho presunçoso! Quantos homens podem afirmar, de boca cheia, que estão a salvo? – Ficamos subitamente sérios: o tom estava carregado de ameaças feministas. – Vamos analisar o caso. Sem dúvida, é um fato moral que merece análise ética (é um objeto de estudo). E por quê? Porque afetou negativamente o marido, os dois filhos, a mulher envolvida, além de Chico Buarque. E é imoral do ponto de vista da moral pública brasileira (qualificação histórica).

– Não tenho certeza quanto a isso! – contestou André. – O pessoal deve ter achado que é coisa de garanhão!

– Alguns broncos talvez! – replicou Selma. – Mas isso não condiz com a imagem de bom moço que Chico passava. Nem com o fato de que foi um ato de infidelidade explícita. Pergunto então: a infidelidade tem aprovação pública no Brasil? Claro que não. O beijo criou embaraços para essas pessoas, sim ou não? – Ninguém retrucou. – Aliás, aproveitando a deixa, qual é a reação esperada de um marido brasileiro? Digam! Afinal, pelo jeito de vocês, a exposição na mídia deve ter sido humilhante para ele.

Ela não estava gracejando, falava de forma incisiva. Pedro se sentiu na obrigação de responder:

– Claro que foi! O homem deve ter ficado uma fera. Isso dá separação, divórcio...

André não resistiu e escandiu as palavras:

– Tudo bem! Mas de graça, não! Pensando bem, uns sopapos vêm a calhar bem!

– Bater em quem, hem, machão? – revoltou-se Letícia.

André ficou desconcertado:

– Ora, bater nela... No Chico... Nos dois!

Achamos divertida a sugestão. O professor então narrou um caso:

– Ao saber dessa história, o gerente de uma multinacional, aluno meu, não teve dúvida: comentou entre dentes "peixeira!". Eu o encarei. Seu olho duro era impressionante: com certeza, mataria os dois! Perguntei no ato: "De onde você é?" Ele respondeu secamente: "Paraíba!" Como em outros tempos, a honra não tinha preço para ele...

Achamos graça e Letícia nos trouxe uma informação:

– Eu li uma entrevista do marido daquela fã do Chico. Ele disse com todas as letras que não foi traição, não. Foi coisa de momento, um impulso que a mulher não conseguiu controlar... E soltou uma pérola: falou que o perdão morava em seu coração!

– Isso que é amor! – caçoou André.

Letícia não lhe deu ouvidos:

– Convidou Chico a procurar alguém da idade dele... numa clínica geriátrica!

A consultora aproveitou o exemplo para chamar nossa atenção sobre o relativismo cultural:

– Em pleno século XXI, hem! Vejam quantos Brasis! Pensem na variedade e na dinâmica dos padrões morais. Comparem a década de 1960 e os dias de hoje em relação ao adultério, à submissão das mulheres aos homens, à homossexualidade, às uniões estáveis fora do casamento, ao aborto... Um abismo separa as duas mentalidades, não é mesmo?

Sálvio encarou a esposa:

– Seria interessante apresentar mais umas situações, não acha?

– Vá em frente! – incentivou Selma.

O professor conjecturou:

– Imaginem que um pai vá comprar um brinquedo para a filha. A compra em si mesma é um fato social, só que moralmente neutro. Caso comprasse um brinquedo educativo, a coisa permaneceria neutra? – Ficamos na expectativa, embora soubéssemos que a ação merecia elogios. – Claro que não! O ato se reveste de caráter moral, porque demonstra preocupação com o desenvolvimento mental e social da criança.

A esposa deu seu toque analítico:

– É uma conduta moralmente aceitável. Ela se enquadra nas expectativas do Brasil urbano e da sociedade ocidental contemporânea.

– O fato é, sem dúvida, positivo – chancelou Sálvio. – Em sentido contrário, imaginem agora que o pai desleixado ou apressado compre um brinquedo perigoso, sem selo de garantia. Sua conduta seria reprovável, moralmente errada, não é verdade? – Esperou um instante e depois disparou: – Claro, o fato é negativo. Por quê? Porque não leva em conta o mal que o brinquedo possa causar à filha. Lá vai então a pergunta: quando é que um fato social se torna um fenômeno moral?

Respondemos uníssonos, em tom de brincadeira:

– Quando afeta os outros para o bem ou para o mal!

Então, Letícia levantou uma questão que a incomodava:

– Estamos falando da moral dominante, da moral pública, é isso?

– Sim, claro. Por que a pergunta?

De fato, ninguém entendeu como nossa colega, sempre tão perspicaz, pudesse repisar algo tão óbvio. Ela se explicou:

– Sonegar impostos, por exemplo, é oficialmente errado. Mas o posicionamento geral a esse respeito é outro...

O professor ficou contente com a intervenção de nossa colega:

– Boa! Por isso mesmo devemos distinguir a moral oficial da moral oficiosa, que se pratica às ocultas. Porque, do ponto de vista da moral do oportunismo (nossa segunda moral), a sonegação é aceitável, ela é justificada. Só que as justificações são dadas à boca pequena.

– Assim, os exemplos que vimos têm a ver com a moral...

– Da integridade, com nossa moral pública – confirmou o mestre. – O fato de algo ser amplamente aceito, mas cujas manifestações ocorrem por debaixo do pano, continua sendo imoral do ponto de vista oficial...

Letícia então procurou aplicar os conceitos:

– Caso um gerente de banco esmiuce para um cliente todos os encargos e os riscos de um empréstimo, ou seja, caso ele seja transparente, sua atitude será moralmente positiva, certo? Terá cometido um ato que se enquadra na moral da integridade, não é?

Sálvio piscou afirmativamente. Luisa se juntou à colega e fez o contraponto:

– Mas, se o gerente não agir dessa forma e, ao contrário, sonegar informações importantes, o ato será moralmente errado, reprovável. Óbvio, não? É o que acontece também na venda casada, quando o cliente acaba praticamente coagido a comprar um produto financeiro para obter um empréstimo.

O professor sorria com os olhos; a consultora exultava. Eu decidi mudar o registro dos casos:

– É como numa relação amorosa: se você respeitar os desejos de sua parceira, o fato é moralmente certo, positivo; se você forçar a barra ou descambar para o assédio sexual...

– Com a parceira dos outros, não é? – emendou André.

A interrupção me incomodou.

– Com a parceira dos outros ou com a sua, não importa! É moralmente errado ou reprovável; portanto, negativo.

– Sem dúvida – confirmou Sálvio. – E depois de um tempo: – Vejo que vocês já diferenciam bem os fatos morais e os fatos sociais moralmente neutros.

Mas Letícia parecia ainda em dúvida:

– Na relação amorosa...

– Encalacrou? – soltou André.

– Não enche, André! – reagiu com impaciência. – Fico pensando: quando será que a relação amorosa é moralmente neutra?

Ante nosso silêncio, Selma destrinçou:

– Quando ela não envolver questões morais; quando não afetar os outros para o bem ou para o mal; não vou cansar de repetir isso. No Brasil de hoje, sobretudo no Sudeste, quando você respeita os desejos de sua parceira, recebe apoio e aplauso. Seu comportamento é tido como moralmente positivo. Caso contrário, a relação é neutra, burocrática, com a mulher cumprindo passivamente suas obrigações matrimoniais...

As duas moças inclinaram as cabeças e cochicharam como se tivessem desvendado algum mistério. André ficou fazendo careta. Fiquei com receio de que ele mencionasse os orgasmos simulados. Nesse momento, Pedro salvou a situação, lançando no ar mais um exemplo:

– Na fiscalização de um contrato de terceiros, observar as exigências contratuais é moralmente neutro, pois está se cumprindo o que está formalmente estipulado. Agora, apontar as desconformidades na prestação de um serviço e resistir às pressões para fechar os olhos é moralmente positivo. Em sentido contrário, não glosar tais desconformidades e aceitar presentes em retribuição é moralmente negativo, vocês concordam?

Meneamos a cabeça sem nada dizer, sinalizando que já havíamos ouvido o bastante. André quis ainda intervir. Porém, inesperadamente, Sálvio colocou o indicador sobre a boca para pedir silêncio. Foi a maneira mais direta de chamar nossa atenção para a música que os alto-falantes embutidos no teto transmitiam. Era o adágio de Tomaso Albinoni em G menor.

Escutei o ar vibrar com os acordes do órgão e das cordas, e senti um arrepio. Aos poucos, fui tomado por um sentimento de melancolia e minha garganta se estreitou. Durante os longos minutos que se passaram, notei a crescente emoção do professor. Vi seus olhos claros ficarem enevoados e, logo depois, úmidos. Mais tarde, já na empresa, alguém me confidenciou que Sálvio perdera uma filha de 6 anos, atropelada defronte à própria casa. Seu primeiro casamento desmoronou após o acidente. Nunca mais teve filhos. Adotou os dois meninos de Selma, uma colega que ficara viúva ainda jovem.

No final da música, a esposa nos informou à meia-voz:

– Há anos que Sálvio vem me dizendo que gostaria que o adágio fosse tocado em seu funeral. E qual não foi nossa surpresa quando soubemos que, na homenagem aos mortos do atentado terrorista ocorrido em Madri, em março de 2004, isso aconteceu!

Uma pontada de angústia me apertou o peito. Num relance, pude medir o quão insuportáveis são certas dores e o quão incerta é nossa vida. Ficamos um momento apreciando o vinho e olhando para as brasas da lareira. Até que o professor retomou seu ar pragmático e saiu de seu mutismo:

– Desculpe pela interrupção, André. Você ia dizer o quê?

O colega ficou um instante inseguro, mas rapidamente se recompôs:

– Os fatos morais são objetos de estudo observáveis e se caracterizam por serem fatos sociais que afetam as pessoas para o bem (isto é, produzem efeitos positivos, benéficos) ou para o mal (ou seja, produzem efeitos negativos, maléficos). Assim, os fatos morais exigem posicionamento, exigem que se façam escolhas, não é verdade? Ora, o sujeito chamado a escolher não escapa de um problema: ele é responsável pelas consequências das decisões que tomou. Não acham? – Ficamos um pouco perdidos. André percebeu:

– Imaginem o seguinte. Estou prestando serviço à minha empresa e pego um táxi para levar um documento a um cliente. Trocar ideias com o motorista é um fato social, não é? Não é um fato moral, pois conversamos sobre o trânsito emperrado, o tempo maluco de São Paulo, ou seja, conversamos sobre banalidades. – Ninguém discordou. – Agora, ao chegar ao destino, peço um recibo. O motorista me olha e pergunta: "De quanto?" A essa altura, preciso me definir; estou diante de um dilema moral. Se eu disser: "Os R$22 que o taxímetro marca", cumpro minhas obrigações e atendo às expectativas de minha empresa; cometo um ato moralmente positivo. Mas se eu disser: "Ponha aí uns 40 paus", com a intenção de embolsar R$18 em minha prestação de contas, ajo de forma moralmente negativa. Conclusão: sou responsável pela decisão que tomei; respondo pelas consequências de meus atos. Caso a auditoria me pegar, não adianta alegar que "todo mundo faz isso"... O auditor vai me dizer: "Cara, peguei, é você! E vão te demitir por justa causa!"

Sálvio concordou e especificou:

– Muitíssimo bem lembrado André! Os fatos morais são fatos sociais que dizem respeito ao certo e ao errado, ao justo e ao injusto, ao legítimo e ao ilegítimo, à virtude e ao vício. E temos a liberdade de seguir ou não as orientações coletivas. Isso significa, sim, que respondemos pelas decisões que tomamos...

Na larga pausa que se seguiu, aproveitamos para encher nossos copos e para petiscar. Até que Selma rompeu o silêncio:

– Ora, quem decide o que está certo ou errado? – Fez a pergunta de forma tão neutra que ela mesma respondeu: – Toda coletividade formula e adota os padrões morais que lhe convêm. Logo, os fatos morais são mutáveis, relativos no tempo e no espaço (como, aliás, quaisquer fatos sociais). – Não tínhamos dúvidas a esse respeito, mas, mesmo assim, a consultora quis se certificar: – A relatividade moral é um truísmo sobre o qual não cabe insistir, porque basta enumerar costumes amplamente difundidos e hoje considerados aberrantes. Vou citar, entre outros, o canibalismo: à semelhança de muitos povos primitivos, era praticado por algumas tribos brasileiras que devoravam inimigos derrotados e valorosos. A poligamia, também, era largamente utilizada entre os povos antigos e ainda se mantém viva em alguns países muçulmanos. Por outro lado, os sacrifícios humanos para agradar a algum deus foram rituais muito disseminados na Antiguidade. Por exemplo, os astecas os cometiam todos os dias, como forma de propiciar o nascimento do sol. Outro contraste flagrante nos dias atuais diz respeito à homossexualidade: há países que a punem com cadeia ou até com a pena de morte, há outros que legalizaram as uniões civis de pessoas do mesmo sexo e há dezenas que têm leis contra a discriminação sexual...

André concluiu:

– O que vale para um povo em dada época não vale para outro; ou não vale mais para ele mesmo em outra época.

O professor interveio:

– À primeira vista, essas distinções podem parecer de somenos importância. Se pensarmos um instante, no entanto, veremos que elas servem para limpar o terreno e conferir clareza vocabular. São úteis para afastar mal-entendidos. – Tomou seu tempo e depois disse: – Resta um esclarecimento a fazer. Muita gente alega que, para mudar os padrões morais, é preciso, antes de tudo, mudar a mentalidade dos indivíduos. O processo iria se irradiar, assim, dos indivíduos para as organizações e destas para a sociedade. O que vocês acham disso?

Todos os olhares convergiram para Selma, nossa psicóloga de plantão.

– Não me olhem desse jeito! – protestou a consultora. – Meu lado antropológico me aconselha a pensar exatamente o contrário!

Eu também reagi inconformado:

– A moralidade, como os demais fenômenos simbólicos, tem caráter social. Onde já se viu um sujeito obedecer a normas morais que nada tenham a ver com a moral coletiva? A não ser que ele seja um delinquente! Os indivíduos seguem os padrões morais de seu meio, agem dentro de trilhos. Às vezes, conferem um colorido especial a esses padrões, um toque singular, mas não deixam de partilhá-los. Ninguém nasce e sobrevive sozinho numa ilha deserta!

Sálvio sorria com os olhos, mas me censurou de forma quase paternal:

– Leo, espere! A questão que levantei diz respeito ao processo de mudança... Você acha que tudo começa onde?

– Nas práticas comuns! – afirmei categoricamente. – Para que as coisas aconteçam, é preciso estabelecer padrões e rotinas. E é preciso monitorá-las de perto. Aliás, lembro-me de uma situação que mostra como os indivíduos vivem à mercê da organização em que trabalham. Em Assunção, capital do Paraguai, um incêndio destruiu o principal supermercado da cidade. Foi em 2004, se não me engano. Houve 364 mortos e mais de 700 feridos. Razão da tragédia? – Todo mundo ficou à espera. Insisti: – Era evitável, sabiam? – André balançou a cabeça de forma afirmativa, porém nada disse. Concluí: – Os seguranças trancaram as portas! Obedeceram às ordens!

André exclamou na hora:

– Ordens que deveriam ter sido desobedecidas se os seguranças tivessem o mínimo de bom senso!

– Ou se tivessem sido instruídos em termos éticos – acrescentou a anfitriã, de forma peremptória. – A propósito, deu para saber por que as ordens foram dadas?

Respondi:

– A direção do supermercado receava que os clientes saíssem sem pagar!

— De fato, não pagaram! — zombou André, num tom macabro.

Meu exemplo animou o professor a enriquecer o debate com um experimento notável:

— Vocês conhecem a experiência do psicólogo social norte-americano Stanley Milgram? — Ninguém de nós a conhecia. — Ela foi realizada no início dos anos 60, na Universidade de Yale. Milgram estava preocupado com o argumento utilizado nos processos de Nuremberg pelos advogados de defesa dos dignitários nazistas. Vocês lembram, não? Entre 1945 e 1949, a cúpula alemã foi levada para o banco dos réus. — Estávamos a par dos processos. — O mesmo argumento foi repetido por Adolf Eichmann, em seu julgamento em Israel.

— Em 1961 — especificou a esposa.

Eu perguntei:

— Não foi Eichmann o responsável pela logística do Holocausto?

— O próprio — confirmou Selma. — Era um alto oficial da SS. Organizou a identificação e o transporte dos milhões que foram exterminados nos campos de concentração. Não é à toa que ficou conhecido como o "executor chefe" do Reich.

— Eu dizia — prosseguiu o marido — que a linha de argumentação utilizada pelos chefes nazistas (como, aliás, por dezenas de milhares de seus cúmplices) é que eles seguiram ordens superiores. De quem? Do Führer. Cumpriram, por exemplo, o decreto da "solução final para a questão judaica", que eliminou 5,7 milhões de judeus. Alegaram estrito respeito a seu dever de obedecer. — Tínhamos bons conhecimentos de Segunda Guerra Mundial e seguíamos o relato com grande atenção. — Pois bem. Stanley Milgram queria estudar a relação entre obediência e autoridade. Montou um experimento e convocou alguns voluntários por meio de anúncios em jornais. Ofereceu US$4,5 por hora de trabalho. Disse aos candidatos que eles participariam de uma pesquisa psicológica a respeito dos efeitos da punição sobre aprendizagem e memória.

Sálvio olhou em direção à esposa e ela fez o revezamento de forma quase automática.

— O voluntário seria o "instrutor" e ministraria um choque elétrico ao "aluno" toda vez que este não associasse a palavra correta a um dos 50 pares que o "instrutor" leria em voz alta. A ideia consistia em verificar a capacidade do "aluno" de decorar esses pares. Ocorre que o sujeito do experimento, o "aluno", ficava atado a uma cadeira elétrica! Detalhes importantes: a cadeira elétrica era falsa e o "aluno" era um ator capaz de simular as reações a choques elétricos... Em contraste, o "instrutor" nada sabia a respeito dos verdadeiros propósitos da experiência. – Mantínhamos os olhos pregados em Selma. – Os choques ministrados ao "aluno" começavam com 15 volts e, a cada erro, havia um incremento de 15 volts. Portanto, fique bem claro: a carga era progressiva. A escalada fechava em 450 volts, ou seja, seu limite último era a morte! É interessante saber que os botões para ministrar os choques obedeciam a uma gradação e que eles tinham um rótulo que especificava o nível da descarga: ligeiro, médio, violento, extremamente violento, muito perigoso e XXX (a morte). De maneira que não existia dúvida quanto aos efeitos que os "instrutores" produziam sobre os "alunos"!

Estávamos fascinados com o caso. O professor retomou a palavra:

– Foi dito aos "instrutores" que se insurgiram (alguns que ficaram incomodados com o sofrimento infligido aos "alunos") que a responsabilidade pela experiência era exclusivamente do pesquisador, um cientista metido em seu avental branco, atento e atarefado com as notas que tomava. E, quando o "aluno" suplicava para que o experimento parasse, o pesquisador ordenava com voz grave ao "instrutor" que prosseguisse. Anotem isso: boa parte dos "instrutores" obedeceu, ainda que o "aluno" simulasse entrar em coma!

Nossa apreensão foi crescendo. As conclusões que Selma trouxe foram estarrecedoras:

– Vocês querem saber quais foram os resultados? – É claro que queríamos! – Imaginem que 65% dos "instrutores" puniram seus "alunos" com o máximo de 450 volts! Ou seja, mataram os sujeitos! Nenhum dos "instrutores" restantes parou antes dos 300 volts... Quer dizer, aleijaram todos eles!

– Não houve diferenças entre os "instrutores"? – perguntou Letícia, visivelmente perturbada.

– Não! A disposição para torturar não variou nem em função dos gêneros nem em função da origem social. Todos se dispuseram igualmente a fazer o trabalho sujo! E os choques continuaram a ser dados mesmo após os 330 volts, quando, prostrados, os "alunos" demonstravam não ter mais condições de responder às perguntas!

Ficamos pasmos. A essa altura, o professor pegou seu laptop e o colocou em cima da lareira, de modo que todos nós pudéssemos ver a tela luminosa. Entrou no site do YouTube e baixou um vídeo com poucos minutos de duração e disse:

— Observem.

Era uma dramatização bastante realista da experiência de Milgram chamada Atrocity (Milgram Experiment). Logo depois, passou outro vídeo (El experimento de la cárcel de Stanford) que reproduz a experiência do psicólogo social Philip Zimbardo levada a efeito em 1971, na Universidade de Stanford. Trata-se da simulação de uma penitenciária com seus corredores e celas, construída no porão do Departamento de Psicologia, na qual foram alojados 24 voluntários, divididos ao acaso em "guardas" e "detentos". Os universitários foram todos selecionados por suas boas condições físicas e mentais. Iniciado o teste, os "guardas" apresentaram rapidamente um alto grau de sadismo no trato dos "detentos". No reverso da medalha, os "detentos" ficaram cada vez mais passivos e caíram em profunda depressão. Aliás, a experiência teve de ser suspensa antes do término planejado, em face da crueldade demonstrada pelos "guardas".

O mais inacreditável, entretanto, foi ver um vídeo denominado The Human Behavior Experiments, que estabelece exatas correspondências entre as torturas praticadas em Stanford e o que se passou em 2003, no centro de detenção de Abu Ghraib, no Iraque, então sob o controle das tropas americanas. O paralelo foi revelador e, ao mesmo tempo, assustador. Depois de passados os três vídeos, um denso silêncio se instalou na sala e, apesar do vinho que vínhamos ingerindo, estávamos com a mente aguçada.

— O que dá para deduzir? — inquiriu Sálvio, com voz firme.

Hesitei um pouco e depois arrisquei:

— Que as organizações podem moldar as condutas individuais para o bem ou para o mal.

André me seguiu:

— Que a submissão à autoridade implica sérios riscos.

Luisa também se aventurou:

— Que a moralidade dos indivíduos está à mercê da autoridade hierárquica.

Letícia amarrou tudo depois de pensar um pouco:

— Nada disso é excludente!

— Concordo — acolheu Pedro sem relutar.

— E vou dizer mais — continuou Letícia, de forma categórica. — Ambas as experiências contradizem o senso comum a respeito das questões morais!

— Depois de verificar que todo mundo prestava atenção, ela foi adiante:

– Costumamos achar que nossas ações são ditadas por nossa consciência, não é isso? Ora, os experimentos mostram claramente que nosso senso moral pode se subordinar a determinações externas. Não foi essa a reação dos voluntários? Sua consciência moral não ficou em segundo plano?

Pedro concluiu pensando alto:

– Santo Deus! As pessoas podem ser induzidas a cometer atos cruéis... Diabólico isso! E sem que sejam fisicamente coagidas a fazê-lo!

André limpou a garganta e nos superou pela dramaticidade das inferências:

– Somos todos capazes de abusar do poder... Bastam incentivos e condições propícias. Esses casos mostram que pessoas comuns podem cometer atrocidades. Isso explica os pogroms, as deportações em massa, os gulags, as limpezas étnicas, os campos de extermínio, as câmaras de gás! Alguém discorda?

Ficamos estupefatos. Mesmo assim, tentei um contraponto:

– Puxa, haja mecanismos de controle! De cima para baixo, de baixo para cima, laterais, transversais...

O professor deu então aquele estalo de língua que lhe era peculiar e nos saudou:

– Bravo! Vocês estão de parabéns! Vou voltar à minha questão inicial e repetir o óbvio: sem dúvida alguma, os indivíduos são o reflexo de suas circunstâncias. O processo de mudança não precisa conquistar todas as consciências individuais nem se reduz a um processo pedagógico. Algumas lideranças precisam acender a chama, isso sim, mas elas atuam em condições estruturais muito precisas. Para alterar o que quer que seja, é necessário intervir sobre as práticas organizacionais: relações sociais, exercício do poder, representações mentais, processos do dia-a-dia... São esses os focos a serem trabalhados, sem o que as transformações não são duradouras. É no espaço público que cabe agir!

– O dito popular sobre a andorinha que não faz o verão é absolutamente verdadeiro – enunciou a esposa. – Ou redefinimos os modos coletivos de agir, de pensar e de sentir, ou nada! – Depois de um pequeno silêncio, ela se manifestou com certa solenidade: – Agora, vamos tocar num assunto crucial.

Sálvio fez com a mão um gesto de "basta" que assumia ares de rotina. Interrogativa, a esposa o olhou. Ele deu seu tiro de misericórdia:

– Querida, tenha pena! Só há workaholics nessa casa!

– Está bem, está bem! – protestou ela. – Vamos ficar à vontade, dormir, o que quiserem!

Embora o assunto fosse empolgante, o vinho nos deixava relaxados em demasia e optamos por encerrar a sessão do dia. O casal se despediu e nós fomos dar uma espiada no céu repleto de estrelas. Sentimos a brisa fresca da noite em nossos rostos aquecidos pela lareira. Luisa nos preveniu quanto à possibilidade de ficarmos resfriados. Ninguém rebateu. Muito comportados, decidimos nos recolher.

Um cansaço repentino e reconfortante me invadiu. Quando as meninas nos deram beijinhos de boa-noite, o busto de Luisa roçou em meu peito. Procurei não pensar no fato e consegui pegar pacificamente no sono. No meio da madrugada, porém, uma ideia martelou minha cabeça: preciso arrumar uma namorada, ah, preciso urgentemente! O trabalho e o estudo não dão conta de minhas emoções nem dão vazão a meus hormônios; vou deixar de ser um monge e partilhar minha vida. É isso aí!

9. A descoberta

Nenhum problema pode ser resolvido pelo mesmo estado de consciência que o gerou. É preciso ir bem mais longe do que isso.

Albert Einstein

Passamos uma noite docemente entorpecida pelo bom vinho que tomamos. No café-da-manhã, além das opções do dia anterior, tivemos outra surpresa: waffles com acompanhamentos para todos os gostos – mel, xaropes importados e meia dúzia de geleias. Para quem quisesse arriscar, vários sabores de sorvete estavam disponíveis. Escorregamos preguiçosamente nas tentações. Como sempre, Pedro não escondeu seu exagerado apetite. A anfitriã perguntou:

– Dormiram bem?

– Como criancinhas! – respondeu André.

A cozinheira colocava a massa preparada na máquina redonda com quatro formas e perguntava o quão tostado queríamos o waffle. Nós nos revezávamos no balcão da churrasqueira. O tempo estava ameno, e o céu, pintado por um azul muito claro. Tive a superstíciosa impressão de que até a natureza nos festejava. E considerei que nessas condições nossa reflexão se assemelhava a um exercício lúdico.

Selma resolveu retomar a conversa que mantivemos na noite anterior:

– Ontem, Leo desfez a ilusão dos homens vivendo como ilhas. Como bons universitários, vocês sabem que esta evidência é inquestionável: não estamos sozinhos no mundo, não é mesmo?

Estávamos tão entretidos com as delícias gastronômicas que não percebemos que cabia responder. Ela não deu importância.

– Vamos inferir algumas coisas. O que sabemos com certeza? Não existe indivíduo autossuficiente; todos nós dependemos uns dos outros; somos seres sociais por natureza. E mais: nossa própria humanização depende dos muitos cuidados que nos dispensaram, dos padrões de comportamento que nos inculcaram, da proteção física e do amparo psicológico que nos foram propiciados. Somente assim nós nos tornamos gente. Ora, quando falamos dos outros, quem estamos mencionando? Por exemplo, quando dizemos que uma decisão ou ação afeta outras pessoas, a quem exatamente estamos nos referindo? Em palavras bem diretas: quem são esses outros; quais são as partes a quem nos referimos?

– Se eu disser – externou Pedro sem intenção de polemizar – que os outros são meus amigos ou meus parentes, não vale?

Sálvio redarguiu:

– Claro que vale, Pedro! Mas, no caso, quantas pessoas estão envolvidas? Qual é a abrangência do raio? Você leva em conta seu círculo íntimo, quer dizer um grupo social – umas 10, 15 quem sabe umas 20 pessoas. Agora, se antes de agir você considerar as consequências de seus atos sobre a empresa na qual trabalha, o que ocorre?

– Estaria ampliando o raio de minha solidariedade...

– Muito bem pensado, Pedro, você captou o cerne da questão: a quem devemos lealdade ou com quem somos solidários? A nós mesmos, como indivíduos? À família? Aos amigos? Ou a um agrupamento maior: à comunidade local que nos abriga, à empresa que nos contrata, à igreja à qual pertencemos, ao clube que frequentamos, à associação profissional da qual somos membros ou ao partido ao qual estamos filiados? Em todos esses casos, o raio foi ampliado. Todavia, vale a pena reconhecê-lo, a abrangência ainda permanece restrita, não é verdade? E por quê?

– Porque engloba apenas uma organização ou uma categoria social.

– Claro – afirmou o professor –, existem milhões de agrupamentos sociais! Assim, a solidariedade com o círculo íntimo é *paroquial*, enquanto a solidariedade com os demais grupos é *corporativa*. Mas vamos voar mais alto, abarcar a sociedade toda, falar de solidariedade *social*. Nessa última situação, implicamos dezenas de milhões de pessoas que se relacionam entre si. Que tipo de efeito nossos atos podem produzir sobre elas?

– Quer dizer que, embora microscópicas, ações individuais podem repercutir sobre uma sociedade inteira?

— Por que não? Pense em atos como corrupção (você suborna um guarda rodoviário), poluição ambiental (você joga uma garrafa PET num curso d'água), discriminação social (você discrimina um negro, uma mulher, um idoso, um homossexual)... Isso se desdobra, se ramifica, impacta todo mundo, tem valor universal.

Atenta ao desenrolar do diálogo, a consultora enumerou rapidamente outras situações:

— Pense em sonegação de impostos, contrabando de armas, roubo de cargas, desperdício de recursos escassos...

Querendo fazer troça, André interveio:

— Pense na teoria do caos: o bater das asas de uma borboleta num extremo do globo terrestre pode provocar uma tormenta no outro extremo em um espaço de semanas!

Ninguém achou graça e preferimos desconsiderar o comentário. Sálvio simplesmente retomou o fio da meada:

— Assim, se você calibrar as próprias ações ou medir seus efeitos, tendo em vista a sociedade como um todo, seu quadro de referência muda e seu raio se torna inclusivo. Cobre todos os horizontes.

Selma ressalvou, fitando o marido:

— Espera aí! A referência última não é a sociedade, mas a humanidade, o planeta que habitamos.

Sálvio acenou positivamente e corrigiu-se na hora:

— Selma tem razão! Simplifiquei as coisas por mau hábito de professor. O único ponto de vista que dá conta da perspectiva mais geral é o da humanidade. A ela, devemos nossa solidariedade *humana*!

A esposa alongou um olhar carinhoso para ele e comentou:

— Em outras palavras, quais interesses afetamos com nossas decisões ou com nossas ações? Até onde vão as consequências? Qual é seu alcance?

— Pondo os pés no chão – seguiu avante o professor –, cabe distinguir os interesses próprios (pessoais ou grupais) e os interesses gerais, públicos, universais. Os primeiros visam o *bem restrito*, os segundos buscam o *bem comum*. Eis uma questão-chave que eu gostaria de deixar no ar.

Esboçamos uma pequena vaia de brincadeira. Ele sorriu, enquanto Selma intercedia:

— Provocação do Sálvio! Ele quer fazer suspense... Vamos em frente! Comecemos pelos interesses próprios, falemos de egoísmo. O que é ser egoísta?

Pedro arriscou:

– Quando defendemos nossos interesses pessoais?

– De jeito nenhum! – contestou a consultora com veemência. – Defender nossos interesses pessoais é absolutamente legítimo e saudável! Volto à pergunta: quando é que nossas ações têm caráter egoísta?

Luisa foi taxativa:

– Quando prejudicamos os outros, quando realizamos nossos interesses pessoais à custa dos demais!

A anfitriã ergueu o rosto em aprovação, mostrando um sorriso perfeito, e ilustrou:

– Carl Jung, o discípulo dissidente de Freud, perguntou a um soba africano qual era a diferença entre o bem e o mal. O homem não hesitou e devolveu: quando roubo as mulheres de meu inimigo, isso é bom; quando ele rouba as minhas, isso é mau! Não é um belo exemplo?

– É sim! – concordou Luisa na hora. – O sujeito se considera o umbigo do mundo!

Selma endossou:

– Bela analogia! Tudo gira em torno dele, não é? O egoísta é um sujeito egocêntrico, interesseiro, exclusivista, que despreza os direitos dos outros. Agir de forma egoísta, portanto, equivale a comportar-se como um parasita, abusar dos outros, conferir primazia aos interesses pessoais em detrimento dos interesses alheios.

Sálvio voltou ao raciocínio e expôs:

– Agora, em termos dos interesses pessoais, é indispensável diferenciar dois conceitos: o autointeresse e o egoísmo. São conceitos que dizem respeito a duas espécies substancialmente diferentes de posturas e práticas. Muita gente não faz essa distinção, razão pela qual existem sérios mal-entendidos. Ambos os conceitos, notem bem, operam no plano dos interesses individuais, mas cuidado com as vertentes. O *autointeresse* não fere direito alheio e é universalmente legítimo, porque interessa a todos e é consensual. O *egoísmo*, por sua vez, fere direitos alheios e é universalmente ilegítimo, porque explora a boa vontade das pessoas e é abusivo. Confundir os dois tipos de interesse presta um mau serviço à clareza conceitual.

– Para identificar com precisão do que se trata – propôs a esposa –, vamos recorrer a exemplos do cotidiano. Assim, *práticas autointeressadas* são: participar de um concurso público, candidatar-se a um emprego, inscrever-se no vestibular de uma universidade, gozar férias remuneradas, descansar depois da jornada de trabalho, receber a aposentadoria do INSS, ver o time do coração jogar, passear na praia ou no campo ou onde mais gostar, ouvir música de sua preferência, tomar a bebida predileta, comer o prato favorito, assistir a um bom filme etc. Essas não são ações egoístas, porque não prejudicam os outros, são endossadas por todos e desfrutam de uma incontestável legitimidade.

– Contudo – revezou o professor –, o que vocês acham de alguém reagir à investida de um ladrão? Ou de protestar contra a violação de um direito líquido e certo por parte de uma autoridade? Ou de denunciar assédio moral a que um superior nos submete? Essas seriam atitudes egoístas?

A diferença estava tão cristalina em minha cabeça que não hesitei:

– Claro que não!

– E por quê?

– Porque são ações aceitas por todos, ações que desfrutam do apoio geral. Não importa que o ladrão, a autoridade ou o superior hierárquico saiam prejudicados: o ato foi praticado em legítima defesa, em reação à violência sofrida. Os agressores merecem sofrer danos, porque feriram o direito de outros, agiram de forma abusiva.

Metódica, Selma quis estabelecer o contraponto:

– Leo está certo. Agora falta ver a outra face dos interesses pessoais, o lado sombrio do fenômeno. Vou descrever uma *prática egoísta*. Você estaciona seu carro e, ao fazê-lo, invade a linha amarela que demarca a vaga ao lado. O que sucede? Satisfez os próprios interesses, mas o fez em detrimento dos outros; agiu de forma egoísta. Por quê? Porque ocupou duas vagas quando, na verdade, só precisava de uma. Quanto custaria respeitar o espaço demarcado? Um pouco de atenção na manobra. Isso significa olhar pela janela e verificar se o carro está centralizado entre as duas faixas amarelas. Com qual objetivo? Não inviabilizar o uso das vagas paralelas à sua. Pergunto: como vocês se sentem quando, à procura de uma vaga num estacionamento lotado, vocês se deparam com ocupações irregulares? – Fizemos caretas. – Resumo da ópera: ao estacionar um veículo, cabe lembrar que outros motoristas também precisam parar seus carros. O mundo não existe para satisfazer nossos caprichos.

– E como fica o sujeito que ocupa a vaga de um deficiente e sai por aí mancando? – brincou André, que, repentinamente de pé, imitou o sujeito malandro.

Desatamos a rir a bandeiras despregadas. Embora exagerasse às vezes, era preciso reconhecer que o colega tinha um humor impagável. Então, para testar o entendimento, especulei com nova situação:

– E se eu furar a fila num restaurante, dando uma caixinha ao *maître*?

Embalado, André não pôde evitar:

– Vai dar um jabaculê ao homem, companheiro? É isso? – Assenti meio sem graça, enquanto ele rotulava: – Espertinho você! E o maître, então, gente mixa!

No ato, lembrei as inúmeras vezes que amigos nossos se gabaram de ter agido exatamente assim. E pensei nas imitações dos mais velhos que nós cinco fazemos num ritual de mesmice; todo mundo se achando o máximo por ter passado alguns trouxas para trás!

– É como fumar em recinto fechado – proclamou André. – Você obriga o pessoal a pegar seu câncer!

O rapaz, realmente, sabia molestar os outros. Pedro pigarreou incomodado, mas não reagiu. Afinal de contas, ele tomava cuidado para não incomodar: sempre pedia licença, saía da sala e ia fumar em local aberto; fazia um esforço heroico para não interromper as discussões. Selma não quis dar trela à provocação:

– Senhoritas! É a sua vez!

Sem pensar muito, Letícia fuzilou:

– Há inúmeros exemplos que eu poderia citar: parar em fila dupla diante de uma escola e não ligar para os transtornos ao trânsito; jogar papel na rua, que é de todos nós; buzinar em túneis lotados para azucrinar os outros, já que não dá para ultrapassar.

Luisa a acompanhou:

– Tocar música alta à noite nos condomínios e atrapalhar o sono alheio; jogar entulhos nas calçadas e emporcalhar a cidade; rodar no acostamento de estradas engarrafadas, passando a perna nos demais motoristas, e prejudicar a circulação de ambulâncias, carros de bombeiro, viaturas policiais, guinchos e ciclistas.

– Ocupar um assento nos aeroportos com a própria bagagem – acrescentou Selma – e deixar pessoas em pé. Cometer plágio. Passar trotes nos bombeiros ou na Polícia Militar...

O professor restringiu a procura:

– E nas empresas, quais ações egoístas podem ser identificadas?

André mergulhou por inteiro:

– Puxar o tapete dos colegas! Majorar nota de despesa no restaurante para embolsar a diferença! Plantar fofocas maldosas! Assediar moralmente subordinados ou colegas! Cobrar horas extras não cumpridas!

Pedro se habilitou, mas sem a ênfase do colega:

– Solicitar diárias de viagem a mais; despejar resíduos sem critério; desperdiçar recursos como água, combustível, energia ou papel; apresentar-se na empresa sem asseio; desrespeitar colegas, clientes ou outros públicos.

– Ótimo, gente, ótimo mesmo! – incentivou o mestre. – Há outras situações, é claro, como se apropriar de ideia alheia e apresentá-la como se fosse sua; usar informações confidenciais em proveito próprio; sonegar aos colegas informações úteis à empresa; vazar o sigilo profissional; dar calote ou exigir "bola" dos fornecedores; esconder erros e assim por diante.

Fiz questão de fazer um paralelo:

– Há semelhança entre essas ações egoístas e a arte da politicagem dentro das empresas, não é mesmo? – Sálvio reclinou a cabeça em minha direção enquanto eu completava: – O objetivo dos politiqueiros é tirar proveito da desgraça alheia.

Ele me intimou a fundamentar:

– Dê um exemplo.

– Galgar posições à custa do fracasso dos outros fazendo intrigas de corredor, manipulando a boa-fé dos colegas, espalhando boatos, soltando informações falsas, dissimulando intenções, montando armadilhas, sabotando as atividades dos rivais. Enfim, abrir caminho desgraçando a vida dos que atrapalham a escalada...

Eu me sentia cada vez mais confiante, mas, ao mesmo tempo, incomodado com o que acabara de dizer. Manobras do gênero haviam sido discutidas entre nós e não chegamos a classificá-las como moralmente condenáveis... A bem da verdade, nem questionamos a validade. Agora, vistas à luz da conceituação científica, eram táticas egoístas! Puxa vida, somos uns patifes!

Selma, entretanto, manteve o rumo:

– Vamos rever o que dissemos. Uma pergunta-chave pode ser útil para delimitar a conduta egoísta: o que eu faço prejudica os outros? Se a resposta for positiva, minha prática é egoísta; caso contrário, minha prática é autointeressada ou altruísta, quer dizer, leva em conta os interesses alheios. Assim, agir de forma egoísta é ter um amor exclusivo ou excessivo por si mesmo, demonstrar desdém pelo bem-estar das demais pessoas. De forma mais precisa, há egoísmo quando a realização dos interesses pessoais prejudica os outros. Logo, a satisfação dos interesses pessoais pode perfeitamente se conjugar com o respeito aos interesses alheios. Por exemplo, manter o banheiro limpo depois de usá-lo não me prejudica, ainda que exija alguma atenção; mas, se eu não o fizer, estarei prejudicando o próximo usuário, não é verdade?

A questão estava tão clara que não cabia mais insistir na tecla. Ficamos aguardando o próximo lance. A consultora não demorou:

– Vamos dar um passo à frente e explicar o que é o altruísmo. O conceito faz um belo contraponto com o egoísmo. Por isso vou lançar um pequeno desafio: como o senso comum define altruísmo?

Luisa respondeu logo:

– É o sacrifício dos interesses pessoais em benefício da coletividade.

– Você tem razão, Luisa, só que esta é uma definição de dicionário. Ela interpreta o altruísmo como equivalente à abnegação, ao amor desinteressado pelo próximo. Acho que devemos retificar e aprofundar a definição, porque o dicionário se refere a um tipo específico de altruísmo. Afirmo que existem três tipos de altruísmo. Vamos denominar o primeiro tipo (o que o senso comum abraça) como *altruísmo extremado*, altruísmo levado às últimas consequências, porque supõe sacrifícios pessoais ou grupais. Os outros dois tipos (o altruísmo estrito e o altruísmo imparcial, que veremos mais adiante) não exigem tais sacrifícios, ouviram bem? – Assentimos em boa-fé. – São processos que simplesmente levam em conta os interesses dos outros e procuram não prejudicá-los. Quem topa resumir?

Tomando cuidado para não falar de boca cheia, Pedro resumiu:

– Defender interesses pessoais é legítimo, consiste em práticas autointeressadas. Diferente é realizar os interesses pessoais em detrimento dos outros, pois aí as ações seriam egoístas. Na ânsia de se dar bem, algumas pessoas não respeitam limites nem se preocupam com os transtornos que causam. No polo oposto, existem sujeitos que praticam ações altruístas extremadas, ou seja, que são capazes de se sacrificar em prol da coletividade, estou certo?

– Está, meu caro Pedro.

Mas, repentinamente, nosso colega mudou de tom:

– Desculpe, mas é justamente essa falta de realismo que provoca tanto ceticismo por aí...

– Quer dizer que para você o altruísmo extremado é ficção? – alfinetou a consultora. – É isso?

Pedro sentiu a pressão.

— Isso ou quase isso. Parece heroísmo moral, coisa de pregador ou de conto infantil! Cá entre nós, em termos práticos, um desprendimento desses não é absolutamente excepcional?

— Como a renúncia dos santos ou o devotamento sem limites dos missionários, é isso que você quer dizer? — retrucou a anfitriã, com ironia.

— É isso mesmo! — ecoou o outro sem perceber a provocação. — Coisa de madre Teresa de Calcutá ou de doutor Albert Schweitzer!

Selma ficou nos observando com um leve sorriso nos lábios, até que Luisa se pronunciou, pensando em voz alta:

— E por que não? Esse heroísmo moral existe, basta ter olhos para vê-lo. — Então, dirigiu-se ao colega: — Ainda que poucas pessoas o pratiquem, não é tão excepcional assim. Aliás, dona Selma ensinou...

— Por favor, Luisa, nada de dona, apenas Selma — solicitou a consultora.

— Bem — e a colega hesitou —, Selma tem destacado o papel do terceiro setor. Sendo ele um setor voluntário que reúne organizações não lucrativas, creio que suas práticas se baseiam no altruísmo extremado. Estou certa?

Dei um apoio indireto:

— Por sinal, é um setor que cresce vertiginosamente. Entrou no vácuo que a falência múltipla dos órgãos do Estado propiciou nos anos 90...

Percebi que minha fala soou pedante. Então me calei e decidi me policiar, enquanto Luisa amarrava o argumento:

— Organizações não-governamentais, associações beneméritas, fundações filantrópicas, entidades de assistência social prestam serviços públicos sem fins lucrativos e mobilizam voluntários. Reúnem pessoas que se dedicam às boas causas. Não é o bastante? — Esperou que assimilássemos a ideia e enunciou: — Razões humanitárias movem o terceiro setor, de maneira que o altruísmo extremado não é tão raro assim.

A consultora anuiu:

— Pedro nos deu dois exemplos de missionários. Clássicos, por sinal. O de madre Teresa na Índia, que dedicou sua vida aos pobres dentre os mais pobres, gente faminta, à míngua, moribunda. E o do médico Albert Schweitzer, que criou um hospital filantrópico no Gabão. Cuidava de doentes e de leprosos. São pessoas assim que, entre outras tantas façanhas, arriscam a vida em teatros de guerra, mergulham por inteiro em situações extremas. O que pretendem? Cuidar de feridos ou de pessoas sinistradas, ajudar refugiados ou gente desamparada, dar guarida a desvalidos de todo o tipo. Em seu apostolado, porque é disso mesmo que se trata, elas passam fome, sede, frio, mil incômodos. Operam em regiões inóspitas que carecem de serviços essenciais, distribuem donativos, amparam perseguidos, tratam enfermos, socorrem populações atingidas por calamidades naturais ou conflitos armados. São pessoas generosas que sofrem injúrias e penúrias de toda sorte, pessoas que fazem da ajuda humanitária sua razão de ser.

Aderindo às explicações, Pedro exemplificou:

– E que militam em organizações como os Médicos Sem Fronteiras, a Cruz Vermelha, o Mercy Corps...

– Sem dúvida. Pessoas solidárias, ainda que a causa abraçada acabe virando profissão ou ganha-pão. Porque, objetivamente, a vocação desses voluntários alivia desgraças e implica doação de si. – Viu nossos semblantes sérios e achou que valia a pena reforçar o argumento: – Provas? Há aos montes! Vou me repetir: as pessoas altruístas extremadas são desprendidas, abrem mão dos confortos de uma vida regrada, correm inúmeros riscos que vão desde as agudas privações físicas até a contração de doenças, desde sofrer ferimentos até sacrificar a própria existência. É pouco dizer?

Letícia ficou impressionada:

– Essas pessoas devem considerar o interesse do próximo como um fim quase exclusivo.

– Viva para os outros! – declamou André, suspenso entre o ceticismo e o sarcasmo. – Ou ame o próximo mais do que a si mesmo!

A consultora não escondeu a irritação:

– Sim, meu caro André! Por mais que lhe pareça estranho, existem pessoas capazes de ações desinteressadas! Pessoas inspiradas pela solidariedade humana!

– Alguma necessidade subjetiva elas devem preencher – polemizou nosso colega.

– Certamente! E daí? Que mal há nisso? Quem dá de si não pode desfrutar de satisfações psicológicas? Prejudica alguém?

André não se intimidou com as estocadas:

– Isso contradiz a ideia (algo simplista, desculpe-me) de generosidade, de desinteresse, de entrega sem retribuição.

– Há compensação subjetiva, naturalmente, mas sem retribuição material – emendou Selma. – Sublinhe isso, André! Aqueles que dão de si sentem-se felizes pelo bem que semeiam, angariam sorrisos, recebem afagos, veem na partilha uma comunhão. Vai recriminá-los por isso? São recompensas simbólicas que não eliminam o fato de que fazem sacrifícios reais, não imaginários. Não acha?

Querendo ser conciliador e como forma de trazer André à razão, lancei mão de um argumento utilizado por ele mesmo:

– As coisas não são maniqueístas, dicotômicas, antitéticas, não é André? Santos ou pecadores, anjos ou demônios, mocinhos ou bandidos, o que são? Figuras estilizadas, idealizadas. No frigir dos ovos, há santos que pecam, anjos que decaem, mocinhos que traem.

André coçou a cabeça sem nada dizer. A consultora considerou superada a divergência e retomou o pensamento:

– Afora os soldados da ONU, que arriscam a vida em missões humanitárias, ou os bombeiros, que se expõem para salvar pessoas em incêndios, soterramentos ou afogamentos, há casos menos espetaculares que podem ser definidos como altruístas extremados. Vocês conhecem algum exemplo que se encaixe?

Começamos a quebrar a cabeça, até que o recém-convertido Pedro ergueu o braço como se estivesse em sala de aula e bradou:

– Voluntários em serviços comunitários! Doadores de recursos para boas causas! Equipes de resgate! Brigadas de socorro em catástrofes naturais! Doadores de órgãos ou de ossos! Médicos e enfermeiros que levam cuidados de saúde a populações vítimas de conflitos, calamidades ou epidemias!

O professor aplaudiu com entusiasmo:

– Golaço, Pedro!

O moço levantou as duas mãos por cima da cabeça como fazem os atletas ovacionados e percorreu nossos rostos encorajadores. Todos nós estávamos orgulhosos dele. Havíamos chegado ao ponto de pairar acima das invejas mesquinhas que corroem tanta gente diante dos sucessos alheios. Não sei se a superação desse estado de menoridade emocional se devia a algum amadurecimento psicológico ou por suficiência de quem aposta no próprio taco. A segunda hipótese me pareceu mais plausível, pois se assemelha àquela autoconfiança dos que praticam artes marciais, serenos e seguros porque conhecem a própria força...

Depois de auscultar nosso ânimo, a esposa meditou em voz alta:

– Algumas situações extremas contrariam a ideia que o senso comum faz do egoísmo. Muitos dizem que o egoísmo é uma tara da qual ninguém escapa; algo que faz parte do DNA dos seres humanos; a única força que nos impulsiona. E deduzem daí que o altruísmo não passa de figura de linguagem. Tolices! Basta lembrar os campos de concentração nazistas ou soviéticos. – Prestamos atenção redobrada. – A questão é a seguinte: será que a moralidade resiste a condições de máxima privação ou a atos de infinita brutalidade? Aparentemente não. Diante da crueldade, achamos intuitivamente que ninguém consegue ser moralmente responsável. Nada mais longe da realidade! Relatos mostram que, mesmo em cenários de apocalipse como os campos de extermínio, existiram exceções admiráveis: houve homens e mulheres desesperançados que tiveram ímpetos de alucinada generosidade e cometeram gestos sem qualquer expectativa de retribuição. Houve casos em que a ração de sopa, o único sustento diário, foi doada a quem sabidamente iria morrer. Houve situações em que torturas abomináveis foram suportadas sem que houvesse delação. Houve episódios em que a carga dos trabalhos forçados foi assumida para poupar quem já estava nas últimas. Todos esses atos demonstram devotamento, contestam a coisificação à qual esses homens e mulheres estavam reduzidos. Em seu sacrifício, essas pessoas reconheciam a humanidade dos outros e, a um só tempo, resgatavam a própria. Deixavam de ser párias, vermes, raça inferior, ervas daninhas, ralé, rejeitos, ratos, subespécie, dejetos. Afirmavam-se como gente, na grandeza de sua dignidade. E permaneciam artífices do próprio destino.

Ficamos calados por um bom tempo. Refleti então sobre o reverso da medalha, o lado tenebroso de nossa humanidade, os genocídios a que tantos foram submetidos: judeus, ciganos, portadores de deformações físicas, homossexuais, deficientes mentais, todos eliminados pelos nazistas; hereges torturados e queimados vivos pela Inquisição; índios das Américas aniquilados por espanhóis e ingleses, portugueses e franceses; tútsis e hutus, em mútua carnificina; armênios massacrados por turcos; curdos chacinados por iraquianos e também por turcos; cambojanos assassinados por seus conterrâneos do Kmer Vermelho; bósnios e albaneses muçulmanos executados por sérvios; dissidentes políticos exauridos até a morte nos gulags soviéticos; opositores "desaparecidos" nas repressões promovidas pelas ditaduras militares do Chile e da Argentina; negros massacrando negros no genocídio de Darfur... Episódios sórdidos, vilanias que desvendam nossa secreta vocação para sermos flagelos da própria espécie e, na outra ponta, mártires. Ocorrências inauditas da enormidade do mal.

Sálvio nos trouxe de volta ao âmago da discussão:

– Vou lhes contar um fato. Em 1991, Tim Berners-Lee, físico inglês que trabalhava no Centro Europeu de Pesquisas Nucleares (CERN) em Genebra, viabilizou a World Wide Web. Todos conhecem a mágica sigla www.

Ele o fez para intercambiar textos e gráficos com seus colegas. E, surpreendentemente, inventou o protocolo que nos deu a internet que conhecemos, pois criou um sistema de hipertexto que permite a qualquer pessoa usar a rede mundial. O mais notável, no entanto, é que ele não quis patentear a invenção! Seus amigos lhe cobraram a providência. Ele respondeu: não preciso desses *royalties* e, por isso, eu os cedo gratuitamente à humanidade; é minha contribuição à democratização e à universalização da internet. Eis um exemplo de altruísmo extremado! Um belo gesto de desprendimento!

– Nada o obrigava a tanto – esclareceu a esposa. – Embora fosse um pesquisador científico, e não um empresário, ele poderia ter patenteado o invento e ter ganhado uma fortuna. A projeção internacional certamente lhe assegurou convites para conferências e patrocínios para pesquisas. Bilionário, no entanto, não ficou! Hoje, é catedrático do MIT em Boston e recebeu o título de Sir da rainha Elizabeth II em 2003.

Num estalo, outro caso simétrico me ocorreu:

– O doutor Albert Sabin desenvolveu a vacina oral contra a poliomielite nos anos 50. E ele renunciou aos direitos de patente. Outro ato de desprendimento!

– Bem lembrado, Leo! – elogiou o professor. – A doença foi praticamente erradicada no mundo, porque Sabin se empenhou obstinadamente em divulgá-la e porque a vacina oferece imunidade vitalícia. – Refletiu um instante e acrescentou: – Benjamin Franklin, uma das mais extraordinárias figuras norte-americanas, inventou o para-raios, os óculos bifocais, assim como um forno que gerava calor em ambientes fechados sem enfumaçá-los. Recusou-se a patentear os inventos e o fez com todas as letras. Disse: inventei para que qualquer um pudesse copiar, para fazer bem à sociedade!

O professor deixou o silêncio tomar conta da mesa. O céu estava claro. Ninguém se mexeu. Então, concluiu:

– Em resumo, existem pessoas capazes de gestos impensáveis de solidariedade humana. São poucas, mas existem! Pessoas indispensáveis que contribuem para perpetuar a espécie. Num nível mais corriqueiro, os doadores de sangue servem de exemplo. É gente anônima que salva um bocado de vidas, ou a nossa, quando somos hospitalizados e precisamos de uma urgente transfusão de sangue. Gente que nada exige, não é verdade? Você é salvo e não sabe a quem creditar algo tão precioso!

– Agora – encadeou Selma –, coloquemos os pingos nos is. Não é necessário ser altruísta extremado para exercer o altruísmo. Grifem essa ideia! O altruísmo não se resume à vertente extremada, por mais grandiosa que ela seja. Para ser altruísta, basta adotar uma postura cooperativa, solidária, levar em conta os interesses dos outros, nada mais. Está claro isso? Basta respeitar os limites que os direitos alheios traçam; medir as consequências de nossas ações para não causar prejuízo aos outros e, se possível, beneficiá-los.

– No âmbito das empresas, existem práticas altruístas extremadas? – interrogou Letícia.

Sálvio respondeu de bate-pronto:

– Claro! Há infindáveis casos de filantropia empresarial. Cito a esmo: desde a Fundação Bill & Melinda Gates, financiada pela Microsoft e que gasta anualmente em projetos sociais o mesmo montante que a Organização Mundial da Saúde, até a Coca-Cola, que, para prevenir a Aids, patrocina campanhas e vem distribuindo preservativos gratuitamente na África. Desde a Intel, que banca a capacitação em informática de centenas de milhares de professores das redes públicas, até a Novartis que por meio da doação dos próprios remédios contribuiu decisivamente para erradicar a hanseníase no mundo todo, ou a Merck, que doa seu remédio Mectizan, para combater a "cegueira do rio", a 45 milhões de pessoas todo ano. Desde o Banco do Brasil, com seu banco de tecnologias sociais de baixo custo e de fácil implantação para solucionar questões relativas a água, energia, educação, renda, alimentação, habitação e meio ambiente, até o Bradesco, que mantém escolas para mais de uma centena de milhares de alunos. Desde a Natura que em parceria com o Ministério da Educação incentiva pessoas maiores de 15 anos que não concluíram o ensino fundamental a voltar a estudar, até o Banco Itaú, que capacita e aperfeiçoa milhares de gestores municipais para melhorar os índices educacionais de suas comunidades. Os exemplos são inúmeros!

Entendida a ideia, a infalível Luisa lembrou a excepcional doação feita pelo segundo homem mais rico do mundo:

– Em 2006, Warren Buffett decidiu doar US$37,4 bilhões (85% de sua fortuna!) para cinco instituições beneficentes. O desembolso se dá em parcelas anuais correspondentes a 5% das ações de que ele dispõe. A maior parte, US$30 bilhões, irá para a Fundação Bill e Melinda Gates, por causa de sua reconhecida competência em gerenciar programas humanitários. Até o momento, trata-se do maior filantropo da história!

– Bem lembrado, Luisa! – elogiou a consultora. – E propôs em sequência: – Conhecida a natureza do altruísmo extremado, vamos desdobrar o conceito de altruísmo.

Entretanto, havia algo que me incomodava e que eu precisava externar:

– A senhora falou dos soldados da ONU que se sacrificam em guerras humanitárias como exemplo de altruísmo extremado... – Ela acenou afirmativamente. – Sendo eles soldados voluntários, à semelhança de todos os outros casos que foram citados, estamos no melhor dos mundos. Só que as coisas poderiam ser diferentes. Imaginemos o serviço militar obrigatório... A situação ganharia outro colorido, não acha? – Todos ficaram à espreita. – Nesse segundo caso, estaríamos diante de um altruísmo extremado *compulsório*! Porque alguns seriam coagidos a se sacrificar para combater, por exemplo, crimes contra a humanidade, não é verdade? – Surgiram olhares de espanto. – A mesma coisa se aplica ao desemprego tecnológico. Quando os bancos introduziram em larga escala o home banking e os caixas eletrônicos, inúmeros bancários perderam seus postos de trabalho. Do ponto de vista da sociedade inclusiva, houve inegável ganho de eficiência. Mas, para aqueles trabalhadores em particular, isso significou desemprego... Ou seja, algumas pessoas foram compulsoriamente sacrificadas em prol da coletividade maior!

Minha fala produziu um belo impacto. E o professor não se conteve:

– Brilhante, meu caro Leo! Embora constrangedora, sua dedução é simplesmente admirável!

Luisa falou:

– Espera aí! Acho que você matou uma charada! – E deduziu na hora: – Essa compulsoriedade vale para os mesários nas eleições, para os jurados do Tribunal do Júri, para os motoristas na Lei Seca ("se dirigir, não beba", não é?) e também vale para o rodízio de carros!

Ficamos todos atônitos, a começar por mim: a colega era simplesmente formidável. Selma então perguntou, sorrindo de orelha a orelha:

– Vamos curtir um pequeno recreio? Uns 20 minutos para ir ao banheiro – e olhando para Pedro –, fumar um cigarrinho...

Ouvi "obas!" e, sem mais, nós nos levantamos da mesa. Fomos todos escovar os dentes e esticar as pernas. André comentou quando saímos:

– Estão nos fundindo a cuca, não é?

Algo surpreso, retruquei:

– Você também acha, é? No fim da história, não sei o que vai sobrar da gente...

– Pode ser um xeque-mate, cara!

Nada mais dissemos. E uma surda inquietação tomou conta de mim.

10. O desdobramento

Ser capaz de olhar para o próprio passado com satisfação é viver duas vezes.

Marco Valério Martial

Voltamos disciplinadamente ao jardim perto da churrasqueira, mas a mesa do café-da-manhã já estava limpa. Procuramos o casal de anfitriões e vimos que nos esperava confortavelmente instalado nas poltronas distribuídas em círculo à beira da piscina. O imenso toldo que recobria a área filtrava uma luz opaca e acolhedora. O céu estava pontilhado de pequenas nuvens que se moviam vagarosamente. Era um cenário cinematográfico. Selma acenou com o braço levantado e nos convidou a sentar. Retomamos instintivamente o lugar ocupado na véspera.

Ela formulou:

— Imagine que você ceda seu lugar no ônibus para uma mulher grávida; ela lhe agradece e senta. Você carrega uma pasta e um guarda-chuva. Será que a mulher vai lhe propor segurar uma ou até as duas coisas?

André soltou:

— Só não vai se for caradura!

Demos uns risinhos sem graça. A consultora engatou:

— Esses são gestos altruístas: o seu e o dela. O altruísmo induz a reciprocidade e supõe um senso de interdependência: cuidar de si e simultaneamente dos outros, evitar prejudicá-los e, na medida do possível, procurar beneficiá-los. Ou, como diz a regra de ouro de muitas sociedades humanas, tratar os outros como se espera ser tratado. Os exemplos cotidianos de *práticas altruístas* são inúmeros. Dou alguns: prestar os primeiros socorros a vítimas de acidente de trânsito; ajudar um cego a atravessar a rua; dar precedência a uma pessoa com dificuldade de locomoção ou a um idoso; amparar alguém que tropeça num degrau e se desequilibra; sinalizar o local de um acidente rodoviário para manter o tráfego fluindo e garantir a segurança das pessoas envolvidas; trocar o pneu furado do carro de uma mulher com dificuldade para fazê-lo. Como vocês veem, não se cometem aqui sacrifícios maiores, mas atos cooperativos.

Sálvio revezou:

– Lembrem que distinguimos o autointeresse (legítimo, consensual) e o egoísmo (ilegítimo, abusivo), certo? – Como o tom da pergunta era retórico, ninguém se mexeu. – Isso diz respeito ao indivíduo e aos interesses pessoais. Agora, no plano dos grupos e dos interesses grupais, temos dois conceitos equivalentes. De um lado, o *altruísmo estrito*, legítimo e consensual, que beneficia um grupo sem ferir interesses alheios; de outro lado, a *parcialidade*, ilegítima e abusiva, que beneficia um grupo à custa dos interesses alheios.

Essas duas definições eram absoluta novidade para nós. A esposa adiantou:

– Vamos caminhar a passos seguros, está bem? Quando falamos de grupos, nós nos referimos em geral a agrupamentos integrantes da sociedade (em raríssimos casos à própria sociedade). Assim, da mesma forma que fizemos antes, vamos dar exemplos de *práticas altruístas estritas*: ajudar um colega a preparar-se para uma prova e colocar à sua disposição as próprias anotações de aula; praticar a carona solidária entre colegas de trabalho; assinar voluntariamente uma lista de contribuição para o casamento de um colega; integrar cooperativas de crédito ou de consumo; ajudar o interlocutor que tropeçou e caiu a se levantar; auxiliar um amigo desempregado a encontrar trabalho; participar de mutirões de construção ou de colheita entre vizinhos. O que vocês acham?

Eu falei, fazendo as devidas deduções:

– Quer dizer que os membros de um grupo se beneficiam sem prejudicarem outros, tudo bem. Podemos imaginar então, no âmbito do círculo íntimo, as seguintes situações: comprar uma casa para a família; oferecer presentes a amigos; fazer viagem de recreio com os filhos; convidar parentes para jantar; renovar o guarda-roupa das crianças; mandar o filho para um programa de intercâmbio... Tudo isso é altruísmo estrito, não é mesmo?

Selma me brindou com seu sorriso claro, enquanto Letícia nos ofereceu outras ilustrações:

— Vou para o âmbito das empresas, está bem? Dar aumento real de salários; ampliar as instalações e melhorar as condições ambientais; gratificar os gestores; promover uma comemoração; atualizar os equipamentos de trabalho; premiar os desempenhos; difundir as melhores práticas das áreas; ganhar "dinheiro limpo" (sem apelar)... É isso ou não?

Fui eu quem aplaudiu. A colega deu um pequeno riso de satisfação. Selma atalhou:

— Vou lhes contar uma anedota. Alexandre von Humboldt, um cientista alemão que viajou pela América do Sul entre o final do século XVIII e o início do XIX, perguntou a índios antropófagos da Amazônia se era certo devorar os homens. Estes responderam sem hesitação: que mal há nisso? Os homens que comemos não são nossos parentes! — Fizemos caras e bocas de tão divertido que achamos o relato. — O que dá para inferir?

Pensamos com vagar.

— Acho — arriscou Luisa, contraindo os olhos —, e vou utilizar a mesma expressão que usei com respeito ao egoísmo, que a parentela virou umbigo do mundo! — Ficamos esperando uma melhor fundamentação e, ao percebê-lo, a colega não se furtou a proporcioná-la: — É simples: a tribo monopoliza as lealdades, torna-se o centro de tudo. Por que será que os canibais não devoram parentes e só comem outros homens? Por causa dos laços de parentesco! Os estranhos à tribo são "bárbaros" e, portanto, sobre eles não pesa interdito, quer dizer, podem ser comidos!

— Elementar, meu caro Watson! — divertiu-se André.

— O que é proibido dentro da tribo é autorizado fora dela!

— Parabéns, Luisa! Essa é uma prática parcial — teorizou Selma. — A visão do mundo dos antropófagos retrata bem seu parcialismo: tudo o que atende aos interesses particularistas da tribo é válido, legítimo, "natural". E ai daqueles que não mantêm com eles relações de reciprocidade! Porque são objetos das circunstâncias, não desfrutam da condição de sujeitos. Os critérios obedecem assim a uma lógica dupla: os membros da comunidade são tratados de uma forma e as demais criaturas, de outra, diferente e discriminatória.

André comentou:

— As vítimas dos genocídios conhecem bem esses dois pesos e essas duas medidas...

O professor foi na mesma toada e declarou com voz grave:

— Isso nos leva à delicada questão das identidades grupais. Acredito que seja o campo mais crítico da Ética. — Parou deliberadamente para nos dar tempo de limpar as ideias. – Reconhecer as características que diferenciam os agrupamentos constitui um processo necessário e bem-vindo, até aí nenhuma objeção. Agora, conceber as diferenças em termos maniqueístas, partindo da crença que um agrupamento é superior a outro como um fato da natureza, isso é algo radicalmente diverso. Estabelecer distinções em termos sectários, intolerantes e hostis estigmatiza e avilta as coletividades "estranhas", autoriza a considerar seus membros como rivais que são como reles, imprestáveis, desprezíveis ou maus. – Novamente fez uma pausa para nos dar tempo de notar a gravidade do assunto. – É nesse caldo de cultura que fermenta o ódio com suas arbitrariedades e ignomínias. Cito algumas afirmações cuja grandiloquência não esconde a barbárie: minha raça está predestinada ao domínio do mundo porque é a única pura (os "eleitos" herdarão a Terra Prometida); minha religião é a única verdadeira porque assim diz o livro sagrado (os crentes serão salvos, e os ímpios, danados); minha classe social libertará a humanidade de seus grilhões porque é dela a missão histórica de construir uma sociedade igualitária (os exploradores e os opressores serão eliminados); minha etnia é superior porque sua supremacia advém da disciplina, do trabalho duro e da inteligência inigualável (os fracos e os néscios não merecem compaixão); minha categoria profissional faz jus a privilégios exclusivos porque presta serviços inestimáveis (as outras categorias são subalternas); minha empresa é a melhor do mundo porque ninguém consegue competir com ela (inventamos e inovamos mais do que todas as outras juntas)... As verdades reveladas, esculpidas em granito, nutrem dogmas, fanatismos ou delírios de grandeza, fomentam antagonismos e brutalidades insanas. Resumindo: a parcialidade é impermeável ao diálogo porque cultiva polarizações inconciliáveis. E sua malignidade torna o egoísmo insignificante. Uma das razões é que as coletividades têm capacidade de se mobilizar e de causar dor e sofrimento a quem não se assemelha a elas ou reza por suas cartilhas. Outra razão é que as paixões que o facciosismo desperta negam aos "diferentes" sua humanidade.

Ficamos nos olhando, assustados com esses comentários. Fazendo um paralelo com nossa situação pessoal, embora em ponto muitíssimo menor, tomei consciência de que nosso vedetismo havia criado animosidade dentro da empresa e que isso nos colocou em rota de colisão com muita gente. Deduzi também que tal postura havia sido uma escolha, não um destino. Pois o fato de nos destacarmos não podia justificar nosso jeito prepotente. Haveria como frear o trem, baixar a bola, construir pontes após tanto estrago?

A voz indefectível da consultora soou, tirando-me de minha divagação:

– Por uma questão de coerência, não podemos deixar de dar exemplos de *práticas parciais*. Em nossa história recente ou pregressa, é possível rastrear: o corporativismo sindical, que se empenha em tutelar os interesses sociais; o coronelismo dos latifundiários, que sujeitava muita gente à dependência; o clientelismo dos políticos tradicionais com sua troca de favores; o fisiologismo, com seu loteamento de cargos; o patrimonialismo, com sua apropriação de recursos públicos por particulares; o cartorialismo, essa aliança espúria entre setores privados e anéis da burocracia do Estado, com suas reservas de mercado; o nepotismo, com seus favoritismos parentais; o paternalismo, com suas concessões discriminativas...

– São as mazelas brasileiras com seu circo de horrores! – debochou André.

Fiquei deprimido ao ver em que sinistra companhia estávamos nós, os jovens gênios com quem ninguém podia... Selma, no entanto, prosseguiu sem mudar de tom:

– Vou citar algumas ilustrações de práticas parciais no campo empresarial, está bem? Saímos do plano mais geral para o plano organizacional. Entre outras práticas: poluir o meio ambiente; desmatar reservas florestais; especular com produtos de primeira necessidade em calamidades públicas; fazer conluio em licitações; aceitar "agrados" de fornecedores; medir serviços não realizados; vender ou utilizar produtos piratas, falsificados ou contrabandeados; obter privilégios, reservas de mercado ou monopólios; maquiar balanços; subornar funcionários públicos e assim por diante. E notem: quem se beneficia dessas coisas, mesmo que seja um consumidor, obviamente é cúmplice!

– Se eu entendi bem – inferiu Pedro –, a parcialidade beneficia poucos em detrimento dos outros. É uma espécie de egoísmo coletivo, não é mesmo?

– Não é bem assim – frisou Selma. – O conceito de egoísmo se aplica a ego, refere-se a um indivíduo singular, a uma visão egocêntrica, já vimos isso. É inadequado estendê-lo a uma coletividade. Por isso é melhor aplicar outro conceito. A parcialidade satisfaz os interesses de um grupo restrito e exclui os demais agentes. Há parcialidade quando os interesses grupais se sobrepõem aos interesses gerais. Parcialidade significa que o bem restrito particularista prevalece em relação ao bem comum. Conclusão: ganham poucos em detrimento de todos, da sociedade ou da humanidade.

Percebendo que era preciso clarificar a fala da esposa, o professor alertou:

– Vou abrir um importantíssimo parêntese. Selma está contrastando o bem restrito *particularista*, que prejudica outros e é abusivo, com o bem comum *universalista*, que interessa a todos e é consensual. O altruísmo extremado se encaixa, naturalmente, no bem comum universalista. Mas onde se encaixam o altruísmo estrito e o autointeresse?

André foi o mais lúcido:

– No bem restrito... universalista! Porque ambos interessam a todos e são consensuais!

Sálvio exclamou:

– Que ótimo, André! Práticas autointeressadas ou altruístas estritas produzem bem restrito, sim, mas de caráter universalista, porque obtêm legitimidade universal. Todas as sociedades humanas abrigam práticas desse tipo e as apoiam. Os exemplos que acabamos de ver se aplicam, é claro, ao Brasil contemporâneo; são ilustrações históricas que não podem ser generalizadas.

O colega refletiu:

– Há algo que me incomoda aqui. Em vez de pegarmos grupos menores ou até organizações de grande porte, que tal pegarmos como objeto de análise uma sociedade específica, uma nação como o Brasil? – Olhou para todos nós. – A defesa dos interesses nacionais no seio da comunidade internacional poderia assumir um caráter parcial, não poderia?

Ficamos pensativos até que eu reagi:

– Se forem interesses chauvinistas, estreitamente nacionalistas, quer dizer, interesses que excluam ou firam os interesses das demais nações, penso que são parciais, sim!

– Quando então seriam legítimos? – insistiu o colega.

Letícia se envolveu na polêmica:

– Quando respeitarem os interesses alheios! Quando estiverem contidos nos limites dos direitos das demais nações! Quando defenderem o bem comum!

– Quer dizer, quando contemplarem os interesses maiores da humanidade? – insistiu André.

Sálvio interferiu:

– Vou procurar desatar esse nó. Qual é o ponto de vista último? Já o dissemos: o da humanidade e, mais ainda, das gerações futuras. As sociedades históricas podem pôr em risco, sim, a sobrevivência da espécie humana, podem reduzir ou até inviabilizar as condições de habitabilidade do planeta. Isso depende de como utilizam os recursos naturais e de como se comportam umas em relação às outras (imaginem uma guerra nuclear, por exemplo). Por isso a "razão ética" orienta decisões e ações para o bem comum, a *res publica*, isto é, para a coisa pública, os interesses gerais, a racionalidade universalista. – Nossos rostos estamparam incerteza. O professor trouxe novos subsídios: – Vamos esclarecer a referência ao universalismo. Tomemos, por exemplo, o debate a respeito das "comunalidades". Trata-se de polêmica ainda em curso e que não parece ter fim ante os temas que vão surgindo. – Nossos olhares tornaram-se ainda mais inquisitivos. – "Comunalidades" são questões comuns ao planeta, questões que extrapolam as fronteiras e transcendem as ideologias. Dou algumas: o aquecimento global ou o efeito estufa; o terrorismo internacional; o tráfico internacional de drogas; a Aids; o combate às doenças infecciosas; as radiações nucleares; a poluição ambiental; o buraco de ozônio; a perda de biodiversidade; o crescimento demográfico... E tem mais!

A esposa deu curso à listagem:

– A escassez de água, de alimentos e de saneamento básico; o desperdício de recursos naturais; o desflorestamento; o lixo radioativo; o mercado negro de material fóssil; o excesso de lixo; a alteração do ritmo das estações; a poluição dos oceanos; a erosão do solo e a desertificação; o desemprego tecnológico; a defesa dos direitos humanos; a redução dos arsenais nucleares ou a contenção de sua proliferação; as catástrofes naturais; a perda e a conservação de áreas agriculturáveis; a restauração de áreas degradadas...

Decidi me intrometer:

– São temas que só podem ser enfrentados em âmbito planetário, é isso? E que exigem consenso mundial?

O professor meneou a cabeça afirmativamente e instruiu:

– Desde a etapa de seu reconhecimento até a etapa de seu enfrentamento. Caso contrário, perde eficácia.

A esposa continuou no embalo:

– Há muito mais: os problemas da miséria, da fome, do analfabetismo, da ignorância, do combate às endemias. São questões candentes que demandam não só solidariedade internacional, mas ativismo por parte das nações, sobretudo das que dispõem dos meios para debelá-las.

Ficamos um pouco aturdidos, até que Letícia propôs:

– Pensando bem, vale o paralelo com o Projeto do Milênio, que é patrocinado pelas Nações Unidas e cujos objetivos deveriam ser alcançados em 2015.

Nós tínhamos assistido a uma "oficina de disseminação" que abordou o tema, além de outros correlatos. Mesmo assim, Selma se entusiasmou com a lembrança e, fazendo um gesto de apoio, incentivou a colega a prosseguir:

– Os objetivos são oito, se não me engano. – Dirigiu seu olhar para a anfitriã e foi enumerando: – Erradicar a extrema pobreza e a fome; atingir o ensino básico universal; promover a igualdade entre os sexos...

– E lutar pela autonomia das mulheres – complementou a consultora.

– Reduzir a mortalidade infantil... – Parou um instante. – Qual é, gente? Vocês podiam ajudar!

– Melhorar a saúde materna – aditou Luisa.

– Combater o HIV ou a Aids – contribuiu Pedro.

– Além da malária e de outras doenças – acrescentei.

Foi quando silenciamos. Sálvio concedeu:

– É muito difícil lembrar tudo. Além do mais, só importa entender a base do raciocínio.

A lembrança de mais um item estava na ponta de minha língua e falhava, assomava, me angustiava, até que gritei:

– Garantir a sustentabilidade ambiental!

– Está ótimo, Leo: tópico indispensável.

– Estabelecer parceria mundial para o desenvolvimento! – rematou André com riso na fala.

– Vocês não dão trégua, gente! – recriminou o professor. – Relaxem! Ninguém está prestando concurso! Vamos nos ater à conclusão. – Nós nos entreolhamos, satisfeitos com nosso desempenho e felizes por sermos cúmplices. – Em última instância, qual é a chave para dirimir as polêmicas éticas? A preservação dos interesses da humanidade! – Colocou o busto para a frente, como se fosse lutar. – E, já que vocês gostam de desafios e os enxergam em toda parte, vou-lhes apresentar um. Topam?

Ficamos entusiasmados. Mas, a essa altura, Selma interveio:

– Você reclama que não damos folga à moçada e você faz o quê?

O marido concordou no ato:

– Você tem razão. Vamos dar um descanso à turma.

– Eu queria lhes fazer uma sugestão – disse a anfitriã olhando para nós. – Que tal visitar Itu? – Nossos semblantes brilharam. – Temos dois carros à disposição. Peguem aquele que quiserem e deem um passeio. Alguém conhece a cidade? – Letícia fez menção que sim com a cabeça. – Então Letícia os guiará. Sálvio e eu vamos cuidar de nossos afazeres. Enquanto isso, vocês ficam livres de nós até as 13:00, está bem assim? Em nossa próxima conversa, vamos retomar a questão da parcialidade, mas, principalmente, vamos abordar um conceito extraordinário: o altruísmo imparcial.

Por educação, arranhamos as gargantas em sinal de jocosa discordância. E, na hora, mas sem pressa ostensiva, nos levantamos e fomos nos preparar para o passeio. Podíamos pedir outra vida a Deus?

11. A revelação

Você não precisa vender a alma para ser bem-sucedido nos negócios.

Anita Roddick

Andamos pelas avenidas que circundam o centro velho e contornamos o maior shopping center da cidade, depois ladeamos o quartel do Regimento Deodoro, instalado no prédio do antigo colégio dos jesuítas. Passamos por igrejas seculares, percorremos ruelas charmosas com casas espremidas e antiquíssimas e desembocamos na praça principal de Itu, o "berço da República". Nela, pontificava um orelhão fantasista de 7m e o fluxo dos veículos era regulado por um semáforo descomunal. Paramos o carro numa vaga providencial. A extravagância desses dois equipamentos urbanos atiçou nossa curiosidade. Um velho falante que descansava num banco nos contou que a cidade se tornara a capital turística dos "lembranções" artesanais e das porções generosas que alimentam famílias inteiras. O gigantismo virou a marca registrada de Itu, um chamariz inaugurado por um comediante.

Demos a volta na praça, flanando. O tradicional coreto no centro da praça me trouxe à lembrança as histórias de infância que meus pais rememoravam com emoção. Uma delas descrevia o congraçamento da população interiorana nos fins de semana para assistir às apresentações musicais. Os acordes das bandas, amiúde descompassados, reuniam jovens, adultos e crianças. Ao final das apresentações, ocorria um ritual infalível. Os rapazes se plantavam no perímetro da praça enquanto as mocinhas enturmadas giravam em círculos e exibiam seus encantos em vestidos coloridos. Os moços mais atirados arriscavam gracejos à meia-voz; as meninas recatadas escondiam a boca com as mãos e soltavam pequenos risos; as mais atrevidas lançavam olhares esquivos repletos de insinuações. Era um jogo de sedução ingênuo e cheio de graça, o *footing*, uma expressão americana tropicalizada, prelúdio de namoros, escândalos e casamentos.

Entramos na Igreja Matriz em plena missa. Estava apinhada com um povo compenetrado que rezava sob a regência de um padre finamente paramentado. Ficamos impressionados com os silêncios intermitentes da multidão, os estribilhos entoados em uníssono e o canto alto da prece. Apreciamos a desenvoltura do oficiante, os sininhos pontuando a liturgia, as chamas dançantes das velas, a imponente altura da nave, as efígies dos santos, a majestade do altar. Foi uma festa para meu diário pessoal de usos e costumes.

Nenhum de nós era católico praticante, embora eu desconfiasse que minhas duas colegas fossem devotas de Nossa Senhora, porque as vi render-lhe homenagem. Pedro era um evangélico bissexto por influência dos pais. André e eu professávamos um agnosticismo sem arestas, deferentes em relação à fé alheia. Por vezes, para mostrar quão tolerante era, André se definia como um "ateu graças a Deus". E essa redução ao absurdo o divertia tanto quanto surpreendia seus interlocutores.

Ficamos algum tempo de pé, respeitosamente perfilados, seguindo os movimentos alternados da missa, o sentar e levantar ruidoso, as orações cantadas, a voz nasal do padre, os sinais-da-cruz que um beijo no dedo indicativo arrematava. Passados uns 15 minutos, Pedro nos consultou por meio de mímicas. Decidimos nos esgueirar para o átrio inundado pelo sol e perambulamos pelas lojas de suvenires sem nada comprar. Como o centro velho reúne vários museus, aproveitamos para visitar o arquivo histórico municipal. Apreciamos os objetos de arte sacra, alguns do período colonial. Luisa se deslumbrou com a dimensão dos pés-direitos do prédio centenário, o frescor interno do casarão, o tamanho das portas e das janelas.

Defronte, num sobrado que havia sido residência de senhores de engenho – outro patrimônio arquitetônico –, estava instalada a sede do museu de energia. Entramos e ficamos impressionados com a fratura exposta de uma parede de pau-a-pique e taipa de pilão. Estranhamos que a arquitetura urbana paulista em pleno século XIX ainda se valesse de materiais da espécie – quanto atraso! A fachada revestida em azulejaria portuguesa era belíssima e a amplitude dos cômodos nos surpreendeu. Percorremos as salas em que estavam distribuídos equipamentos e utensílios de iluminação doméstica. As etiquetas indicavam que seu uso se estendeu de meados do século XIX à primeira metade do XX. Para nós, citadinos e moços, esses objetos da sociedade agrária e os próprios avanços industriais do século passado pareciam pertencer a tempos remotíssimos. Diante deles, definitivamente, a Revolução Digital nos convertia em extraterrestres!

Ficamos uns 20 minutos e, logo em seguida, exploramos algumas lojas de antiquários, até que Letícia sugeriu tomarmos um chope no Alemão. Aderimos entusiasticamente à ideia. Era um restaurante centenário famoso pelos pratos pantagruélicos. Seu hall incluía um grande bar com um telão e três chopeiras – duas delas com dois bicos cada e revestidas por grossa camada de gelo –, um espaço de circulação e uma área menor com mesas altas e banquetas. Havia um incessante vaivém de pessoas que encomendavam comida para viagem, aguardavam de pé a vez de acomodar-se nos dois salões barulhentos ou se dirigiam à sala de espera para ocupar pequenas mesas quadradas. A algazarra lembrava as apinhadas cantinas paulistanas, com aquele desfile de famílias numerosas, a balbúrdia dos alaridos e os garçons apressados. Sentamos a uma mesa alta que havia milagrosamente vagado e pedimos alguns frios e chopes. Tomamos um loiro e outro preto da própria terra, além de dois importados que foram tirados de uma charmosa chopeira em porcelana. Letícia e Luisa dividiram uma tulipa: a primeira apenas molhou os lábios, porque iria dirigir; a segunda sorveu o líquido transparente gole a gole sem muita apetência.

Depois do segundo chope, Pedro se animou. Começou a rodear Letícia com avanços sutis, em seguida explícitos, até arriscar um abraço. Ela repeliu o atrevimento com mansidão amiga e o encarou:

– Você está me paquerando? – Sem jeito, Pedro negou. – Pense nas complicações. – O grandão ficou desorientado com a assertividade e o chamado à razão. Então, ela concluiu: – Só vai atrapalhar, concorda?

O recado valia para os três rapazes. Lembrei a forma meiga como Luisa se afastara de mim na piscina. Não duvido que as duas colegas tenham combinado entre si qual seria a melhor atitude a tomar diante de nossas investidas. Misturar trabalho e relações afetivas, sobretudo na fase atual, certamente não era muito sensato. Pedro disfarçou o quanto pôde seu emburramento. Mas logo se rendeu à alegria do grupo e seu rosto novamente se aclarou.

Conversamos sobre amenidades. No entremeio e de língua solta, André narrou algumas peripécias de seu tempo de faculdade. Contou seu envolvimento no grêmio e seus contatos com o movimento estudantil da

USP. Confidenciou algumas paqueras e sua surpresa diante do proselitismo ideológico que grassava. Para um novato como ele, os debates bizantinos sobre as leituras e releituras de Marx soava como um rito de iniciação. Como não tinha ideia alguma a respeito, teve de submeter-se a uma aprendizagem intensiva. Inteirou-se das firulas em orelhas de livro e recorreu a sinopses apostiladas por comentadores de ocasião. Valeu-se de ementas que colegas mais antigos recitavam como se fossem as Sagradas Escrituras. Um dia, porém, após mergulhar num par de livros de Marx e Engels, constatou que ninguém havia lido os autores no original... Um espanto!

Feito o balanço, ele se convenceu de que nenhuma das figuras venerandas que capitanearam a utopia da sociedade sem classes – Lênin, Trotski, Stálin, Mao Tse-Tung, Fidel ou Guevara – respondia aos desafios contemporâneos. E por quê? Pelos extremos a que seu pensamento impelia: o planejamento central da economia, a apoteose do Estado, o partido único, a ideologia erigida em religião, a formação de uma nomenclatura com seus privilégios, o arbítrio da polícia dos costumes, a repressão ao dissenso, o ambiente de delação, a exacerbação das disfunções burocráticas, a crença insana no determinismo histórico e, é claro, o delirante messianismo.

Detalhe biográfico: quando André começou a divergir dos monstros sagrados, foi logo rotulado de reacionário. O desvio era incorrigível. Em ordem unida, as várias igrejinhas lançaram um anátema contra ele, fecharam o cordão sanitário e o condenaram ao ostracismo. Virou um cão neoliberal, um adorador do mercado! Ele se apartou sem mágoa. Não tinha respeito algum por esses ativistas festeiros, em geral maus alunos, gente que os dogmas emburrecem. Passou a preconizar a reinvenção da utopia, a construção de uma sociedade libertária, a radicalização da democracia, a inviolabilidade dos direitos humanos, a regulação competente do mercado, o manejo eficiente dos recursos naturais, a redução das distâncias sociais pelos efeitos virtuosos de serviços públicos de qualidade. O mais surpreendente foi que imaginou uma democracia direta eletrônica: por meio da internet, os cidadãos seriam consultados em votações facultativas sobre a maior parte dos assuntos. Pregou no deserto. Para os desavisados, suas ideias constituíam uma cartilha do Estado mínimo; para os mais preparados, ele ziguezagueava entre a liberal-democracia e o anarquismo; para todos, no entanto, não podia ser levado a sério, porque propunha aberrações que não conferiam primazia aos trabalhadores, os redentores da humanidade.

Ao historiar suas incursões, André zombava da própria candura. Fiquei pasmo com essas revelações. O colega havia escondido seus ases – da escassa militância à reflexão crítica. No ato, passei a vê-lo com outros olhos. Julguei que suas brincadeiras eram um despiste, uma blindagem para disfarçar a mente inquieta. Ao levantar da mesa, dei-lhe um abraço amigo sem nada dizer. Pedro também fez um sinal positivo, enquanto as duas moças lhe deram um beijinho na face. Foram toques singelos de afeto e admiração.

Regressamos ao condomínio um pouco antes das 13h com os rostos tão corados que parecíamos bêbados. No caminho, uma sequência de avaliações me tomou de assalto. Recapitulei. Embora jovens, não temíamos as incertezas do futuro; ao contrário, esbanjávamos autoconfiança. Dois entre nós tinham preocupações sociais, o que era pouco para uma geração. Não éramos solitários, embora Luisa fosse a única a ter um namorado firme. Cercados por parentes e amigos, achávamos que nossos laços durariam para sempre. Feitas as contas, tanto podíamos escalar a pirâmide hierárquica como podíamos enveredar pelo mundo dos negócios. Concluí que era cedo para adivinhar.

Sob o amplo toldo da piscina, o casal de anfitriões estava ultimando a leitura de jornais e revistas. Selma, como sempre, foi acolhedora:

– Vocês se divertiram? – Dissemos que muito. – Teremos hoje uma bela macarronada! – disse ela, com acentuada entonação italiana.

Pedro soltou um mimético urro de alegria:

– Da mama?

– Quase! – se divertiu Sálvio.

A anfitriã nos convidou:

– Por que não sentam? Há refrescos no *cooler*. Vamos conversar. O almoço de hoje sai um pouco mais tarde.

Nós nos acomodamos disciplinadamente nas poltronas brancas. Nesse instante, o caseiro se aproximou com torradas quentes de queijo parmesão, finas fatias de pão de alho e orégano, homus, esfihas, pistaches e pequenas porções de queijo brie. Perguntou se aceitávamos uma batida de maracujá. Em meio a pequenas risadas cúmplices, recusamos em coro para não acentuar nossa comprometedora euforia... O professor se manifestou:

– No café-da-manhã, eu pretendia desafiá-los, lembram? – Fizemos que sim. – Então, preparem-se!

Foi o sinal para que nosso espírito lúdico baixasse. O semblante de Sálvio se descontraiu por inteiro ao sorrir com seus dentes alinhados e bem

cuidados. Precavidos, nós nos apressamos a tomar uns chás gelados para diluir os efeitos da cerveja. A esposa, benevolente, nos olhou:
— É bom espairecer de vez em quando.
O mestre não comentou nossos vapores etílicos e explicou o problema:
— Pensem em dois países, A e B. Eles exportam produtos agropecuários um para o outro. Para simplificar, ambos possuem duas opções para tributar as importações. A primeira opção seria adotar uma tarifa baixa (5% sobre o valor); a segunda opção seria adotar uma tarifa alta (40% sobre o valor). O problema consiste em saber qual estratégia cada país adotará, ou melhor, qual será a melhor escolha para cada um deles. Tarifa baixa corresponde a uma política livre-cambista; tarifa alta corresponde a uma política protecionista. — Nós nos entreolhamos sem nada entender. Ele nos observava com um fino sorriso e reagiu: — Calma, faltam informações! Vamos aos ganhos e perdas de cada país. Variam, naturalmente, de acordo com as tarifas aplicadas. Teremos três cenários. Vou anotar as informações.

Ele se levantou, pegou caneta e papel numa gaveta da churrasqueira e desenhou duas colunas: uma de cenários, outra do montante da arrecadação. Letícia ponderou:
— Não precisa se dar ao trabalho... Se não for muita coisa, a gente memoriza.
— Não, tudo bem. É para facilitar o raciocínio — respondeu Sálvio. E ele foi anotando à medida que falava. — Primeiro cenário: se um país adotar uma tarifa baixa, o outro poderá responder com tarifa alta. Quais seriam os resultados? Os produtores do primeiro país terão uma perda de US$700 milhões, enquanto os produtores do segundo país ganharão US$2,3 bilhões. Tudo bem, gente? — Ficamos calados. — Vamos ao segundo cenário. Se ambos os países adotarem tarifas altas, os produtores de cada um deles ganharão US$800 milhões. Está claro?

Em função de nosso hábito de competir, principalmente quando habilidades intelectuais estavam envolvidas, seguíamos o raciocínio com certa tensão.

— Vamos ao terceiro cenário agora. Se ambos os países adotarem tarifas baixas, os produtores de cada um deles ganharão US$1,7 bilhão. — Esperou um pouco e finalizou: — Pronto, cabe agora uma análise de risco.

Pedro qualificou na hora:
— É um caso da teoria dos jogos...
— Perfeitamente, Pedro! — felicitou o professor.

Em poucos segundos, aproximamos as poltronas e travamos um animado debate. Letícia se sobressaiu pelo empenho e dava palpites e sugestões sem parar. Pedro organizou as ideias e, após ter se apoderado da caneta do professor, montou uma matriz de possibilidades. Em pouco menos de três minutos, chegamos ao consenso. Letícia foi nossa porta-voz.

— Estamos diante de uma escolha racional — disse ela, compenetrada. — E tanto faz tomarmos o ponto de vista do país A ou do país B, dá na mesma, porque a análise é formal. Assim, cada um dos países tem duas opções: a primeira opção é a da tarifa alta, a segunda opção é a da tarifa baixa. Vamos à análise. Tomemos o ponto de vista do país A. O que acontece se adotar a tarifa alta?

Pedro ecoou:

— Caso o país B aplicar também a tarifa alta, ambos os países obterão US$800 milhões. Agora, se o país B adotar a tarifa baixa, o país A terá um ganho de US$2,3 bilhões porque taxou mais as importações, e o país B sofrerá uma perda de US$700 milhões porque taxou menos as importações, deixando mais vulneráveis seus produtores.

— Vejamos a outra hipótese de trabalho — continuou Letícia —, a da escolha da tarifa baixa. Se o país A adotar a tarifa baixa e o país B responder com a tarifa alta, o país A sofrerá uma perda de US$700 milhões, enquanto B faturará US$2,3 bilhões (inverte-se a última situação).

— Mas, se o país B reagir também com a tarifa baixa — alertou Pedro —, ambos os países poderão contabilizar um ganho de US$1,7 bilhão em função do maior intercâmbio comercial.

André concluiu:

— Em resumo, o país A deve escolher entre dois cursos de ação. Se adotar a tarifa alta, ele poderá ganhar US$800 milhões ou ganhar US$2,3 bilhões, sempre dependendo da resposta de B. Mas se adotar a tarifa baixa, ele poderá perder US$700 milhões ou poderá ganhar US$1,7 bilhão, também em função do que B fizer.

— Beleza, gente! Beleza! — congratulou Sálvio. — Isso significa que os países vão fazer o quê?

Luisa respondeu com firmeza:

— Escolher a tarifa alta, naturalmente! A escolha é lógica!

— E por quê?

— Para minimizar os riscos!

— Quer dizer o quê precisamente?

— Como cada país quer o máximo para si, ambos optam pela tarifa que não implica perdas para seus produtores. Somente a tarifa alta garante ganhos para os produtores dos dois países: no mínimo US$800 milhões e no máximo US$2,3 bilhões caso um do países cometa a tolice de adotar a tarifa baixa.

Circunspecto, Pedro assinalou:

— Ambos escolhem a opção mais conveniente, porque cada um leva em conta a melhor opção do outro. É o equilíbrio de Nash na teoria dos jogos!

— E é mesmo! — confirmou o professor. — Trata-se de uma interação estratégica: o que eu faço depende da ação do outro e vice-versa; somos interdependentes. O caso se assemelha aos lances do jogo de damas ou do xadrez. — Ele olhou para todos nós com um quê de ironia. — Vocês devem se perguntar: muito bem, e daí?

A esposa se adiantou:

— Como caracterizar a postura adotada por cada país do ponto de vista ético? Sabemos que cada parte tenta se precaver, isto é, pretende correr o mínimo de riscos possíveis e, ao mesmo tempo, colher os melhores resultados. Todavia, essa decisão produz quais efeitos sobre a outra parte?

Fiquei pensando: será que algo nos escapou? Não parecia. Selma coçou o nariz e nos espicaçou:

— Que tipo de prática é essa? Digam lá!

Bastava relacionar a pergunta ao tema em pauta no café-da-manhã: era tão óbvio que suspeitamos que a pergunta fosse capciosa. Eu decidi entrar na jaula dos leões:

— É uma prática parcial.

— Perfeito, Leo! Não é uma prática altruísta estrita porque produz efeitos negativos na outra parte, nem é uma prática egoísta porque o egoísmo não se aplica a uma coletividade, país ou organização. O conceito só se aplica a um indivíduo determinado.

Nós já tínhamos entendido isso e a repetição nos aborreceu um pouco. Mas a consultora, consciente de que repisar conceitos do ponto de vista didático era sempre proveitoso, desdobrou o raciocínio:

— A parcialidade, quando confrontada com os interesses gerais, corresponde a "pegar carona" (*free ride*, em inglês). Por que será?

Não vacilei:

— Ora, porque cada país não se importa com a relação conjunta: privilegia os interesses nacionais e ponto final; minimiza os próprios riscos e procura maximizar os ganhos. E para defender sua posição argumenta com lógica!

— Vamos voltar às cifras para tornar o raciocínio claro — insistiu Selma. — Por que será que essa escolha racional é parcial?

— É simples — revidei. — Algumas somas resolvem a questão. Em três dos quatro cenários possíveis, os países ganham, juntos, US$1,6 bilhão. Por exemplo, quando um dos países ganha US$2,3 bilhões e o outro perde US$700 milhões, a soma dos dois é de US$1,6 bilhão. Temos dois cenários assim. Quando ambos os países escolhem adotar a tarifa alta, cada qual fica com US$800 milhões, o que dá o mesmo total. No último cenário dos quatro, porém, quando ambos os países adotam a tarifa baixa, cada qual ganha US$1,7 bilhão e a soma conjunta é de US$3,4 bilhões, ou seja, mais do dobro dos três primeiros cenários! — Dei um tempo. — Em outras palavras, do ponto de vista do "sistema", ou melhor, da relação conjunta, a estratégia mais racional, porque menos arriscada, seria de ambos os países adotarem tarifas baixas. E por que isso? — Fiz a pergunta a mim mesmo, usando a antiga tática professoral. — Porque o comércio entre os dois se ampliaria fortemente e cada um deles poderia obter US$1,7 bilhão. Assim, ambos ganhariam mais! Só que, como acabamos de ver, isso não acontece.

André argumentou com razão:

— Claro, os países desconfiam um do outro, têm medo de perder, por isso procuram se proteger com barreiras tarifárias. Para que houvesse livre-comércio ou tarifas baixas de ambas as partes, seria preciso que combinassem isso!

— Estou com você, André! — afirmei com entusiasmo. — Sem cooperação, sem pacto, nada feito. Isso significa que, antes de tudo, é preciso negociar os termos, assinar um tratado comercial, estabelecer garantias mútuas. Se não existirem salvaguardas, a desconfiança prevalece, o protecionismo toma conta do pedaço.

Mais uma vez, Pedro trouxe luz ao debate:

— Caso houvesse entendimento entre as partes, teríamos o "ótimo de Pareto", a solução de maior eficiência possível do ponto de vista sistêmico, pois qualquer outro curso de ação piora a situação de um dos participantes.

— Aleluia, Pedro! — parabenizou a consultora.

Chegamos a aplaudir, enquanto Pedro fazia pequenas e divertidas reverências. Selma então avaliou:

– Vocês praticamente esgotaram o assunto.

O professor sugeriu:

– O exercício serve apenas de pretexto para que possamos aplicar o resultado ao âmbito empresarial, não é verdade? Vamos ver como?

Todos nós concordamos sem titubear. Mais uma vez, a esposa se encarregou da tarefa:

– Vejamos. Para minimizar riscos ou evitar prejuízos eventuais, as empresas ou as coletividades tendem a tomar decisões racionais que se inspiram em... – Simulou uma hesitação. – Parcialidade! Assim, no caso que acabamos de ver, o "equilíbrio de Nash" corresponde à parcialidade, certo? Cada país olha para seus melhores interesses e se considera o centro do mundo.

– Agora vou repetir o que André e Leo disseram – destrinçou Sálvio. – Os ganhos conjuntos seriam maiores se ambos os países fossem capazes de coordenar suas decisões e de assegurar o respeito aos compromissos assumidos. De maneira que eles precisam costurar as diferenças, regular os intercâmbios, firmar acordos, sem o que ficariam reféns de um desgastante cabo-de-guerra... O ótimo de Pareto corresponde à resposta mais eficiente para o conjunto dos agentes e nos ensina que a vida em sociedade exige cooperação. – Ele se levantou e falou de pé, dando curtas passadas e nos rodeando. – Isso nos remete diretamente a um conceito extraordinariamente fecundo, uma ferramenta-chave para entender a sociabilidade humana: o *altruísmo imparcial*. – Fez o clássico suspense, estalando a língua. – De que se trata? De um processo eminentemente cooperativo em que todos ganham e ninguém perde, de um culto à equidade. Vocês lembram a partilha dos "ganhos sociais" por parte das empresas, não lembram? Aqueles exemplos sobre a capacitação dos funcionários, a adoção de um parque municipal, as inovações introduzidas em processos ou em produtos, não é? É disso que estamos falando! – Ficamos pensativos. – Notem bem: não são necessárias concessões mútuas, ou seja, não é preciso contabilizar perdas de parte a parte. Todos se beneficiam, todos se apropriam de ganhos!

– É uma maneira de ampliar o bolo – comentou André, despretenciosamente.

Surpreso, o mestre exclamou:

– Excelente, André! Você está antecipando minha conclusão... Bem, vou me valer de uma analogia com as estratégias de negociação. O altruísmo imparcial corresponde à estratégia da colaboração, ao jogo de soma positiva, ao famoso "ganha-ganha". Mas, muito cuidado, não se deve confundir o jogo de soma positiva, uma forma imaginativa de negociar, com um jogo de trocas que corresponde à forma mais corriqueira de negociar. Nessa última forma, há conciliação de interesses, transigência, composição, regateio, pechincha, barganha. Quer dizer, cada parte perde um pouco e ganha um pouco, há um "duplo ganha e perde", os ganhos e as perdas são rachados, ambas as partes empatam o jogo. Não obstante haver um intercâmbio eficiente e cooperativo, a estratégia da conciliação não é o verdadeiro "ganha-ganha". Para isso, é preciso construir um jogo de soma positiva, executar a difícil estratégia da colaboração em que se elaboram soluções criativas para que o bolo cresça. – Estalou a língua de seu jeito peculiar. – Repito: ao invés de dividir um bolo fixo, trata-se de aumentar o tamanho do bolo. Assim, só há ganhadores! Foi isso que André adivinhou tão bem. Nas outras estratégias de negociação, o tamanho do bolo é imutável e a habilidade das partes consiste em obter uma fatia maior, donde a existência de ganhadores e de perdedores. Na conciliação, embora seja uma estratégia cooperativa, procura-se dividir o bolo em partes iguais ou "rachar pelo meio"... Não é o caso da colaboração.

Sálvio nos observou pausadamente. Estávamos todos concentrados. Um vento suave provocava leves ondulações na piscina e cintilações intermitentes refletiam os raios do sol.

– Para termos um completo quadro de referência, precisamos falar dos jogos competitivos. Nestes, alguns ganham e outros perdem. São jogos de soma zero que se assemelham à guerra em que uma parte procura infligir o máximo de danos à outra parte. Assim, o que uma parte ganha a outra perde. Daí o famoso "ganha-perde" em que os ganhos são unilaterais (sai vencedora a parte que se impôs à outra). Ao reverso, há um jogo em que uma parte cede a seu oponente, é um "perde-ganha": continua sendo um jogo de soma zero em que os termos se invertem, porque uma parte faz concessões unilaterais. Isso corresponde à não resistência de Jesus (e ao perdão) quando o agredido oferece a outra face ao agressor, ou ao princípio da resistência passiva cujos expoentes são Gandhi e Martin Luther King Jr. – Ele nos fitou sem pressa, voltou a sentar-se e retomou o raciocínio com certa excitação: – Quando falo de altruísmo imparcial, falo do jogo de soma positiva em que todos os participantes, indiscriminadamente, ganham sem nada perder. Situação extraordinária! Nesse jogo, há agregação efetiva de valor, há superação criativa das dificuldades, há sinergia. Ou seja, a soma acaba sendo maior do que as partes; os ganhos são conjuntos e não existem perdedores. Este é o badalado e tão mal compreendido "ganha-ganha"!

Ficamos simplesmente encantados com o achado. Eu me apressei em estabelecer relações:

– Fazendo um contraponto, se o jogo de soma positiva corresponde ao altruísmo imparcial, nós podemos relacionar os jogos de soma zero com os conceitos éticos de egoísmo e parcialidade. Concorda, professor? Um sujeito só (no primeiro caso) ou alguns sujeitos (no segundo caso) se beneficiam à custa dos outros.

– Claro que sim – aceitou Sálvio. – E relacionar os jogos cooperativos com os altruísmos.

Ficamos absortos, digerindo as novidades, até que a esposa pegou a deixa e, depois de esperar que a poeira baixasse, traduziu a lógica por trás do conceito:

– As práticas altruístas imparciais, por incrível que pareça, são amplamente disseminadas. E sabem por quê? Porque correspondem às variadas formas de cooperação social. Não há sociedade humana que não lance mão delas tanto para existir como para se perpetuar. O altruísmo imparcial resulta da natureza social dos homens, de nossas exigências gregárias. E, como implica ampla reciprocidade, opera como uma liga que mantém as coletividades unidas. – Percebi que a consultora preferia não repetir verdades elementares das ciências sociais, mas, por serem indispensáveis à argumentação, não se deteve: – Vocês já viram alguma sociedade que não tivesse algum tipo de divisão social do trabalho?

Luisa falou com seus botões:

– Funções ou profissões interdependentes.

– Ou alguma sociedade que não tivesse mecanismos de regulação das atividades coletivas, tais como leis, autoridades, bens e serviços públicos? Ou cujos membros não partilhassem um mesmo universo simbólico, isto é, a língua e as maneiras de agir, pensar e sentir? Não teria como funcionar!

O professor reforçou a fala:

– O altruísmo imparcial é perceptível nas situações mais corriqueiras. Querem ver? Peguem uma vela e, com a mesma chama, acendam centenas de outras; o que ocorre? Todos ganham, ninguém perde. Disseminem conhecimentos por aí afora, idem. São fenômenos que se multiplicam sem custo! A difusão de notícias e de músicas por uma estação de rádio também é uma prática altruísta imparcial. A internet, então, nem se fala!

A esposa propôs:

– Pensemos em ilustrações voltadas para o cotidiano. Quem começa? – Como demoramos mais do que o esperado, ela deixou escapar em tom de chacota: – Depois que eu descrever um caso, vocês vão brigar para dar o seu! Que tal um caminhão que faz coleta de lixo, o que vocês acham? Atende aos interesses gerais? – Balançamos as cabeças afirmativamente. – E por quê? Sem a coleta, o que poderia acontecer?

– Epidemias na certa! – bradou André.

– Não se precipite! Como se dá o processo? Vamos resgatar a cadeia causal.

Luisa atendeu à solicitação sem tropeçar:

– Bem, se não houver coleta, o lixo se deteriora, se degrada. Começa com mau cheiro, depois os insetos proliferam e os ratos se alimentam. A seguir, doenças podem se espalhar...

– Estamos afinados agora! – enalteceu a consultora. – Todos concordam que a coleta de lixo satisfaz os interesses gerais, coletivos, públicos. Agora, vamos focalizar a prestadora do serviço, a empresa que venceu a licitação da prefeitura. Mas cuidado: estamos falando de licitação corretamente conduzida; caso contrário, estaremos diante de uma prática parcial. A empresa de coleta de lixo ganha dinheiro com isso, não é verdade? Pergunto: é do interesse dela que exista o serviço a ser prestado? – Fizemos sinais afirmativos. – Ótimo! Nesse caso, os interesses gerais se conjugam com os interesses grupais ou, mais especificamente, com os interesses empresariais. Por quê? Porque o negócio da prestadora do serviço não existiria se não houvesse demanda por parte da coletividade maior. Desçamos a um nível mais micro ainda. É de interesse de cada habitante da cidade que se tire o lixo defronte da própria casa? – Ela nem esperou que concordássemos para disparar: – Óbvio: os interesses pessoais também se conjugam! Em primeiro lugar, com os interesses gerais (há preocupação pertinente com a saúde pública); em segundo lugar e por derivação, com os interesses grupais (a coleta de lixo gera lucro para a prestadora do serviço); em terceiro lugar, cada um dos munícipes requer esse trabalho de coleta (ninguém quer mau cheiro ou quer ficar doente). Não é isso? Fechamos o circuito! Todo mundo ganha e ninguém perde! Essa é uma prática altruísta imparcial, um mecanismo de cooperação social absolutamente indispensável para que a sociedade possa operar e se perpetuar! Ficou claro?

Aplaudimos discretamente. Selma agradeceu com um aceno. O exemplo nos abriu o portal dos bens públicos, dos bens comuns. Minhas dúvidas se desfizeram. Senti uma comichão e propus:

– Imaginem uma ambulância com sirenes ligadas e faróis acesos em pleno trânsito caótico de São Paulo, o que acontece?

– As pessoas dão passagem – retrucou minha parceira Luisa.

– E uns safados vão atrás! – caçoou André.

Ninguém deu ouvido e eu continuei:

– E por que abrem caminho? Por medo de levar uma multa?

– Claro que não – murmurou Luisa.

– Então por quê?

– Ora, por quê? – rebateu Pedro. – Porque alguém necessita de auxílio urgente; porque amanhã quem pode precisar é um parente, um amigo, você mesmo... Que diabo, por solidariedade!

– É isso mesmo, companheiro! – saudei. – É de interesse geral, portanto, que haja um serviço de ambulância e que as pessoas obedeçam espontaneamente à disciplina de dar passagem. Estamos de acordo? E quanto ao hospital que presta esse serviço, é do interesse grupal dele? Naturalmente! E para o paciente que está sendo transportado, é de seu interesse pessoal?

– Mais do que nunca! – confirmou Luisa.

– Show de bola! – incentivou Pedro. – Todo mundo ganha e ninguém perde!

A consultora o repreendeu, exigindo precisão conceitual:

– Altruísmo imparcial, gente, altruísmo imparcial! Mataram a charada?

– Se eu olhar para o funcionamento de uma torre de controle de aeroporto – refletiu Letícia –, aquele centro que regula pousos e decolagens...

André se interessou pelo assunto e pulou para a conclusão:

– A ordem dada pelo controlador de voo a qualquer avião que se aproxime deve ser simplesmente obedecida; é de interesse geral.

– Caso contrário – interpretou Letícia –, se o piloto decidir aterrissar quando lhe der na veneta, os passageiros e o próprio aeroporto correriam perigo...

– Sai de baixo! – brincou André.

– Em suma, é de interesse geral e é também de interesse grupal da companhia aérea que o piloto cumpra a orientação do operador da torre de controle. Finalmente, é do interesse pessoal de cada passageiro que o piloto não invente! Nada mais natural!

– Fechou o circuito, Letícia! – reconheceu Pedro com excitação. – Logo depois, encarando Selma, convidou-a com um gesto: – Só que não podemos esquecer de dar nomes aos bois, não é verdade?

Nossa anfitriã então repetiu, como se entoasse um canto:

– Altruísmo imparcial, gente, altruísmo imparcial! Todo mundo ganha e ninguém perde!

O mestre nos observava com visível contentamento e disse:

– Poderíamos passar o dia todo dando exemplos, não é? Então vou acelerar o processo. Peguemos escolas e bibliotecas. É de interesse geral que elas existam? Claro que sim. E é de interesse delas como organizações existirem?

Gritamos uníssonos:

– Sim!

– E para os alunos: elas atendem a seus interesses pessoais?

Novamente:

– Sim!

– Isso vale para a engenharia do tráfego urbano – afirmou a esposa –, para o dinheiro como instrumento de entesouramento e de transações comerciais. E se aplica aos hospitais, aos correios, aos meios de comunicação (emissoras de rádio, canais de televisão, jornais, operadoras de telefonia, provedoras de internet), aos metrôs, aos ônibus e aos táxis...

Sálvio desdobrou as situações:

– Aplica-se à energia elétrica, ao saneamento básico, à água encanada, à segurança pública, às pontes, ao gás natural, aos aeroportos, às ferrovias, às rodovias, aos portos, aos cemitérios etc. – Fez uma pausa e declarou em tom definitivo: – Imaginem vocês uma metrópole como São Paulo 40 dias sem água... Inviabiliza a convivência social, certo?

Nenhum de nós duvidou. Foi quando a esposa interveio novamente para sublinhar o aspecto teórico:

– O fato de alguém usufruir desses bens não impede outros de fazerem o mesmo, porque são bens públicos, quer dizer, bens não excludentes, bens cujo consumo coletivo não é rival. Um bem privado, ao contrário, é rival. Por exemplo, você não tem como usar o par de sapatos que eu calço agora, nem a mesma camisa, nem o mesmo relógio de pulso.

Parecia que a questão estava esgotada. No entanto, eu raciocinei em voz alta:

– Ser beneficiário de práticas altruístas imparciais ou extremadas não nos torna altruístas, não é verdade? Um egoísta pode usar o metrô ou ser internado num hospital sem que isso faça dele um altruísta. Tampouco o serão as vítimas socorridas por atos de desprendimento ou os famintos que recebem auxílio humanitário. Alguém discorda?

Ninguém contestou as proposições. Mas Selma ponderou, indicando uma importantíssima diferença:

– Em contraposição, quem se envolve com atividades parciais, ainda que seja como mero consumidor, torna-se cúmplice. Por exemplo, comprar ou ver um DVD pirata, apresentar um atestado médico falso ou dar uma propina a um fiscal compromete você, faz de você um elo numa transação escusa, afeta negativamente a sociedade.

Prossegui, procurando aplicar essas questões aos negócios:

– Não há dúvida de que os bens públicos garantem o funcionamento da sociedade e fortalecem a coesão social. Mas eu gostaria de pôr os pés no chão e perguntar: será que as empresas são capazes de promover o altruísmo? – Ficaram todos à espera, enquanto eu ganhava um tempo para logo depois elucidar: – Por que será que os trabalhadores vendem sua força de trabalho?

André fez pilhéria:

– Certamente não é por causa dos olhos bonitos do patrão!

– É isso mesmo! – reforcei. – Então, por que é? Vendem sua força de trabalho porque precisam ganhar a vida. Isso significa que seus ganhos monetários visam interesses pessoais: eles têm família para sustentar, querem fazer carreira profissional, alimentam planos para o futuro. Resumindo: fazem uma troca com a empresa e ambas as partes têm necessidades complementares a satisfazer.

Luisa me deu suporte:

– A empresa os contratou porque espera que agreguem valor ao negócio, espera ganhar com isso. Caso contrário, é rua!

– E, por último – completei –, como a empresa sobrevive no mercado? Ao satisfazer necessidades de consumidores ou usuários. De que jeito? Produzindo bens e serviços socialmente úteis. Caso contrário, perde o capital que investiu.

Selma então indagou:

– Você quer dizer que a busca do lucro tem uma natureza altruísta?

Respondi sem hesitar:

– Em tese, sim! Estou mostrando, como já fez Adam Smith, que a satisfação dos interesses dos empreendedores passa pela produção de efeitos altruístas! – Esperei um instante, deliciando-me com o brilho dos olhos dos colegas. – Como? Por intermédio das próprias atividades empresariais. Afinal, os acionistas não investem seu precioso dinheiro visando inicialmente o bem comum; não sou ingênuo! Isso é mais do que sabido. Mas eles só realizam o valor que foi agregado aos produtos se conseguirem manter a sintonia com as demandas do mercado. Ou seja, os resultados produzidos transcendem as intenções iniciais; os interesses empresariais passam pelo atendimento dos interesses dos outros! Empresas que "jogam limpo" praticam, por definição, o altruísmo estrito. Mas imagino também que possam praticar o altruísmo imparcial...

– Sensacional! – louvou laconicamente a anfitriã.

Mudei o tom para fazer ressalvas:

– Entretanto, isso não significa que, em muitas oportunidades, as empresas não defendam abusivamente seus interesses... Quer dizer, apesar de satisfazer necessidades alheias, há muitas situações em que as empresas adotam práticas parciais. Vale dizer, atendem necessidades, mas o fazem de forma inescrupulosa. – Eu me certifiquei pelo olhar que todos estavam seguindo meu raciocínio. – De outro lado, as empresas podem eventualmente promover ações filantrópicas, ou seja, agir de forma altruísta extremada. São verdadeiros camaleões! Jogam em vários tabuleiros!

Todos aprovaram em silêncio. Em meu entusiasmo, não percebi que estava monopolizando a conversa:

– Algo me vem à mente e eu queria checar se faz sentido, posso? – Sálvio me convidou a prosseguir com um gesto da mão. – O altruísmo imparcial me parece um belo exercício de cidadania.

O professor meditou um pouco e replicou:

– Não necessariamente. E lhe digo por quê. – Fiquei curioso e algo decepcionado. – Todas as sociedades humanas desenvolvem mecanismos de cooperação social independentemente de seus sistemas socioeconômicos ou de seus regimes políticos. Todas desenvolvem práticas altruístas imparciais, porque as necessidades de regulação coletiva são universais. Essas práticas existem em países ditatoriais como existem em países democráticos. Dedução: súditos ou populações subjugadas também desfrutam de bens públicos cuja natureza é altruísta imparcial. Você concorda?

Refleti e me convenci de que o altruísmo imparcial deriva da própria lógica da convivência social. Sálvio então declarou com voz amena:

– Isso não quer dizer que você não possa planejar ou construir práticas altruístas imparciais. Porque são jogos de soma positiva, jogos cooperativos que alcançam o ótimo de Pareto.

Os vínculos entre os três conceitos estavam estabelecidos: o altruísmo imparcial, o jogo de soma positiva e o ótimo de Pareto. Que extraordinária conjunção! O mestre finalizou o argumento:

– Empresas ativistas podem fazer isso. Eu lhes darei alguns exemplos. Mas não agora; mais tarde, está bem?

A pausa foi motivada por um sinal que o caseiro fez à nossa anfitriã. Ela disse:

– A conversa foi muito produtiva, vocês não acham?

Assentimos todos. O casal havia escancarado diante de nós um manancial de inesgotáveis reflexões. Selma então consignou:

– Brava gente, 10 minutos para se refrescar. A mesa está posta.

Enquanto nos dirigíamos para os quartos para lavar mãos e rostos, conversamos animadamente. Voltamos logo para a sala de jantar para mais um almoço de gala. Eu me sentia leve e animado. Essas novas chaves de decifração redefiniam o mundo para mim.

12. O ativismo

A boa reputação, como a boa vontade, se conquista com muitas ações e se perde com uma só.

LORD JEFFREY

A prometida macarronada foi um festival de massas, precedido por bruschettas saborosas, carpaccio de palmito fresco e agrião, salada de alface com croutons, uma imensa travessa de tomates com fatias de mussarela de búfala e folhas de manjericão, tudo regado a azeite de oliva.

Pudemos escolher entre quatro tipos de massas: espaguete, capelletti, fettuccine e penne, que podiam também ser combinados com quatro molhos – bolonhesa, quatro queijos, carbonara e champignon. Pedro foi o mais assíduo frequentador do aparador, provando todos os sabores. Como sobremesa, tivemos profiteroles com sorvete de creme e torta de amêndoas. Mais uma vez, o casal fazia questão de demonstrar seu gosto pela boa mesa. Só posso dizer que foi um banquete inesquecível!

Enquanto se servia, o mestre engatou:

– Vamos recapitular. Nas duas últimas conversas, vimos os conceitos do egoísmo e da parcialidade, além do autointeresse e dos três tipos de altruísmos (o estrito, o extremado e o imparcial). E fizemos uma pausa num assunto crucial: é possível que empresas promovam o altruísmo imparcial? – Procuramos ganhar tempo sem reagir. – Formar parcerias entre empresas privadas, entidades do terceiro setor e, às vezes, órgãos governamentais é o caminho mais rápido para gerar benefícios para todos. Querem ver?

– Isso lhes parece pouco provável? – provocou a esposa olhando para nós.

– Claro que não! – protestaram simultaneamente Pedro e Letícia.
Sálvio desenvolveu o pensamento:
– Em primeiro lugar, é interessante que o investimento social diga respeito ao âmbito de atuação das empresas. Nada é mais produtivo do que lançar mão daquilo que se sabe fazer bem, não é verdade?
– Apenas a boa vontade não resolve – reforçou Selma. – Quando muito, serve para aplacar dores de consciência. Em contrapartida, quem tem conhecimento do assunto tem condições de monitorar os resultados.
– Em segundo lugar, as empresas precisam manter sintonia com as próprias estratégias para que os projetos sociais não se transformem em corpos estranhos ao negócio. Isso confere maior estabilidade às iniciativas.
A consultora acompanhou o bailado do marido:
– Eis o milagre da multiplicação dos pães: conjugar competências e interesses da empresa. Vejam o caso da TNT. Suas especialidades são logística e transporte global. O que fez? Ela se pôs à disposição do World Food Programme das Nações Unidas em casos de emergência mundial.
O professor prosseguiu imperturbável:
– Quais as vantagens? Gerar ganhos sociais. Mas, simultaneamente e do ponto de vista estritamente empresarial, incrementar a competitividade do negócio, ir além do polimento da imagem corporativa, superar o marketing social. – Ficamos quietos. Sálvio media nossa temperatura. – Sei que parece abstrato demais. Temos aí uma das chaves do capitalismo social, tão recente e tão extraordinariamente inovador. – Olhamos fixamente: o conceito merecia alguma explicação. – Já fiz rápida referência à questão. Enquanto o capitalismo excludente (oligopolista e dominante em boa parte do século XX) privilegiava exclusivamente a lógica da maximização dos lucros, o capitalismo social adota a otimização dos lucros. Quer dizer, faz com que uma parte dos lucros se converta em ganhos sociais. Esse novo tipo de capitalismo está associado à Revolução Digital e resulta das pressões da cidadania organizada. Por exemplo, tanto a gestão participativa nas empresas como a participação dos trabalhadores nos lucros e nos resultados são traços essenciais do sistema.
André aproveitou a deixa para fazer um comentário elucidativo:
– É sabido que os fundos de pensão dos trabalhadores se tornaram os maiores capitalistas contemporâneos.
O mestre parecia animado:
– A análise de alguns casos de altruísmo imparcial empresarial é simplesmente apaixonante. Quer começar, Selma?

A esposa não se fez de rogada:

– Todo mundo conhece a Pfizer, uma gigante da indústria farmacêutica. A empresa desenvolveu um tratamento de baixo custo para a prevenção do tracoma, causa principal da cegueira em países pobres. Decidiu doar o medicamento. Mas, para que isso fosse feito de maneira eficaz, ela capacitou médicos a diagnosticar corretamente a doença e os preparou para prescrever o tratamento adequado. Articulou-se também com organizações mundiais de saúde para que servissem de canais de distribuição do remédio. Sabiam disso? – Ninguém se pronunciou. Nem Luisa, nosso banco de dados em carne e osso, tinha conhecimento do fato. – Pergunto: seria esse um ato de altruísmo extremado?

Parecia que sim, uma vez que a empresa doou o remédio e criou as melhores condições para distribuí-lo. Afinal, ela fez sacrifícios em prol da coletividade! Mas, já calejados contra os ardis, preferimos não nos expor. A intervenção de Sálvio confirmou nossas suspeitas:

– Além de beneficiar dezenas de milhões de pessoas, sabem o que ela ganhou? Melhorou suas perspectivas comerciais. Fazendo o quê? Valendo-se da rede de distribuição que havia sido criada: vendeu outros remédios de sua fabricação, expandiu seu mercado e obteve excelente retorno! – Fitou-nos longamente. – Alguém tem alguma objeção? – Ninguém de nós reagiu. – Foi uma prática altruísta imparcial, uma empreitada em que todos ganham. Por quê? Ainda que tenha feito doações filantrópicas, a empresa não se resumiu à benemerência, procurou obter outros resultados, sobretudo econômicos. Vocês entenderam o espírito da coisa?

André e Pedro trocaram ideias em voz baixa, enquanto as duas moças estampavam um sorriso fixo. Eu lancei um olhar distante sobre as árvores que se estendiam a perder de vista e pensei: o pessoal se escandaliza quando uma empresa obtém algum benefício em suas ações humanitárias; bobagem, o importante é que traga benefícios à coletividade e não provoque danos a ninguém.

– Há outro caso belíssimo – expôs a anfitriã. – A diarreia era um dos maiores problemas de saúde pública da Índia, porque o país respondia por 30% das mortes causadas pela doença no mundo todo. Ciente do problema, a Unilever firmou parcerias com professores, líderes comunitários e órgãos públicos para lançar o programa "Despertar para a Saúde". A ideia consistiu em divulgar práticas elementares de saúde, tal como lavar as mãos com sabonete, coisa que não fazia parte do padrão cultural indiano. Essa ideia simples e profilática atingiu 200 milhões de pessoas. Contudo, antes de lançar a campanha, a empresa pesquisou e desenvolveu uma linha de sabonetes de baixo custo com forte poder bactericida. O que pretendeu com esse investimento?

O professor respondeu como se tivesse sido acionado por um comutador:

– Divulgar também os sabonetes que fabricava! E, para atingir os estratos de renda mais baixos, a empresa criou um sistema de vendas diretas, porta a porta. Com isso, estabeleceu um círculo virtuoso: contratou milhares de mulheres pobres como representantes comerciais; melhorou a higiene da população; reduziu a incidência da diarreia e das mortes que ela causa; e ainda concebeu outros produtos para esses novos consumidores. Assim, ao penetrar num mercado inexplorado, ganhou dinheiro! O que acham?

Ficamos impressionados. A lógica do processo me pareceu cristalina. Expus a primeira ideia que me ocorreu:

– Li que a Apple, fabricante dos computadores Macintosh, doa computadores para escolas há muitos anos. Trata-se aparentemente de altruísmo extremado. Porém, imagino que sua intenção seja outra: a de abrir caminho entre os jovens... – Vi no rosto iluminado de Selma que eu estava na direção certa. Fiz então a dedução pertinente: – Ela expande seu mercado potencial ao transformar professores e alunos em usuários habilitados, é isso?

– Perfeitamente! – asseverou a anfitriã. – Embora esteja na fronteira da tecnologia, a empresa sabe que seus produtos têm penetração limitada. São mais caros do que os PCs da concorrência e têm uma arquitetura fechada.

Pedro esclareceu:

– A Apple não permitiu que outros fabricantes replicassem seus equipamentos, como a IBM fez há muitos anos.

A consultora aquiesceu:

– Uma das maneiras de sair do gueto do boca em boca, que é o canal preferencial de divulgação dos aficionados, foi familiarizar futuros compradores com seus produtos.

– Se isso fosse apenas um ato de doação, como disse Leo – raciocinou André –, seria filantropia ou altruísmo extremado. Não é o caso. A Apple beneficiou a coletividade e, ao mesmo tempo, mirou um retorno estratégico. Bela troca!

– Altruísmo imparcial! – sentenciou Letícia.

Luisa tomou então a palavra:

– A IBM fez o mesmo com um programa denominado Reinventing Education. Atingiu dezenas de milhares de professores e milhões de alunos.

– Viva! – aplaudiu Selma.

– E fez parceria com órgãos governamentais. Desenvolveu uma plataforma na internet para estimular novas práticas educativas e conseguiu aprimorar o desempenho dos alunos.

– Manobra de envolvimento! – assinalou Sálvio. – Fizemos cara de quem não entendia. Ele se apressou em detalhar a ideia: – Investiu no longo prazo ao propagar os benefícios da informática e cultivar a fidelidade dos usuários.

André, que estava ruminando situações similares, pronunciou-se novamente:

– Isso me lembra o professor Muhammad Yunus, que lançou o microcrédito em Bangladesh. Fundou o Grameen Bank em 1983. O banco concede empréstimos para gente muito pobre, em geral analfabeta e sem posses. Detalhe crucial: os créditos se destinam à produção, não ao consumo. E olhem que, em sua quase totalidade, os tomadores de empréstimos são mulheres!

Luisa sublinhou:

– O "banqueiro dos pobres", Yunus, ganhou o Prêmio Nobel da Paz em 2006.

– Você não perde uma! – exclamou André. – O mais curioso é que ele não exige contratos legais, já que baseia a operação numa relação de confiança. Ninguém adquire sozinho o empréstimo, pois todos pertencem a um grupo de cinco pessoas que o aprovam: o "aval solidário" proporciona estímulo, apoio e ajuda prática; diante de eventuais dificuldades individuais, os demais se responsabilizam pelo pagamento. E vocês têm ideia a quanto anda o índice de reembolso? Quase 99%! O banco, portanto, não faz caridade; faz negócio de boa qualidade.

Mais uma vez, Luisa interveio:

– Seus empréstimos funcionam como catalisadores do desenvolvimento social de Bangladesh pelo fato de beneficiar empreendedores, donos de pequenos negócios, e não desperdiçar recursos em consumo não produtivo. Um dado espetacular é que 64% dos que permaneceram cinco anos no programa saíram da linha da pobreza!

Selma clamou alegremente seu refrão:

– Altruísmo imparcial, gente! Altruísmo imparcial! – Desatamos a rir. Então, ela deu outro exemplo surpreendente. – Isso me lembra a rede de empréstimos Kiva. Criada em 2005, financiou centenas de milhares de empreendedores de baixa renda em dezenas de países. Como funciona? Doadores adiantam US$25 e, passado um ano em média, recebem o dinheiro de volta sem juros ou correção. A rede Kiva seleciona microempresários idôneos, monitora as operações e cobra juros de 20% ao ano. A inadimplência é simplesmente um recorde: apenas 0,2%! Como se financia essa ONG? Pelos rendimentos do dinheiro amortizado em parcelas mensais. Pensem um minuto: são empréstimos que mudam vidas!

– Ainda no campo das finanças – narrou o professor –, há outra situação interessante. Ao constatar que seus maiores mercados estavam nas cidades mais antigas da Costa Leste dos Estados Unidos, o Banco FleetBoston Financial valeu-se de sua competência empresarial em serviços financeiros (atendimento à pequena empresa, empréstimos em bolsões de exclusão social, hipoteca de imóveis e capital de risco). Lançou então a Community Renaissance Initiative. A ideia consistiu em revitalizar economicamente algumas zonas urbanas degradadas. – Estávamos empolgados com tantos projetos fascinantes. – O banco agiu de que forma? Articulou-se com organizações comunitárias e governamentais, com negócios comerciais, atraiu fontes privadas e municipais de recursos, e ofereceu pacotes de financiamento a pequenas empresas. De lambuja, prestou assessoria técnica. Resultado: permitiu uma retomada geral das atividades na região!

– Todo mundo ganhou com isso – pontuou a esposa. – É a inteligência a serviço da comunidade e, por que não dizê-lo, do próprio capitalismo!

Pedro, entusiasmado, trouxe outra contribuição:

– A Procter & Gamble desenvolveu um produto para a purificação da água de baixo custo, o PUR, Purifier of Water. Entre parênteses, saibam que há um bilhão de pessoas sem acesso à água potável. Em caso de desastres naturais, a empresa fornece o produto pelo preço de custo às organizações internacionais de ajuda como a UNICEF. E vai além: formou parcerias com ONGs internacionais e financiou campanhas educativas para ensinar às pessoas a importância do uso de água limpa. – Quase sem tomar fôlego, acrescentou: – A General Electric adotou uma estratégia que consiste em criar tecnologias limpas. Produz geradores de energia eólica, fabrica turbinas a gás natural, motores híbridos para locomotivas que consomem menos óleo diesel, motores mais eficientes para jatos, bem como equipamentos para dessalinizar a água do mar. Essa "linha verde" já responde por receitas bilionárias e suas projeções são altamente promissoras.

– Fantástico! – aplaudiu Selma. – O planeta agradece e os acionistas mais ainda!

– E tem mais – insistiu Pedro. – A America Online, a famosa provedora de internet, desenvolveu a AOL&School em parceria com educadores: montou um site gratuito para professores e estudantes de cada série escolar; ofereceu planos de aula e materiais para os mestres, bem como ferramentas de referência bastante amigáveis para os alunos.

– Você navegou nela, cara! Confessa! – brincou André. – Para colar o quê, hem?

– Nada! – redarguiu Pedro, meio confuso. – A filha do vizinho me pedia ajuda para as lições de casa. Eu fuço o tempo todo na internet... – E antes que viesse alguma outra gozação de mau gosto: – A menina tinha 11 anos! Onze, ouviu?

– O que a AOL ganhou com isso? – indagou Selma.

– Paralelamente à melhora do ensino médio – respondeu Pedro –, incrementou a demanda de seus serviços no longo prazo e contribuiu para qualificar talentos.

– Barbaridade, cara! – exclamou André à maneira gaúcha. – Tu pareces press release!

– Para com isso, André! – repreendeu Letícia, sem aspereza na voz, para não criar constrangimento. – Está ficando chato! – Ela não demorou, porém, para dar seu quinhão: – O caso de Anita Roddick, uma empresária britânica, cabe aqui como uma luva. Ela conseguiu que seus clientes associassem a compra de seus produtos de beleza à defesa de uma ideia.

– Mas isso é comum, Letícia – rebateu André, querendo dar o troco. – Clientes não compram apenas produtos ou serviços com seus atributos e qualidades; compram respostas a problemas, promessas de benefício.

– Não estou me referindo a isso! – insurgiu-se a colega. – Eu sei que a marca de um produto desperta emoções.

– Vende sonhos! – emendou o outro. – Propaga estilos de vida, acena com prestígio, expressa valores culturais!

– Sei, sei, sei: clientes compram reputações e marcas! Compram intangíveis... Refiro-me a outra coisa!

– A quê?

– À ideia de que é possível produzir bens e, ao mesmo tempo, respeitar a natureza e dignificar os produtores dos insumos! No caso, também, dispor de produtos ecológicos que excluam o teste de cosméticos com animais.

– E daí?

– E daí que é uma forma inteligente de praticar a responsabilidade social empresarial! Exatamente o que o professor Sálvio disse. – Virou-se para o casal de anfitriões para se certificar de que não estava incorrendo em erro. Selma sorria. – O negócio de Anita Roddick tem preocupações explícitas com a sustentabilidade. Querem ver?

Nenhum de nós perdia a oportunidade de exibir seus conhecimentos: éramos amigos, mas cada qual emulava o outro. Letícia não deu trégua:

– Além de evitar danos ambientais, a empresa compra as matérias-primas de comunidades nativas e lhes garante qualidade de vida.

– Suas lojas não são as famosas Body Shop? – inquiriu Luisa.

– É isso mesmo! Converte em fornecedoras comunidades espalhadas em 23 países, da Austrália a Zâmbia. Conclusão: obtém produtos bem-feitos a preços justos e cria para os parceiros uma perspectiva de trabalho de longo prazo!

Então, num movimento espontâneo, nós cinco olhamos para Selma e, com voz de riso, bradamos:

– Altruísmo imparcial, gente! Altruísmo imparcial!

A consultora nos brindou com um franco sorriso, enquanto Luisa desdobrava a ideia anterior:

– O princípio que consiste em praticar o comércio equitativo foi tão sedutor que o maior fabricante de cosméticos do mundo, a L'Oréal francesa, comprou a Body Shop em 2006. Mas teve o cuidado de manter a independência da empresa, além de preservar seus dirigentes.

Esperou nossa reação. Quem se habilitou foi Letícia:

– Quando você fala de comércio equitativo, você está se referindo ao sistema de *fairtrade*?

– É – confirmou Luisa. – Por exemplo, a rede de cafeterias Starbucks e a companhia Dunkin' Donuts só importam café de produtores certificados pela Fairtrade Labelling Organization (FLO). Vocês conhecem?

– Tínhamos uma vaga noção. – Trata-se de uma organização internacional que certifica os produtores do Terceiro Mundo, desde que cumpram regras "solidárias".

— O sistema atinge um milhão de produtores — enriqueceu Letícia. — Em 50 países!

Feliz da vida, Luisa exclamou:

— Vamos formar uma dupla sertaneja, o que você acha? — Ambas se deram as mãos. Luisa não perdeu o embalo: — Vocês sabem o que esses produtores exportam? Não só produtos agrícolas como café, chá, açúcar, frutas, arroz, mel e cacau, mas também suco de frutas, vinhos e artigos esportivos. Aliás, há um incentivo a mais: recebem um prêmio em relação ao preço de mercado!

Pedro mostrou-se curioso:

— Tem ideia de quais são as exigências para participar disso?

Luisa não se lembrava delas, daí sua hesitação. Respondeu sem convicção:

— As regras são as da cartilha do politicamente correto.

— Não empregar crianças, por acaso? — ajudou o colega.

— Ou tolerar trabalho forçado — ela completou, usando apenas seu raciocínio lógico.

Segura de si, no entanto, Letícia acrescentou:

— Os produtores se obrigam a registrar os eventuais empregados e a coibir abusos ambientais como o uso de agrotóxicos.

— Têm de demonstrar transparência na prestação de contas — disse Luisa, em tom conclusivo, sempre se valendo dos ingredientes da responsabilidade social.

Só que Letícia gritou como se estivesse numa gincana:

— Não esqueça que não podem discriminar mulheres e índios!

— Que pecado! — soltou André, com veneno. — Como pode, hem?

Sem passar recibo, a colega deu de ombros. Pedro, que permanecia sintonizado, arriscou:

— Devem oferecer condições dignas de trabalho, não?

— Sim, claro — admitiu Luisa. — Condições seguras, saudáveis, decentes, além de ter de se organizar em associações.

Sálvio finalizou:

— O essencial é que os participantes se beneficiam com efeitos multiplicadores sobre as comunidades e os mercados, não é mesmo?

Empolgada, Selma decidiu jogar mais lenha na discussão:

— Adoro viajar. Vocês gostam?

Houve várias manifestações a favor.

– Sabem o que descobri? Que a empresa de turismo Grand Circle Travel doou milhões de dólares a projetos de preservação histórica. – De pronto, não percebemos a relação. – Eis o pulo-do-gato: investiu em lugares procurados por seus clientes! Por exemplo, nas ruínas de Éfeso, na Turquia, e no Museu de Auschwitz-Birkenau, na Polônia. E não foi por filantropia! Firmou um sólido relacionamento com as organizações que mantêm esses pontos turísticos. Para quê? Oferecer oportunidades de visitação e de aprendizado nas excursões que ela mesma comercializa! Sábia iniciativa, não?

O professor arrematou:

– A lógica do altruísmo imparcial está clara, não é? Todos os participantes ganham! – Ninguém discordou. – Vou comentar o caso da Cisco Systems. Na década de 1990, a empresa identificou uma crônica escassez de administradores de rede qualificados. Para treinar e certificar alunos do ensino médio na gestão de redes, ela montou um programa de ensino a distância denominado Cisco Networking Academy. E o fez em articulação com a Secretaria da Educação dos Estados Unidos. O mais interessante foi que ela se juntou à ONU para levar o projeto aos países em desenvolvimento. Contribuiu, assim, para a formação de um banco de dados mundial de oportunidades de emprego na área. Por fim, construiu parcerias com outras empresas do setor. Corolário? Já graduou centenas de milhares de alunos, conseguiu recrutar mão-de-obra, ampliou seu mercado, fortaleceu o polo industrial e sofisticou sua clientela. Em suma, melhorou seu potencial competitivo.

Com isso, Sálvio pretendia visivelmente encerrar o assunto. A esposa, todavia, apontou para a palma da mão esquerda com a mão direita ereta, reproduzindo o gesto característico dos técnicos de basquete que pedem um tempo.

– Nos Estados Unidos, 25% dos alunos que entram na faculdade empregam-se na indústria do turismo. Os polos de viagem tornam-se mais concorridos e, cada vez mais, reúnem condições para crescer. Essa situação traz benefícios para a American Express. – Era visível em nossos rostos que nosso interesse não estava esgotado. – A companhia decidiu então financiar as chamadas Travel and Tourism Academies em escolas de ensino médio para habilitar alunos a seguir carreira em agências de turismo, aviação, hotéis e restaurantes. O programa capacitava professores e fornecia estágios de verão. Foi instalado em 10 países, abrangeu três mil escolas e superou a marca de 120 mil alunos! Não é fantástico?

Letícia, aficionada por cinema, também lembrou o caso dos estúdios DreamWorks:

– Nessa mesma linha, a DreamWorks criou um programa em Los Angeles para ajudar estudantes de baixa renda a ingressar na indústria do entretenimento. São programas de suplementação nas escolas locais de ensino médio que conjugam instrução em sala de aula com estágios supervisionados. Melhorou, assim, o sistema educativo e ampliou as oportunidades de emprego para a população de baixa renda.

– O que ganhou com isso? – cutucou a consultora.

– Fortaleceu o polo de entretenimento do qual depende, além de contratar parte dos alunos formados, certo?

Meio por brincadeira, ovacionamos a colega:

– Dá-lhe Letícia!

Ela aproveitou para lançar outro interessante caso:

– Muitas empresas contribuem para construir e equipar salas de aula, e recebem em troca o direito de batizá-las com seus nomes ou com os nomes de seus acionistas (é o caso do IBMEC ou da FGV no Brasil). Outra modalidade é a permuta do patrocínio pela prioridade no uso das futuras pesquisas que a nova instalação abrigará (caso da Fundação Dom Cabral). Moral da história: ganham os alunos e as universidades, e ganham obviamente as empresas!

Falou então o professor:

– Vocês todos estão indo muito bem! Vamos agora...

Cortei:

– Desculpe interrompê-lo, eu queria dar outro exemplo brasileiro.

Ele sorriu benevolente.

– É o caso da Coelba, a companhia de eletricidade da Bahia. Vale a pena conhecer. – Levantou as sobrancelhas e fez a mímica de quem cede. – Para reduzir a inadimplência de comunidades carentes da região metropolitana de Salvador, ela treinou uma centena de jovens para ensinar aos vizinhos como evitar o desperdício de energia. Doou lâmpadas fluorescentes para que as lâmpadas incandescentes fossem trocadas, já que gastam mais energia. Reformou as instalações elétricas antigas, parcelou as dívidas e legalizou as ligações clandestinas com tarifas subsidiadas pelo governo. Houve mais de 200 mil famílias beneficiadas!

– E a vantagem que Maria leva? – alfinetou André.

– A companhia atendeu às obrigações legais de investir em planos para a redução do consumo e ganhou com isso. Mas a sociedade e as famílias carentes ganharam mais ainda!

Sálvio se deliciava com nosso modo alegre e a perspicácia de nossas intervenções. Concluiu:

– Eis então uma chave preciosa. No plano coletivo, devemos nos perguntar: o que fazemos prejudica os outros? Se a resposta for positiva, a prática é parcial; se a resposta for negativa, a prática é altruísta. – Fez uma pausa e propôs que saíssemos da mesa, já que havíamos acabado a sobremesa há um bom tempo: – Que tal ficarmos à vontade na sala de estar? Vou lhes servir um licor caseiro, coisa fina.

Fomos nos levantando sem pressa e afundamos nos confortáveis sofás. O mestre nos serviu pessoalmente um dedo de licor em pequenos cálices. E, enquanto estávamos saboreando o creme de cacau, pediu um tempo para ir ao banheiro, no que foi seguido pela esposa. Aproveitamos para fazer o mesmo. Nunca havíamos aprendido tanto em tão pouco tempo, e mais, de forma tão agradável.

13. A demarcação

Fazer negócios pressupõe solucionar problemas. Por isso, olhei para a questão da pobreza.

MUHAMMAD YUNUS

A pausa foi curta e nos refrescou. Voltamos lépidos, sintonizados com a rotina dos anfitriões. O professor não perdeu muito tempo para retomar o fio da meada.

— Eu queria fazer um balanço conceitual. Estabelecer alguns paralelos entre egoísmo, parcialidade, autointeresse e os três tipos de altruísmo.

Eu me permiti atalhar a proposta com outra:

— Novamente me desculpe, mas eu pergunto: será que os indivíduos podem promover o altruísmo imparcial? — Deu um branco repentino no pessoal, enquanto o casal trocou olhares surpresos. — Vocês me permitem arriscar? — interroguei. Fui simplesmente vaiado. Ficou evidente que eu havia levantado a bola para mim mesmo. — Calma, gente, não foi de propósito! A ideia me ocorreu agora!

— O que você tem em mente, Leo? — inquiriu pausadamente o mestre.

— O consumo consciente! Se um indivíduo usar com parcimônia água, energia elétrica, combustível ou papel, nitidamente preocupado em não desperdiçar recursos, não estaria contribuindo para o bem-estar de seus semelhantes? E sem fazer sacrifícios pessoais? — Ficaram todos compenetrados, avaliando a ideia. Aprofundei o argumento: — Quando você compra produtos ou serviços de empresas que respeitam meio ambiente e direitos humanos, você não está colaborando para construir uma sociedade sustentável? Ou quando pesquisa o modo como os produtos são feitos, checa a existência de denúncias de trabalho infantil ou de trabalho forçado, verifica se houve desmatamento de florestas, assoreamento de rios ou uso de energias não renováveis e, em consequência, deixa de comprar os produtos suspeitos e só passa a comprar produtos certificados, não estaria sendo altruísta imparcial? Não estaria fazendo com que todos ganhem?

– Um sujeito assim merece as chaves do paraíso! – caçoou André. – Depois, como se estivesse arrependido da brincadeira, emendou em tom cordial: – Gostei, Leo. Vou meter a colher, posso?

Não fiquei chateado; ao contrário, me senti apoiado. Ele desenvolveu a ideia:

– Não seria também uma postura altruísta imparcial se o consumismo desenfreado ou o exibicionismo barato fossem rejeitados? Explico. Deixar de trocar freneticamente roupas, tênis, carro ou celular só porque um novo modelo foi lançado ou outra moda tomou conta da praça, não seria uma atitude socialmente responsável?

Ele perscrutou nossos rostos. Eu interferi só para dar trela:

– Pode não agradar às empresas que fabricam os produtos...

– E daí? Trava-se um bom combate contra o desperdício! – sublinhou. – Há uso consciente de recursos escassos e respeito às gerações futuras!

De chofre, ficamos boquiabertos. E logo depois aplaudimos! Eu elogiei:

– Tu és demais!

Pedro aproveitou a deixa:

– Nessa mesma linha, temos pessoas que se preocupam com a disposição final dos resíduos sólidos e com a reutilização dos materiais, pessoas que fazem coleta seletiva. Elas praticam o altruísmo imparcial, concordam? E há outras que consomem produtos biodegradáveis, alimentos orgânicos, materiais reciclados ou geram menos lixo em função do tipo de embalagens. Todas essas são práticas imparciais, não é mesmo?

Sálvio não se conteve:

– Vocês merecem louvor, meus caros! Mostraram que, dependendo da atitude assumida, os consumidores podem se tornar ativos praticantes do altruísmo imparcial. E como? Por meio de uma cidadania militante. Se vocês ocupassem um palco, eu pediria bis!

Isso encheu ainda mais nosso balão. Depois de um tempo, ele continuou em tom mais baixo, como se estivesse fazendo uma transição:

– Mas, como eu disse, queria firmar comparativamente a compreensão dos conceitos. Nos processos altruístas *imparciais*, a sociedade ganha, quer dizer, todos se beneficiam e ninguém sai perdendo. Que tal saber agora quem se beneficia no caso do altruísmo *extremado*?

Luisa foi a primeira a morder a isca e disse sem hesitação:

– Em tese, a humanidade ganha. Porém, se olharmos mais de perto, poucos ou muitos necessitados ganham, alguns doadores perdem!

– Melhor seria dizer: alguns dão de si, não acha? – objetou a consultora. – Os voluntários não consideram seus atos de generosidade uma perda.

– A senhora tem razão – reconheceu a colega. – Não podemos esquecer as satisfações subjetivas, não é mesmo, caro André?

Luisa estava se referindo à polêmica havida logo de manhã. Sálvio agradeceu com um sorriso:

– E no altruísmo *estrito*, quem ganha e quem perde?

Pedro se habilitou:

– Poucos ganham e ninguém perde!

– E na *parcialidade*?

– Poucos ganham e os demais perdem!

– E no *autointeresse*?

– Um só ganha e ninguém perde!

– E no *egoísmo*?

– Um só ganha e os demais perdem! – especificou Letícia.

Foi quando Luisa entrou no circuito, tentando resumir o assunto com exemplos tomados na vida cotidiana:

– Isso me lembra a situação dos rapazes que picham paredes para ganhar destaque no próprio grupo ou para demonstrar coragem. Agem de forma egoísta, pois sujam a cidade com a maior caradura. Agora, quando uma gangue ou um partido político picha prédios, seja para competir com outra gangue, seja para fazer propaganda, a prática é parcial, porque os interesses grupais se sobrepõem aos interesses gerais; poucos ganham e a sociedade como um todo perde. Mas, se eu pintar meu próprio quarto para deixá-lo mais aconchegante, pratico o autointeresse. Entretanto, se eu contratar um pintor profissional para pintar minha casa, pratico o altruísmo estrito: ele ganha e minha família ganha sem prejudicar ninguém. Por fim, peguemos o caso de um mutirão comunitário que limpa as paredes de uma escola, de um posto de saúde ou de uma creche. Aqui a situação muda completamente de figura: trata-se de altruísmo extremado porque alguns poucos se sacrificam em prol do bem comum. Mas, se logo depois um grupo de artistas locais pintar um mural nos muros externos do prédio, assinar a obra e puser os telefones para contato, a prática é altruísta imparcial. Por quê? Porque os artistas esperam retorno, usam o mural como uma vitrine; não fizeram uma doação desinteressada.

A exposição da colega nos deixou atônitos. O professor ficava admirado com essa capacidade de aplicar os conceitos a situações do cotidiano. Aproveitou para elogiá-la:

– Impecável, Luisa!

Ficamos em silêncio, até que André decidiu lançar nova provocação intelectual:

– Isso quer dizer que as pessoas são multifacetadas, estou certo? – Os dois anfitriões franziram a testa. – O fato de eu agir de forma egoísta não exclui a possibilidade de praticar o altruísmo imparcial, não é verdade? Tive um colega de faculdade que costumava se gabar, dizendo que todos os seus familiares eram egoístas assumidos! Pura miopia!

O professor concordou:

– As práticas não são excludentes. Cada um de nós, ao longo da vida, é perfeitamente capaz de cometer esses vários tipos de atos.

– Por exemplo – adiantou André –, atos autointeressados (inscrever-se num concurso) ou altruístas estritos (ajudar um colega em dificuldade), egoístas (colar em prova) ou parciais (comercializar um software pirata), altruístas imparciais (comprar papel reciclado) ou altruístas extremados (fazer caridade).

– Sim, sim – reforçou Sálvio. – Fique claro, porém, que a maior frequência de uma ou de outra dessas práticas caracteriza as pessoas. – Levantou-se para movimentar as pernas sem parar de falar. – André tem razão: as pessoas são multifacetadas e adotam práticas variadas. Da mesma forma que nós desempenhamos vários papeis ao longo do dia: pai de família, irmão, marido, inquilino, motorista, gestor, empregado, consumidor, cidadão, crente, torcedor de futebol etc.

De repente, tive um insight:

– Acho que poderíamos agrupar os conceitos em duas grandes categorias: de um lado, o autointeresse e os três altruísmos; e, de outro, a parcialidade e o egoísmo.

Sálvio me fitou com fingido espanto:

– Qual é a proposta?

Senti que havia apanhado no ar uma importante chave de decifração, embora desconfiasse que a ideia já estivesse sendo soprada pelos anfitriões.

– Quero mostrar o choque entre os dois tipos de racionalidade. O autointeresse e os três altruísmos remetem à razão ética de caráter universalista porque interessam a todos, são consensuais e universalmente legítimos. De forma oposta, o egoísmo e a parcialidade obedecem à razão antiética de caráter particularista porque, por definição, prejudicam outros agentes sociais, são abusivos e universalmente ilegítimos. Há uma oposição de natureza entre as duas racionalidades, vocês não acham?

– Bravo, Leo! – incentivou o professor. – Agora é só garimpar os argumentos.

Procurei juntar as características do que havíamos estudado e tudo me pareceu cristalino:

– Primeiro, a *racionalidade universalista* abriga o altruísmo extremado, que visa à ajuda humanitária; segundo, incorpora o altruísmo imparcial, que viabiliza a convivência social; terceiro, contém o altruísmo estrito, que contribui para a coesão grupal sem ferir o direito alheio; por fim, inclui o autointeresse, que preserva o espaço individual sem provocar dano aos outros. A *racionalidade particularista*, por sua vez, acolhe o egoísmo parasitário e a parcialidade facciosa, duas práticas abusivas que se locupletam à custa dos interesses dos outros e, portanto, excluem os interesses gerais. O choque é inevitável, embora me faltem exemplos neste momento.

Selma ofereceu ajuda:

– Posso lhe dar pistas?

– Mas é claro!

– Quando investimentos públicos são planejados, qual é dilema principal? Imaginem a construção de linhas de transmissão elétrica ou de linhas de metrô. O que orienta a decisão? O pico da utilização ou o "vale"?

Ela desenhou aspas no ar. Diante de nossas expressões pensativas, a explicação que Pedro deu foi providencial:

– A demanda chega ao pico no início da manhã e no final da tarde. São dois momentos críticos. Na maior parte do dia, estamos no "vale" quando a demanda cai.

A consultora apontou o dedo indicador para a fronte, num sinal de quem reconhece a inteligência do comentário. Eu deduzi na hora:

– As autoridades são forçadas a planejar pelo pico, ainda que haja uso ineficiente dos equipamentos...

— É isso mesmo — apoiou Pedro. — Caso contrário, haveria blecautes diários ou os metrôs não dariam conta do fluxo.

Sálvio parabenizou:

— Demoníacos os dois! — E esclareceu: — Para que não haja desperdício de recursos ou para que os investimentos sejam utilizados de forma eficiente, seria preciso reescalonar os horários de trabalho das várias categorias profissionais, revolucionar o uso do tempo das pessoas... E isso não é politicamente viável ou fácil.

Luisa externou uma dúvida:

— Há meio de se resolver o conflito?

Afirmei:

— É por isso que as duas racionalidades se chocam: do ponto de vista dos interesses públicos, ou do gasto inteligente dos impostos, seria preciso que os horários de todos fossem alterados; mas quem se habilita?

— A racionalidade particularista é *free ride*, Luisa — contrapôs também o professor. — Procura obter mais gastando menos ou, se possível, nada! O particularismo induz à trapaça ou a levar vantagem, rechaça a ideia de fazer sacrifícios em prol do bem comum. — O mestre voltou a sentar e observou nossas reações. — As pessoas tratam de obter o que querem de graça! Por exemplo, se alguém puder contornar o pedágio de uma rodovia por um caminho alternativo e depois voltar a ela, o que faz? Usufrui os benefícios da estrada sem se responsabilizar por sua manutenção, não é isso?

André reforçou a ideia:

— Se alguém deixar de pagar a taxa de iluminação pública, as ruas continuarão iluminadas à noite porque os demais cidadãos pagam. E, quanto ao espertalhão, os postes não sabem se pagou ou não; se soubessem, apagariam um após o outro quando o sujeito passasse! *Free ride sister*!

O pessoal achou graça e riu gostosamente. Selma então perguntou:

— Quem gosta de cappuccino?

Ficamos desconcertados com mais essa oferta, mas todos aderiram com entusiasmo.

— Vamos ao home theater um minuto; tomaremos lá. Quero lhes mostrar alguns filmetes referentes à proposta revolucionária do professor Muhammad Yunus sobre o que ele denomina de "empresa social". Chamo a ideia de "setor 2,5", porque é um híbrido extraordinário da empresa lucrativa (o segundo setor) e das organizações voluntárias sem fins lucrativos (o terceiro setor)...

Mais uma vez, nós nos levantamos e fomos nos acomodar na sala de projeção, enquanto o caseiro nos servia uma caneca de cappuccino cremoso acompanhada por biscoitos finos. Cheguei a desconfiar que as delícias que ingeríamos num ambiente tão acolhedor equivaliam a uma técnica de persuasão, a da associação ou do reflexo condicionado de Pavlov. Afinal, grandes negócios não são fechados em almoços ou jantares sob a influência quase hipnótica da boa comida? E a publicidade não abusa das associações positivas entre produtos e figuras de destaque, tais como celebridades, atletas, *top models*? Logo depois, pensei: e daí? Os argumentos continuam valendo em si mesmos, basta avaliá-los por seu mérito.

Assistimos a vários vídeos referentes à implantação de uma *joint venture* entre o Banco Grameen e a Danone – a Grameen Danone Foods – que opera em Bangladesh. O empreendimento produz um iogurte destinado a combater a desnutrição no país: contém proteínas, ferro, vitamina A e outros ingredientes que as crianças necessitam para crescer fortes e é vendido às camadas mais pobres da população a um preço acessível. A parceria obedece ao formato da "empresa social" concebida por Yunus. Seus princípios básicos são: ter por razão de ser uma meta social e substituir a maximização do lucro pelo benefício social; não pagar dividendos; vender produtos ou serviços a preços que tornam a empresa sustentável; permitir que os proprietários recebam de volta o investimento depois de viabilizado o negócio, embora continuem seus donos; destinar o lucro a financiar a expansão, bem como os novos produtos ou serviços, mas, sobretudo, fazer o bem ao mundo. Ficamos maravilhados ao saber que já existem dezenas de empresas do mesmo tipo e que sua multiplicação ocorre em ritmo acelerado.

– Caracterização? – perguntou a anfitriã. – Nós nos entreolhamos meio desconfiados. Ela explicou: – Qual conceito ético se aplica à situação?

– Altruísmo imparcial – rotulou Pedro –, sem tirar nem pôr. Todos ganham com isso!

– Concordo – disse Selma. – Agora eu gostaria que vocês vissem outra coisa.

Sem comentário algum, ela exibiu trechos de um documentário do Instituto Nina Rosa chamado "A carne é fraca". O filme retrata a criação industrial de animais e as torturas a que são submetidos: o tratamento como coisa-produto, a trituração dos pintinhos defeituosos, a falta de espaço no crescimento, a impossibilidade prática de os animais se locomoverem (para não formar músculos e manter a carne tenra), a ingestão de hormônios, a luz permanentemente ligada... Mostra também o abate burocrático do gado bovino, dos frangos e dos porcos, o terror diante da morte inescapável, o espernear inútil e os olhos vidrados.

Ficamos alvoroçados com essas cenas de indizível sofrimento. Elas nos provocaram forte repulsa e deram enjoo às colegas. Disso tudo, duas evidências repontaram: a mesma indiferença secular que permeou o tratamento ministrado aos escravos sempre esteve presente na relação com os animais; uma crueldade sem limite contra seres sensíveis e indefesos ocorre ininterruptamente, como se fossem objetos inanimados. Confesso que fiquei transtornado e decidi não mais comer carne...

– Façam uma analogia com práticas humanas – insistiu a consultora.

De tão atordoados que ficamos, nenhum de nós emitiu um som. Ela percebeu nosso incômodo e respondeu à própria pergunta com voz metálica:

– São práticas parciais, alheias à dor que geram. E, nesse caso particular, as posturas se baseiam nas falsas premissas de que a carne é parte natural de nossa cadeia alimentar e de que outros alimentos não podem substituí-la. O "especismo", essa abominável discriminação contra os animais, nos transformou num planeta totalitário com sua rede de granjas confinadas e seus matadouros infernais. Para perceber o drama, basta vocês imaginarem seu cachorro ou seu gato sendo servido com arroz, feijão e fritas! – Tomou seu fôlego e disparou: – Quem é o maior predador da Terra? O homem!

O marido fez um gesto para que ela não avançasse mais em seu arrazoado:

– Essa temática é grave o bastante em si mesma, Selma. Não vamos misturar as estações agora... Prefiro consolidar o conhecimento em torno da linha de demarcação entre razão ética e razão antiética.

A esposa se conformou a contragosto.

– Vamos lembrar que Leo já se referiu ao universalismo da razão ética.

Algo esgotados, fizemos um grande esforço para seguir o raciocínio do professor. Este observou longa pausa, como se quisesse nos propiciar o tempo de nos recompor, e depois retomou a argumentação.

– É uma última ideia que preciso desenvolver para concluir. As decisões e as ações eticamente orientadas protegem tanto o bem comum (*res publica*, interesses gerais ou públicos) como o bem restrito universalista, que interessa a todos (interesses grupais e pessoais). Por isso são consensuais. Em contrapartida, a razão antiética obedece a uma racionalidade particularista: ela justifica o bem restrito (*cosa nostra*) que fere direitos alheios e opera de forma abusiva. Digo "razão antiética", e não simplesmente desvario, maldade, esquizofrenia, porque há uma lógica argumentativa, há método na perseguição dos interesses particulares, ainda que à custa dos interesses públicos. Conversem com um empresário que sonega impostos e vocês ouvirão uma ladainha impressionante de justificações, muitas objetivamente sustentadas, mas todas filtradas por uma visão facciosa do mundo.

Respirou fundo, procurando conferir peso ao assunto: era difícil competir com o drama inimaginável dos animais.

– Mas, por favor, anotem: a razão *ética* equivale a uma fundamentação científica de caráter universal, e não a uma justificação *"moral"* de natureza histórica e, portanto, inscrita no tempo e no espaço. A razão ética confere uma legitimidade que transcende o relativismo moral. – Aguardou alguma manifestação que não veio. – Vou dar um exemplo. Os homens-bomba que se explodem por aí acreditam piamente que seu suicídio é um martírio. Isto é, quando falam a respeito, consideram-no um ato heroico, um sacrifício supremo em prol de uma causa. Diríamos então que eles o batizam como um ato altruísta extremado. Contudo, pergunto: se fizermos uma análise objetiva, quem são esses homens-bomba? Heróis da humanidade ou terroristas que matam civis indiscriminadamente?

Vários dentre nós gritaram:

– Terroristas!

– Todavia, pensem: será que eles não obtêm legitimidade? – Fitou-nos. – Claro que sim: legitimidade *"moral"* no sentido ideológico-político. Por parte de quem? Da comunidade fundamentalista à qual pertencem e que os reverencia. Ora, que tipo de bem esses suicidas geram? Um bem restrito particularista, porque satisfazem o grupo que dizem representar, mas, ao mesmo tempo, provocam danos aos inimigos. Em decorrência, não desfrutam de legitimidade *ética*, quer dizer, não geram o bem comum. Explico: seus feitos não interessam à humanidade como um todo; interessam, sim, a um grupo restrito em estado de beligerância. Assim sendo, a razão antiética sustenta o particularismo, defende interesses específicos (parciais ou egoístas) e, quando muito, confere legitimidade "moral". E, ao afrontar os interesses gerais, o exclusivismo particularista carece de sustentação ética.

André objetou:

– O senhor não estaria emitindo um juízo de valor?

– Muito pertinente! – encareceu o professor. – Vamos nos deter um instante nisso. Pergunto: a defesa dos interesses gerais contribui ou não para a convivência social? Melhor ainda, para a reprodução das sociedades?

– Sem dúvida, contribui – concordou o colega.

Sálvio então rematou:

– Ações egoístas ou altruístas parciais beneficiam poucos em detrimento do todo. Isso significa que, além de não contribuir para o funcionamento da sociedade, essas ações colocam em xeque sua perpetuação. Vou arriscar uma analogia, embora me desagrade fazê-lo (não quero cair no naturalismo que pretensamente explica a ocorrência dos fenômenos sociais por meio da aplicação de leis naturais), mas vá lá! À semelhança da medicina, em que as doenças são maléficas, aquilo que fere os interesses gerais põe em risco a existência coletiva. Contrário senso, evidentemente, a saúde é benéfica à vida do organismo.

Eu endossei tranquilamente o argumento e parafraseei à meia-voz:

– A razão ética visa o bem comum e o bem restrito universalista, que é consensual, porque ambos interessam a todos. Em contrapartida, a razão antiética visa o bem restrito particularista, que é abusivo, porque se realiza em detrimento de outros. Acho que não restam dúvidas...

A consultora celebrou a ideia:

– Bem apanhado, Leo: eis o divisor de águas, a linha de demarcação! Temos aqui um instrumento que se pode utilizar a qualquer tempo e em quaisquer circunstâncias, não importa a história ou a geografia.

O professor não esperou que digeríssemos as ideias e, aparentemente cansado, decidiu se retirar:

– Vamos todos repousar um pouco. De acordo? – Apontou para a esposa. – Nós dois vamos fazer uma sesta. Quanto a vocês, bem, façam o que lhes der na telha! A casa está ao seu dispor.

As duas colegas foram para o quarto. Sobraram os rapazes. Decidimos dormitar na sala refrigerada do home theater. Depois de uma hora, fomos jogar pingue-pongue e pebolim no salão de jogos atrás da churrasqueira. Foi divertido e estávamos à vontade. A todo instante, eu me questionava a respeito desse périplo intelectual e gastronômico e me dava conta de sua relevância. Mas, ao mesmo tempo, eu me sentia cada vez mais à deriva. Minhas referências, essas certezas que eu vinha acumulando ao longo do tempo, estavam se revelando cada vez mais frágeis. Eu sabia intuitivamente que encontraria uma saída, mas também desconfiava que não sairia ileso dessa experiência.

14. A aplicação

Meu amigo, eu vou lhe confiar um grande segredo: não espere pelo Juízo Final, ele ocorre todo dia.

ALBERT CAMUS

No final da tarde, Selma nos chamou à sala de estar para tomar um chá servido com petits fours e um estonteante mil-folhas. Sálvio estava no escritório digitando algum relatório em seu laptop. Aos poucos, nós nos acomodamos, enquanto Pedro e André se digladiavam em torno dos lances das "memoráveis" partidas de pebolim que tinham acabado de travar e que felizmente haviam acabado em empate.

Através das janelas escancaradas para o jardim, vislumbrei o pomar ao fundo, cujas mangueiras e jabuticabeiras traçavam um contínuo com a copa das árvores dos lotes vizinhos. Pequenos pássaros voavam de um lado para o outro e, após bruscas aterrissagens, giravam seguidamente as cabecinhas. Seus pios breves pareciam pontuar um texto enigmático. Um cheiro de jasmim invadiu minhas narinas e respirei fundo. Fiquei cativado pela leve agitação das folhas fremindo e deslizei num curto devaneio. O contato com a natureza serenava meu ânimo e contrastava com nossas conversas instigantes e perturbadoras. Subitamente, eu me dei conta de que um som estridente de ondas longas fazia as vezes de pano de fundo. Meu encantamento se esvaiu. Na mescla dos pequenos ruídos ambientes, eu não havia discernido a interminável ladainha que as cigarras apitam. Identifiquei o canto plangente com surpresa. Na cidade grande eu sempre conseguia abstrair os sons num claro exercício da audição seletiva; aqui eles me tomavam de assalto.

Na noite anterior, com a voz neutra de quem emite um informe e sem posar de vítima, Pedro nos comunicou que ele iria reduzir a quantidade de cigarros que consumia. De 20, um maço diário, cairia para cinco. Prazo da meta? Os próximos 10 dias. Procuramos animá-lo na medida certa e elogiamos o pudor com que se esgueirava pelo jardim para não perturbar os outros. Ele se justificou dizendo que uma dose de nicotina o mantinha sob controle... Invencionice de quem sempre se mostrou sociável! Nas costas dele, porém, André especulou que o grandão queria impressionar os anfitriões. Pura maldade! Tomei as dores do colega e critiquei o hábito de julgar as intenções. Para mim, qualquer esforço merecia aplauso e o comprometimento público de Pedro devia ser comemorado. Os Alcoólicos Anônimos, por exemplo, não enfrentam dia após dia sua terrível dependência ao compartilhar experiências e dificuldades?

André continuava o mesmo sujeito de sempre: mordaz, controvertido, inconformista, arguto e cético. Intuí, porém, que algo novo borbulhava nele e que isso iria nos reservar surpresas. Pensei também que a incansável Luisa reproduzia o próprio figurino. Sorvia conversas e ensinamentos de seu jeito aplicado, sequiosa por aprender tudo que lhe parecesse útil. Era uma espécie de buraco negro que atraía vertiginosamente toda e qualquer luminosidade. Eu não conseguia entender como era possível que seus pais não se orgulhassem dela.

Quanto a Letícia, filha de imigrantes italianos bem-sucedidos no comércio de bebidas, seu plano B era assumir o negócio familiar. Seus dotes intelectuais eram incontestáveis e ela sonhava em empreender voos por conta própria. Todavia, a lembrança de seu corpo escultural após aquele banho de piscina ofuscava nosso olhar. Era como se uma presença felina nos espreitasse o tempo todo. Aliás, nossa inibição chegava ao auge quando ela ria com todos os dentes ou quando, ao se curvar, expunha os arcos perfeitos de seus seios. Como jovens machos, vivíamos inferiorizados. Ah, essa servidão dos hormônios!

Vindo de seu escritório, Sálvio se juntou finalmente ao grupo que estava se deliciando com os mil-folhas que desmanchavam na boca. Anunciou de forma despachada:

– Não parem de comer, esse doce é uma perdição. Selma mandou trazê-lo de São Paulo especialmente para vocês; a confeitaria é francesa. Mas chegou a hora de testar os conceitos aprendidos. Caso contrário, como saber se são úteis? Situações concretas nos ajudarão. Vamos a elas?

Voltei repentinamente a mim, enquanto André desafiou o professor:
– ¡*Que venga el toro!*
– Antes de começar – alertou o mestre –, faço uma pergunta: para que servem essas ferramentas todas? Respondo: de um lado, para sermos capazes de decifrar o real e de diferenciar os fenômenos; de outro lado, para nos habilitar a intervir sobre a realidade, num desdobramento que só a ciência propicia.

A esposa fez o clássico revezamento:
– Sabemos agora quando ações e decisões são eticamente orientadas ou quando não o são, se o que fazemos obedece a uma razão ética ou a uma razão antiética. O corpo de conceitos funciona como um mapa: traça os continentes e nos indica o norte. Faz-nos perceber quando os agentes são afetados ou movidos pelo bem ou pelo mal. De maneira que os conceitos são indispensáveis para todos aqueles que trabalham em empresas...

– E para os cidadãos em geral, não é mesmo? – finalizou Sálvio.
– Agora, preparei um pequeno exercício que tem duas regras.

André o interrompeu com o devido respeito:
– Se o senhor me permitir, professor, eu queria especular um pouco, posso? – Sempre complacente, Sálvio assentiu com um gesto. – Qualquer ato de doação, pelo que eu entendi, pode ser qualificado como uma prática altruísta extremada. É o caso dos benfeitores ou dos filantropos que ajudam o próximo, mesmo quando fazem doações pontuais. Entretanto, eu estava pensando comigo mesmo, será que existem categorias ocupacionais representativas de cada tipo de prática? Isto é, cujas ações continuadas lhes definem a identidade? – Estranhamos a sugestão e as sobrancelhas arqueadas do professor expressaram o sentimento geral. – Vou arriscar. Por exemplo, são *altruístas extremados* os missionários que se dedicam a campanhas humanitárias, os bombeiros empenhados em salvamentos e que se expõem ao risco, os voluntários das entidades do terceiro setor. Concordam? – Analisou nossos rostos para ver se havia alguma objeção. – Há mais: policiais que se sacrificam no combate ao crime e militares integrantes das forças de paz da ONU atuando em zonas conflagradas. – Ficou observando nosso crescente interesse. – Nesses casos, há doação de si em prol da coletividade porque há riscos ou sacrifícios pessoais envolvidos. Estamos de acordo? – Nada tínhamos a opor. – Se assim for, por que não imaginar as categorias que são *parciais*?

Ficamos curiosos. Letícia não pestanejou:

— Essa é fácil! Há parcialidade por parte de quadrilhas de hackers que infestam os computadores alheios, apossam-se de senhas e de outras informações sensíveis e até roubam dinheiro.

— Seriam egoístas se agissem por conta própria — aperfeiçoou Luisa.

— Claro. Os especuladores também são parciais — repicou Letícia. — Porque não produzem riqueza, mas se apossam de parte dela; abusam dos outros em situação de crise ou negociam de má-fé.

— O mesmo vale para os atravessadores — alternou Pedro.

Luisa, novamente, procurou rastrear os porquês:

— Para ganhar dinheiro fácil, lançam mão de quaisquer meios e não medem as consequências do que fazem. De maneira que se apropriam de lucros exorbitantes e vivem da desgraça alheia.

Num relance, as ilustrações pululam na minha frente:

— Parciais são os cambistas nas imediações de estádios de futebol; os despachantes que molham a mão de funcionários públicos para "azeitar" processos; os fiscais que achacam contribuintes aflitos e, na face reversa, os subornadores contumazes; os desmatadores de florestas; os poluidores do meio ambiente; os camelôs...

— Por que diabo os camelôs? — protestou Pedro. — São uns coitados desempregados!

Rebati:

— Desempregados, vá lá! Mas coitados? Você pensou um minuto no que vendem? Vou lhe dizer. — E fui contando nos dedos cada fato. — Produtos falsificados, contrabandeados, pirateados e até defeituosos; mercadorias sem garantia; carga roubada; grifes clonadas; remédios com validade vencida. Oito falcatruas; quer mais?

— Espera! — gritou Luisa, que continuou contando. — Esqueceu que sonegam impostos e corrompem a máquina pública! São 10 ao todo!

— Está vendo? — falei olhando para o grandão, que não parecia de todo convencido. Continuei batendo firme: — Os fulanos funcionam como pontas-de-lança do crime organizado. Esse é o problema. Ou você acha que autônomos têm condições de viabilizar um comércio clandestino dessa magnitude? Nunca! Há por trás uma rede intricada, comparsas diversificados, conexões subterrâneas. Para dar certo, é preciso montar uma infraestrutura complexa, levantar recursos, acobertar operações, comprar a cumplicidade de autoridades, mover mundos e fundos, operar uma logística de importação, transporte, armazenagem, abastecimento... Haja competência! – Sondei o colega com o olhar. – Há gente da pesada envolvida, concorda?

Pedro fez menção que sim. Letícia ampliou então o quadro de referência:

– Se juntarmos a economia informal, teremos o "continente do ilícito", na feliz expressão de um professor meu: sonegação fiscal, propinas, fraudes financeiras, corrupção, achaques de fiscais, descaminho, lavagem de dinheiro, tráfico de drogas, comércio ilegal de armas, disposição clandestina de lixo tóxico...

– Uns 40% da renda nacional – estimou Selma. – Isso para não falar dos vínculos estabelecidos entre redes locais e redes globais que também traficam seres humanos: mulheres e crianças para prostituição, venda de órgãos, trabalho forçado, bebês para adoção, imigrantes ilegais... Sabiam?

André levantou a mão pedindo um tempo e depois fustigou:

– Só que não adianta apenas constatar os fatos como se fossem eventos naturais contra os quais nada se pode fazer. Devemos nos perguntar: como enfrentar isso tudo?

Luisa foi peremptória:

– Instruir melhor as forças policiais e os agentes fiscais; remunerá-los adequadamente.

– Não basta – ponderou André. – Já pensou no tamanho do aparato necessário? Li uma estatística no outro dia que indicava que 85% dos pequenos negócios no Brasil não recolhiam impostos e que 55% da força de trabalho não tinham registro legal.

Letícia trouxe algumas luzes ao debate:

– A tecnologia pode ajudar muito. Veja o caso das indústrias de cerveja. A sonegação despencou com o uso de medidores de vazão que foram acoplados à tubulação das linhas de envasamento. E o processo está sendo estendido aos refrigerantes e às águas.

– Como assim? – indagou Pedro.

– A produção é medida a cada dois minutos e é comunicada eletronicamente à Receita Federal – explicou a colega.

– É o mesmo caso das concessionárias de energia elétrica! – exclamou Luisa. – Como sofrem perdas pesadas com o furto de energia (os "gatos" são comuns em favelas), o tamanho dos postes foi aumentado e medidores eletrônicos de consumo residencial foram implantados. Com isso, o índice de abusos caiu vertiginosamente.

O professor parecia satisfeito com nossas conclusões e apenas acrescentou:

– A repressão policial, as campanhas educativas, o uso de novas tecnologias, mas principalmente a simplificação e a redução de impostos podem ser fórmulas inteligentes para combater os ilícitos.

Uma ideia perturbava Pedro e ele fez questão de expressá-la:

– A impressão que me dá é que práticas parciais são apenas ações de quadrilhas... Não discordo do diagnóstico, mas quero insistir num ponto. Vocês não acham que as empresas, assim como os partidos políticos, os sindicatos ou as associações profissionais tendem a privilegiar os próprios interesses à custa dos interesses públicos? Que mesmo quando adotam práticas altruístas estritas, não conseguem escapar de vez da parcialidade?

Ficamos estáticos. A ideia era desafiadora. André, no comando do espetáculo, foi quem se manifestou após refletir um momento:

– Faz muito sentido, Pedro. Lembra em boa parte a discussão que tivemos sobre a lei de ferro das oligarquias.

Selma deu respaldo:

– Sem pressões cidadãs, o pessoal tende a abusar. Basta acompanhar o noticiário e observar os fatos. A mesma coisa vale para os indivíduos: a defesa do autointeresse pode facilmente extrapolar para o egoísmo se ninguém impuser limites, se não houver sanções.

Ninguém discordou. André deu por encerrada a pendência sobre as práticas parciais e retomou o raciocínio:

– Agora eu queria perguntar: quais organizações, e não mais indivíduos, tendem ao *altruísmo extremado*? – Ainda que ninguém tivesse se mexido, levantou a mão para segurar nossas respostas. – Respondo eu. As organizações não-governamentais, as fundações beneficentes, as entidades missionárias, as agências humanitárias, não é mesmo? – Todos nós assentimos. – Muito bem. Agora vamos pensar nas práticas *altruístas imparciais*. Será que existem categorias ocupacionais que fazem delas seu ganha-pão? – Ato contínuo, ele novamente emendou sem nos dar tempo: – Vou dizer por minha conta e risco. A lista é enorme. Cito as primeiras que me vêm à mente: médicos, enfermeiros, lixeiros, engenheiros, carteiros, professores, auditores, bibliotecários, dentistas, administradores, fisioterapeutas, psicólogos, contadores, magistrados, advogados, pesquisadores científicos, servidores públicos, jornalistas, bancários, operários, agricultores, coveiros, garçons, padeiros e lá vai pedra! – Fez cara séria: – Com a ressalva, é claro, de que esse pessoal não apronte ou se meta em jogadas sujas! – Deu uma risadinha zombeteira: – Nada impossível, não é mesmo? Assim, a maior parte das categorias profissionais presta serviços socialmente necessários e se encaixa no altruísmo imparcial. E, quanto às organizações, posso dizer que órgãos reguladores, tribunais, entidades públicas em geral, hospitais, bem como universidades ou centros de pesquisa científica são tendencialmente altruístas imparciais...

O professor olhava para André fascinado, enquanto Selma nos parabenizou:

– Estou anotando as contribuições de vocês! Podem acreditar, não estou brincando! Vão servir para muita gente boa. – Ficamos quietos, desfrutando o elogio. – Vamos ver agora o que Sálvio preparou para nós?

Estávamos prontos para o que desse e viesse. O professor definiu rapidamente as regras:

– Gostaria de aplicar os conceitos aprendidos a situações concretas. André já nos introduziu na matéria a seu modo. Vamos descrever algumas ocorrências e vocês vão qualificá-las. Está bem? – Nossos semblantes indicavam que estávamos atentos. – Se alguma delas tiver caráter egoísta ou parcial, ela será rotulada como obedecendo à "razão antiética". Em sentido contrário, toda situação de natureza altruísta (seja ela imparcial, extremada ou estrita) ou toda ação autointeressada será rotulada como obedecendo à "razão ética". A diferenciação está clara? Leo já estabeleceu a distinção hoje de manhã.

Antes de alguém se manifestar, a esposa detalhou:

– Serão contrapostos interesses particularistas (que ferem direitos alheios e são abusivos) e interesses universalistas (que interessam a todos e são consensuais). Alguma dúvida? – Olhou para o marido. – Começo eu? – Ele acenou positivamente. – Bem, vamos lá: "Fazer acordo entre concorrentes na elaboração de propostas para licitação é praxe no Brasil, de modo que é preciso cooperar com os demais licitantes para não ficar alijado do processo."

A asserção não dava margem à especulação: era uma situação que obedecia à "razão antiética". Selma quis explicações que Letícia se encarregou de dar:

– Trata-se de conluio, típica atitude parcial. Os porquês são evidentes: o processo de concorrência fica viciado; há burla das regras; o contratante é prejudicado ao adquirir produtos ou insumos a preços maiores do que os vigentes no mercado. Consequências?

Pedro estava de prontidão:

– Tentativa de repasse dos custos aos consumidores, perda da capacidade de competir da empresa e prejuízos para a coletividade como um todo em função do efeito-cascata. Caso a entidade compradora seja estatal, pior ainda, há desvio de recursos públicos!

– Boa! Vamos para outra – intimou a consultora: – "Sendo eu um executivo, o que faço fora do trabalho não interessa a ninguém, é exclusivamente assunto de foro íntimo, pois não carrego o crachá da empresa nos lugares que frequento."

Luisa opinou com firmeza:

– Queira ou não, cada um de nós representa a empresa em que trabalha, dentro ou fora dela. A afirmação remete à "razão antiética", porque despreza os danos potenciais à companhia. A frase expressa uma postura egoísta. Dependendo do que se faz, a reputação da empresa em que se trabalha pode ser afetada negativamente.

– Concordo – encampou Letícia. – Já conversei com pessoas que passaram anos em determinadas empresas e eram conhecidas pelo apelido: "Antonio, da companhia X", "Heloísa, da Y", e assim por diante. Ao saírem do emprego, ficavam chocados com a súbita queda no anonimato. Eles se tornavam irreconhecíveis, seu primeiro nome nada significava para as secretárias ou as telefonistas, porque todas insistiam em saber: "Antonio ou Heloísa de onde?" Resultado? Não completavam a ligação! Nu e cru, o sujeito perde a identidade. Lição a tirar: o cartão empresarial é parte integrante do personagem. Daí a responsabilidade por aquilo que se faz.

Todos nós admiramos a percuciência das duas colegas e lhes fizemos gestos de aplauso, enquanto o casal estampava um amplo sorriso. Selma não se deteve e lançou mais uma situação:

– "Dois alunos de uma importante escola privada paulistana prestaram vestibular no meio do terceiro ano do ensino médio. Um deles entrou na FGV, e o outro, no IBMEC. Para viabilizar a inscrição na faculdade, ambos obtiveram o diploma do ensino médio graças a uma pseudorreclassificação feita por um colégio do Mato Grosso do Sul."

– Novamente "razão antiética" – avaliou Pedro. – Os espertinhos prejudicaram os demais candidatos e agiram de forma egoísta. Depois, se beneficiaram com a farsa patrocinada pelo colégio sul-mato-grossense, o que constitui uma prática parcial, pois não só levaram vantagem, mas a escola ganhou dinheiro pela contrafação. Todos pensaram apenas em si mesmos, não deram a mínima para os prejuízos dos outros. De cabo a rabo, buscaram o bem restrito particularista.

A lúcida resposta mereceu vários sorrisos de incentivo.

– Agora vejam como a situação se desdobrou – salientou a consultora. – "O diretor da escola paulistana percebeu a manobra e denunciou o fato às autoridades educacionais. Feita a investigação, o MEC interveio no colégio responsável pela irregularidade: os diplomas foram invalidados e as matrículas dos alunos nas faculdades, canceladas."

Pedro sentenciou de novo:

– Caso inequívoco de "razão ética". A intervenção providencial do diretor saneou a situação: os alunos foram punidos a bem do interesse coletivo, juntamente com o colégio infrator. Houve então uma prática altruísta imparcial, seja por parte do diretor seja por parte das autoridades.

André não conteve seu afã de debochar:

– Rapaz, você nasceu para porta-voz oficial!

Todos nós achamos graça, embora André, de algum modo, estivesse se repetindo. Para consolar Pedro, Letícia pôs a mão em seu antebraço e, quem diria, o grandão enrubesceu! Sálvio então adiantou:

– "Na empresa, cada colaborador responde por si mesmo. Assim, os gestores não têm por que pajear quem quer que seja, nem devem se sentir responsáveis pelos atos de seus subordinados."

Argumentei na hora:

– Os gestores não têm como escapar! Respondem por aquilo que seus subordinados fazem. Não é possível dissociar autoridade e responsabilidade, uma é a contrapartida da outra. O caso aqui é de "razão antiética" e nos remete à prática egoísta (se for um gestor em particular) ou à prática parcial (se forem gestores em geral).

– Para quem vive uma situação desse tipo, ela até pode soar injusta – reconheceu o professor. – Porque é duro ser responsabilizado por aquilo que os escalões de baixo aprontam. Entretanto, não há escapatória, a responsabilização faz parte das regras do jogo. O gestor distribui atividades aos subordinados, verifica se estão qualificados para cumpri-las, explica as atribuições deles, zela para que observem as disposições legais, controla o andamento do trabalho, responde pelos resultados mesmo quando delega encargos e responsabiliza-se pela forma como são obtidos... Ossos do ofício!

Luisa exemplificou:

– Lembram o caso do ex-CEO da WorldCom, Bernard Ebbers, acusado das fraudes que levaram a companhia à falência em 2002? Ele alegou em juízo que havia delegado a seus auxiliares as operações financeiras e que não sabia o que estava acontecendo... O argumento não convenceu os jurados e ele acabou na cadeia.

– Qualquer semelhança com malversação de dinheiro público no Brasil – afirmou Pedro – não é mera coincidência...

– Mas o desfecho muda, companheiro! – ironizou André. – Muitos escapam das cassações, outros têm seus processos prescritos, alguns até acabam reeleitos!

Ninguém riu. Ao contrário, ficamos cabisbaixos: era a percepção de que a impunidade histórica no Brasil aduba o solo da corrupção. Selma, entretanto, assinalou:

– É verdade que alguns acabam reeleitos, mas como sombras do que haviam sido. Acompanho os desdobramentos e verifico que eles não dispõem mais da mesma capacidade de falar e de ser ouvidos. Acredito que dificilmente recuperarão a antiga influência. A reputação manchada vai tolher para sempre seus movimentos.

O esclarecimento foi providencial. Ninguém se manifestou, pois todos nós concordamos com as ponderações. A consultora então levantou mais uma situação.

– O que vocês acham disso: "É adequado designar um contador para acompanhar os trabalhos de uma empresa de auditoria externa, fornecendo-lhe os documentos pertinentes e cuidando de esclarecer políticas e procedimentos internos."

De tão óbvia, a resposta só mereceu uns muxoxos de nossa parte. Mas, como a consultora continuava aguardando, Luisa piedosamente concedeu:

– "Razão ética", porque não há interferência no trabalho dos auditores externos. Ninguém comete infração alguma. Os auditores apenas recebem o apoio necessário para o bom andamento dos trabalhos. A prática pode ser definida como altruísta estrita.

A outra não concedeu trégua:

– "Em face do emaranhado excessivo de leis e de regulamentações no Brasil, é preciso encontrar os meios para que certos funcionários públicos deixem de criar dificuldades." Como qualificar essa asserção?

Depois de leve hesitação por parte do grupo, André fuzilou:

– Há duas respostas para a situação! – Foi uma surpresa geral. – Vou dizer por quê. Tudo depende dos meios utilizados! Aquele que faz acertos com funcionários desse naipe, dando-lhes propina ou os aliciando, não é vítima; é cúmplice. Porque vender facilidades é uma forma de extorsão e comprá-las é suborno. Nessas condições, o caso pode ser qualificado como "razão antiética", pois é uma prática parcial (ganha um grupo em detrimento da sociedade). Mas lá vem a pergunta: o meio de que se lança mão não poderia ser lícito? Por exemplo, dar um flagrante no corrupto com apoio da Ouvidoria e da Polícia; denunciar publicamente esses comportamentos lesivos; pressionar as autoridades para que criem mecanismos de controle e impeçam tais procedimentos? Podemos enquadrar essa nova postura como "razão ética", não é verdade? Seria então uma prática altruísta imparcial (ganham todos com a punição de corruptos). Há, pois, duas leituras possíveis dependendo dos meios utilizados para administrar o problema.

Letícia, que já havia sido posta na parede por André em outra ocasião, decidiu dar o troco:

– E como combater efetivamente esses abusos? Em termos práticos, hem?

André devolveu:

– Vocês já foram a algum Poupatempo em São Paulo, não foram? – Todos nós conhecíamos esses postos, que operam como centrais de atendimento aos cidadãos e que concentram dezenas de serviços públicos num único local. – Receberam uma senha eletrônica? – Fizemos que sim. – Foram tratados como clientes ou como gente de terceira classe? – Reconhecemos que fomos bem tratados. – Está aí: essa é uma maneira inteligente de combater a pequena corrupção, de liquidar a intermediação dos despachantes, de se aproximar de um *e-government*!

Ficamos admirados com a primorosa interpretação do colega. Eu o saudei com uma expressão gaúcha que ele apreciava muito:

– Bah, chê!

O mestre levantou dois dedos em V em sinal de apoio, ao mesmo tempo em que a consultora sorria com os olhos e encadeava outra situação:

– "Diferentemente dos Estados Unidos, as mulheres brasileiras não se sentem importunadas com galanteios, expressões lisonjeiras ou gracejos espirituosos. Mesmo assim, esperam que esse padrão de conduta seja contido no ambiente de trabalho."

Tratava-se naturalmente de "razão ética", uma vez que elogios de bom gosto são aceitos correntemente pelas mulheres brasileiras numa prática altruísta estrita. O professor comentou, no entanto:

– As relações entre homens e mulheres são mais tensas na América do Norte e qualquer mal-entendido pode ser confundido com assédio sexual. Na verdade, o assédio sexual não é algo pontual: é um processo recorrente, metódico; é uma perseguição com alvo certo por parte de quem dispõe de uma posição de mando; corresponde a tentativas repetidas de extorquir favores sexuais com base em insinuações, contatos físicos forçados, convites impertinentes. No Brasil, a discussão está começando a ganhar peso, ainda que nossos padrões sejam mais lassos. – Diante dos olhares inquisitivos das colegas, ele se justificou: – O velho machismo latino ainda não se livrou da ideia de que as mulheres são responsáveis por aquilo que lhes acontece. Melhor dizendo, existe a presunção de que elas provocam os homens com suas roupas ousadas, pernas de fora ou jogos de sedução. Diz-se até que as mulheres consentem em manter relações sexuais e depois posam de vítimas...

As meninas ficaram observando nossos rostos deliberadamente impassíveis. Não havíamos combinado a reação, mas ela veio espontânea: parecíamos convictos antimachistas! O politicamente correto funciona nas pessoas de boa educação como fachada e, muitas vezes, como autodefesa...

– Numa empresa a quem presto consultoria – relatou a esposa –, um gerente comentou que uma colega de trabalho passava diante de uma construção. Três operários descansavam à sombra do portão e a colega contou que ficou possessa. Eu perguntei: "Mas por quê? O que os homens disseram?" Ele replicou: "Nada, simplesmente nada." Estranhei, e logo entendi: a mulher ficou furiosa porque não recebeu elogios! Os sujeitos nem sequer assobiaram!

Sempre extrapolando, André exclamou:

– Eta demônio da Tasmânia!

Rimos a valer, sem exceção; a própria Selma achou muita graça na interpretação do colega. Quando voltamos ao normal, Sálvio alternou:

– Vamos ver outra situação: "Para que não haja interferência ou dúvida sobre a lisura das decisões de compra ou de contratação, o fato de receber presentes ou vantagens de parceiros de negócios converte-se em assunto delicado. Só podem ser aceitos brindes ocasionais, que não tenham valor comercial ou cujo valor seja insignificante."

— É "razão ética" com certeza — afirmou Pedro. — Altruísmo estrito, à medida que os procedimentos são transparentes. Só resta uma dúvida: como fica a praxe do mercado?

Luisa esclareceu:

— O costume de dar "bola" a compradores não encontra justificação ética.

— É um jeito de comprar a preferência! — sentenciei. — Ninguém dá nada gratuitamente. O ato de presentear visa obter alguma vantagem, nem que seja a boa vontade do outro...

— Apoiado! — cumprimentou Selma. — Por isso devemos diferenciar brindes de presentes. Os brindes são lembranças como camisetas, canetas, agendas, calendários, chaveiros, réguas, canecas ou coisas que o valham. Objetos baratos que muitas vezes vêm com o logotipo da empresa. Os presentes são outra coisa, são mais do que gentilezas: carregam segundas intenções, ensejam mal-entendidos, levantam suspeitas. É sempre possível presumir conflito de interesses ou relações escusas.
— Nossos rostos exigem exemplos. — Pensem nos seguintes "agrados": ricas cestas de Natal, refeições em restaurantes de luxo, viagens de recreio, entradas em espetáculos concorridos, convites para assistir a eventos badalados, camarotes exclusivos, rega-bofes com bebidas caras, acompanhantes para entreter... Todas essas diversões são mais do que cortesias, porque deixam o flanco exposto, despertam desconfianças, permitem supor algum tipo de favorecimento.

Pedro aparteou:

— Aceitar uma garrafa de uísque, por exemplo?

— De 12 anos? — indagou jocosamente André.

— Que seja! — respondeu rispidamente o outro. — É o bastante para comprar uma consciência?

— Há que ter limite, Pedro — ponderou a consultora —, algum ponto de corte. Caso contrário, leituras enviesadas podem ser feitas. Não subestime a mente alheia!

— Testei isso em sala de aula — relatou o professor. — Meus alunos são todos executivos. Alguns aceitaram uma garrafa de uísque e nada mais. Outros toparam duas, mas não a terceira; achavam que três chama a atenção... Raros seguiram em frente. Um deles aceitou sucessivamente até seis garrafas e se justificou dizendo que era sua bebida preferida! Na sétima oferta, recuou. E olhem que ele falava sério!

– Não dá para confiar em preferências individuais – assegurou a esposa. – Prefiro definir um valor nos códigos de conduta que oriento: R$100, por exemplo, como limite dos brindes.

Pedro voltou a duvidar:

– Uma empresa que eu conheço adotou a orientação da matriz americana, que aceitava até US$200.

– E eu conheço muita gente que entrega a mãe por R$200! – deixou escapar André.

Ficamos parados por um instante. André tentou minimizar a grosseria com caretas de desconforto, mas ninguém resistiu e explodimos numa grande gargalhada! O próprio professor mal segurava a barriga! Selma foi a única a sorrir discretamente. Logo depois, recomendou:

– Naturalmente, o valor deve ser adaptado à realidade de cada país. O importante é sempre se perguntar: o que será que os outros vão pensar? Será que alguém vai interpretar o presente como um aliciamento? Aconselho então: levem sempre em conta as suposições que os outros fazem. Lembrem do famoso mote da mulher de César...

Letícia compareceu no ato:

– "Não basta ser honesto, é preciso parecer honesto."

– Grande Letícia! – elogiou André, com voz de chacota.

Passando ao largo da alfinetada, Sálvio citou mais uma situação:

– Se dissermos que "Para agradecer o empenho de um funcionário público no andamento de um processo, é de bom tom convidá-lo a jantar num restaurante fino e ao final lhe entregar um mimo", a resposta torna-se absolutamente evidente, não é?

– Está na lei de improbidade administrativa – observei. – Ultrapassa o limite aceitável. É uma prática parcial: estamos subornando quem pode eventualmente nos favorecer.

– Ou de quem já nos beneficiou – especificou Luisa com propriedade.

Concordei na hora com ela, enquanto o professor desfechou:

– "Desde que haja análise prévia e autorização formal dada pela diretoria, é possível manter interesses em empresas fornecedoras, seja diretamente seja através de membros próximos da família. Mesmo assim, o colaborador deve abster-se de influenciar qualquer negócio que envolva essas empresas."

– "Razão ética", meu caro professor! – brincou Letícia.

– E por quê?

A colega hesitou um instante e depois disparou:

– Porque os interesses pessoais foram revelados e a diretoria se posicionou a respeito; porque a transparência confere sustentação ética, principalmente se houver o cuidado de a pessoa se declarar impedida de interferir nos assuntos que envolvam o fornecedor. Prática altruísta estrita.

– Cartesiana, minha cara Letícia! – devolveu Sálvio.

Letícia mexeu ironicamente a sobrancelha em direção a André, como se lhe dissesse: "Está vendo? Está gozando a pessoa errada!"

Selma não arrefeceu e trouxe outra situação controversa:

– "Para atingir as metas, que são desafiadoras, é preciso empenhar-se a fundo, mas também cabe contornar as normas que atrapalham, ao colocar em risco o desempenho do pessoal e, portanto, o próprio bônus."

– Bota "razão antiética" nisso! – julgou André. – Prática egoísta ou parcial, dependendo dos personagens envolvidos, um sujeito ou vários sujeitos.

O pessoal sorriu com indulgência. Eu decidi cutucar nosso mestre, uma vez que ele dirige os controles internos de nossa empresa:

– É questão-chave da área de *compliance*...

Selma reagiu como se eu estivesse fazendo chiste:

– Há clara relação, sim! Enquanto as políticas e os procedimentos estiverem em vigor, eles devem ser seguidos. Se alguma norma ficar obsoleta em função de nova regulamentação ou porque não atende a novas demandas, é preciso...

– Botar a boca no trombone! – concluí. – E não dar um jeitinho por conta própria!

Minha resposta restabeleceu a paz. Afinal, eu havia apenas repetido um pensamento que a consultora formulou no dia anterior. Meu tom devia tê-la induzido a erro. O professor alertou:

– *Compliance* não se resume a controlar a docilidade dos funcionários ou sua disposição em se conformar. A meu ver, o trabalho consiste em convencê-los que os regulamentos fazem sentido. E para que isso? Para obter sua adesão. Esse é o segredo.

A esposa reforçou:

– A chave está em comprometer os funcionários. Quem cumpre as normas de forma mecânica fica à mercê do canto das sereias...

– Aí a empresa tem de dispor de controles que custam caro – completou Sálvio. – Agora, quando alguém "compra" as orientações da casa, a qualidade das condutas melhora substancialmente. E sabem por quê? Porque as diretrizes ganham legitimidade.

Estávamos na seara do mestre; por isso preferimos aguardar respeitosamente novas explicações. Selma, no entanto, declarou:

– Quando os funcionários acatam as normas pura e simplesmente, agem por medo das sanções, cumprem deveres de forma compulsória. Nesse caso, quais riscos a empresa corre? Alimentar a má vontade do pessoal, sofrer resistências surdas ou até retaliações por falta de entendimento das diretivas. Todavia, quando os funcionários compreendem a validade das normas e se conscientizam de sua relevância, a adesão fica indolor e a obediência, voluntária. Isso dispensa praticamente a vigilância externa. Nessa altura, quais os ganhos da empresa? Ela reduz os controles, minimiza as oposições, principalmente as subterrâneas, e alcança resultados qualitativamente superiores. – Percorreu nossos rostos para se certificar de que estávamos todos acompanhando. – O que garante esse salto para a frente? O consentimento, a introjeção de valores, a aceitação das orientações.

– Vou lhes dar uma pista – desdobrou Sálvio. – Basta um teste para ver se os funcionários concordam com as orientações da empresa. Se não houver vigilância externa, se não existirem controles, o que fariam? Observariam as normas ou será que "aprontariam"? Vamos pegar um exemplo a esmo. Por que muitos motoristas não rodam no acostamento quando as estradas estão cheias? Boa parte deles diz que não quer ser multada nem quer perder pontos na carteira. Conclusão: é gente que receia sofrer sanções negativas; gente que "cumpre", mas "não compra" a norma. Em contrapartida, outra parte não roda no acostamento, mesmo sabendo que não há guardas rodoviários por perto. Por que será? Porque sabe que o acostamento é feito para emergências (ambulâncias, bombeiros, carros da polícia, veículos quebrados, guinchos). Nova conclusão: é gente que conhece o custo coletivo da transgressão e, por isso, é previdente; gente que "compra" a restrição para evitar um dano potencial aos outros; gente que age por convicção ou responsabilidade. Em suma, mesmo quando livre do olhar dos outros, ter consciência moral significa agir sempre de forma consequente.

A explicação calou fundo em nós. Percebemos a diferença entre *acatar* as normas e *aderir* às normas; entre cumprir regras por medo das sanções e praticá-las por compreender a razão de sua existência; entre obrigar-se a fazer algo diante dos riscos de transgressão e dispor-se a fazer algo diante dos benefícios comuns; entre a obediência compulsória e a obediência voluntária. Pelo visto, nossos anfitriões davam grande importância a essas orientações e nós, encastelados atrás de nossa superficialidade retórica, tão distantes delas... Disfarçando meu mal-estar, dei uma ilustração num outro registro:

– É o caso dos óculos para guiar: você os usa para ver, não por medo da multa!

– Ou, como diria Guimarães Rosa – comentou André –, "Sapo não pula por boniteza, mas por precisão".

– Vocês dois são demais! – aplaudiu a consultora, dando um suspiro de admiração.

Mal ela sabia...! Ou será que o casal usava a técnica dos reforços positivos à maneira de Skinner para nos mostrar o caminho das pedras? Afinal, Sálvio dissera que sua esposa era behaviorista! Queriam que aprendêssemos à base do condicionamento operante! Tentavam modificar nossa conduta com recompensas simbólicas! Fiquei aturdido.

Enquanto isso, Sálvio retomou a palavra:

– Quero lembrar as compras que muita gente faz em barracas de camelôs. Leo e Pedro já levantaram a lebre há pouco. É indiscutível que a conduta dos compradores é oportunista; é um pessoal que não leva em conta os prejuízos que provoca. Alega a vantagem irresistível do preço baixo. Ora, ninguém nega os preços imbatíveis desses produtos! Mas qual é o custo social dessa imprevidência? Os compradores são aproveitadores que não se importam com a concorrência desleal feita aos comerciantes que pagam religiosamente seus impostos; não dão a mínima para a péssima qualidade do produto comprado nem para a falta de assistência técnica; não querem saber quantos empregos formais são eliminados nem quantos funcionários públicos são corrompidos; lixam-se literalmente para a sonegação dos tributos e os recursos que faltarão para investimento em infraestrutura e programas sociais; não ligam para as críticas que o Brasil sofre por não proteger adequadamente os direitos de propriedade intelectual. E assim por diante...

Os malefícios nos impressionaram. Pedro não se conteve:

– Os empreiteiros de obras públicas conhecem bem essa história...

O mestre lançou um olhar penetrante ao colega, mas depois de hesitar um segundo preferiu perseverar:

– Vamos pensar agora nas pessoas que nada adquirem de camelôs. Por que será que não o fazem? Duas razões as motivam. A primeira é que não querem ser enganadas; afinal de contas, o produto não é confiável nem oferece garantias. Nesse caso, cumprem uma restrição, mas não a "compram". Por quê? Se vierem a saber que o produto não é defeituoso, será que não fraquejariam? A segunda razão é que não o adquirem, mesmo que o produto seja confiável, porque têm consciência dos danos que os camelôs geram. Nesse segundo caso, agem como cidadãos responsáveis que "compram" a restrição, transcendem o mero cumprimento das normas.

O professor tomou um longo fôlego e nos desafiou com o fecho.

– Isso faz parte do que chamo inteligência ética, uma espécie de radar com várias habilidades de discernimento: detectar os fenômenos morais; dispor de diretrizes éticas fundamentadas; analisar os eventuais desvios e suas implicações; estabelecer mecanismos de controle; e, naturalmente, corrigir as práticas em curso.

Achamos muito sugestiva a imagem. E, sem perder o embalo, Selma deslindou:

– Isso se assemelha ao olhar seletivo que muitos profissionais desenvolvem por dever de ofício. Os médicos, por exemplo, têm um olhar clínico quando observam seus pacientes; os policiais têm um olhar investigativo quando patrulham as ruas à espreita de eventos suspeitos; os cientistas têm um olhar crítico quando rastreiam evidências na observação dos fenômenos reais. Nessa linha, os gestores, os auditores, os oficiais de controles internos ou quaisquer outros colaboradores poderiam desenvolver um olhar ético ao analisar as ações e as decisões tomadas no dia-a-dia das empresas. Ele serviria para três propósitos em particular: prevenir os riscos que ameaçam o negócio, sobretudo o risco de reputação; afastar os danos possíveis aos ativos da empresa, tangíveis e intangíveis; e controlar os abusos que poderiam reduzir o valor do negócio ou inviabilizá-lo.

– Tarefa insana, vocês dirão – anotou Sálvio ao menear a cabeça.
– Mas tarefa indispensável, notem bem. Preservar a reputação corporativa é um trabalho coletivo.

Percebemos o quão extenso, delicado e estratégico era o trabalho do professor. Então, pensei: o que será que espera de nós? Sálvio continuou em sua toada como se estivesse refletindo em voz alta:

– A inteligência ética da auditoria interna, por exemplo, torna transparentes as prestações de contas, encoraja o pessoal a lançar mão das melhores práticas de gestão, ajuda os investidores a responder à questão-chave: essa empresa é uma boa aposta para o futuro? – Fez uma pausa e nos fitou demoradamente. – Entenderam?

Não sabíamos bem aonde a conversa iria desembocar e, por isso, preferimos não opinar. A esposa atiçou nossa curiosidade:

– Vamos lhes dizer francamente o que acontece.

O mestre apenas sorriu:

– Não vamos fazer mistério. Nossa companhia precisa de gente que se engaje. Não queremos apenas quem "veste a camisa"; só isso não basta! Vamos criar uma área crítica, uma espécie de "sala de situação", com funcionários que tenham visão prospectiva e captem tendências latentes. Vamos redefinir os parâmetros morais que pautam o negócio. Soa ambicioso? – Ficamos inquietos com a proposta. – Explico melhor. Atualmente, a cultura de performance de nossa companhia exige um estilo gerencial voltado para a eficácia, a produtividade, a rentabilidade, o corte de custos, a conformidade aos prazos... E tudo isso em níveis crescentes! Em tese, nada contra. Estamos ganhando dinheiro e isso agrada aos acionistas. Contudo, há dois graves senões: é um estilo que visa resultados imediatos e menospreza os meios necessários para atingi-los. Aí o carro pega! Nossos homens de proa são assim... – Pensou um instante e depois falou sem dourar a pílula: – Executivos tenazes, realizadores, mas, como dizer... exibicionistas e um tanto quanto onipotentes. Em resumo, megalomaníacos!

Trocamos olhares carregados de significados. Sálvio destampou a caixa de Pandora:

– Essa forma de gerir não serve mais: vamos riscá-la do mapa! Não deixaremos de perseguir resultados, claro! Mas não à custa daquilo que atravanca o caminho... Quem, por exemplo? As pessoas. E o que, por exemplo? Os princípios. O fato é que nossos gestores muitas vezes atropelam o que vem pela frente! E, quando encurralados, culpam as metas ambiciosas... O curioso é que sempre dão um jeito para superá-las! Como conseguem a proeza? Simples: não medem consequências nem se importam com os danos que causam. Ora, esses males são evitáveis!

Ficamos assustados. O que ouvimos não era apenas um desabafo, era uma declaração de guerra! Mas quem iria liderar a cruzada? Selma dirimiu a dúvida com uma ponta de orgulho:

– O presidente incumbiu Sálvio de desencadear o processo sob a orientação dos sócios americanos!

O professor explicitou ainda mais:

– Os tempos mudaram. Não se assegura a continuidade de um negócio apenas mantendo as mãos firmes no leme. É preciso vigiar a direção dos ventos, dar as guinadas certas. Queremos uma empresa sustentável, não apenas sólida, mas vigorosa e dinâmica o bastante para ser perene! – Prendemos a respiração. – Vamos reformular as práticas, está decidido. Vamos enterrar o estilo sargentão. Para tanto, precisamos de pessoas que consigam ouvir umas às outras, que saibam trabalhar juntas. Queremos gestores que tenham uma visão ampla, percebam o peso dos públicos de interesse, sejam movidos por metas e por prêmios de longo prazo (nada de imediatismo míope). Vamos dar oportunidade a quem quiser discordar e vamos convencer os cabeças-duras. Depois de um tempo, quem não se enquadrar, paciência, não seremos complacentes!

Foi o momento mais grave de nossas conversas. Somente agora a agenda de nossa estada em Itu ficou clara. Num fôlego só, Sálvio elucidou a trama:

– Para seu conhecimento, devo informar a vocês que serei seu novo mentor! – Uma lufada de ar fresco oxigenou a sala... – Vou prepará-los para enfrentar os obstáculos que terão pela frente; vou lhes mostrar como afinar a viola... Vocês vão adquirir habilidades políticas para lidar com pressões e detectar intrigas.

Nossas faces estampavam um misto de espanto e de perplexidade. O professor continuava muito compenetrado.

– Vocês terão cacife para propor mudanças sem medo das represálias. E não ficarão sozinhos, porque há todo um pessoal sendo preparado. Gente que não vai ser temida, mas admirada; gente que terá ascendência sobre os outros pela competência profissional. Fazendo o quê? Respeitando as necessidades das pessoas; escutando e dialogando; assumindo riscos sem temor; ousando errar e tendo a humildade de admitir o erro. Em resumo, sendo líderes, não chefes; pessoas com consciência crítica que façam a diferença!

A proposta nos intimidou. Quando meses atrás mapeamos os vários grupos de poder da companhia, olhamos pelo retrovisor: nós nos miramos em quem estava no topo da hierarquia e imaginamos fazer uma carreira fulgurante em que os resultados fossem tudo, não os métodos. O discurso, agora, era radicalmente outro. O professor queria que nós fôssemos o quê? Uma polícia dos costumes, os promotores da governança corporativa, as cobaias de um projeto pioneiro? Quer reposicionar a empresa em termos de competição internacional pela via da inteligência ética? Loucura!

Selma percebeu nossa inquietude e, em vez de aclarar as expectativas, nos confundiu mais ainda:

– Trabalharemos juntos, fiquem tranquilos. – Fixou um olhar amigo sobre cada um de nós. – Não acham o desafio fascinante?

O que podíamos dizer? Falei com humildade:

– Temos tanto a aprender...

Letícia formulou melhor a ansiedade que tomou conta de nós:

– O problema é menos de conhecimento e mais de vivência, não acham?

– Sem dúvida, Letícia – concordou a consultora. – Sabemos que vocês estão tomando pé na organização.

Emendei:

– Mais do que isso: no mundo!

– Essa falta de contaminação é boa: vocês não têm os hábitos da velha guarda, não são cúmplices de ninguém... As lealdades pessoais amarram muito, sabiam?

– Vamos redesenhar a companhia! – afirmou o professor com certo arrebatamento. – E temos certeza de que vocês serão úteis.

A esposa sugeriu então:

– Que tal deixar vocês à vontade até a hora do jantar?

Os últimos raios alaranjados do crepúsculo já haviam desaparecido no horizonte. Acenamos com a cabeça sem muito pensar. Diante da apreensão que tomou conta de nós, a pausa era bem-vinda.

– Ótimo! – congratulou-se Sálvio.

– Sabem o que teremos no jantar? – provocou a anfitriã. Pedro se ouriçou, no aguardo da deixa. – Pizza! Vocês gostam?

Saudamos a novidade em coro, embora de forma tímida: tínhamos mais coisas com que nos preocupar! Selma informou:

– O caseiro está pondo lenha no forno; não vai demorar. Depois, vamos assistir a um filme. O que acham da ideia?

Batemos palmas. O casal se retirou e nós fomos para a beira da piscina iluminada. Sentamos em semicírculo. O céu estava pontilhado de estrelas, coisa que a poluição inviabiliza em São Paulo. A brisa que soprava recendia a jasmim. Não trocamos uma única palavra; a conversa já havia sido bastante explícita. Os monstros que dormitavam em cada um de nós foram invocados. Ficamos calados até que nossos medos aflorassem. Seríamos maduros o bastante para uma empreitada dessas? Teríamos condições de enfrentar as feras que infestam a companhia? De onde tirar a maturidade necessária para cumprir o que esperam de nós? Em sã consciência, não era muita areia para nossos caminhões? O balão de gás de nossa onipotência não iria furar no primeiro teste de realidade? O momento era decisivo e impunha que a gente se repensasse sem autoindulgência.

André abordou o assunto com boa dose de pragmatismo:

– Cabeça fria e pés no chão, pessoal. Vamos pensar: se não toparmos, viraremos barnabés, uns zumbis com gravata e tudo. Agora, se toparmos, os horizontes não têm fim, não é mesmo? O desafio vale uma missa ou não? – Ele se levantou para enfatizar as palavras: – Só que esse troço não é brincadeira, é vida real! Não dá para fazer de conta que está tudo bem da boca para fora. Vamos ter de mudar nosso jeito de "não-me-toques", jogar limpo, baixar a crista... É compromisso para valer! – Ele nos fitou com olhos incendiados. – Chegou a hora da verdade. Alguém se habilita? Quem quiser pular fora, que o faça já! É pegar o boné e sumir! Sem comprometer a turma, está certo?

Ficamos impressionados com a contundência dele. Então, eu me manifestei:

– Para mim, o jogo está feito. – O pessoal ficou indeciso quanto à minha posição: eu estava a favor ou contra? Dirimi a dúvida sem pressa: – Prefiro esse caminho a qualquer outro. Mesmo que eu deva me reinventar...

– Qual caminho? – instou André.

– Não sou burocrata nem yuppy. Gostei da proposta. Vou topar!

Sem hesitação, Luisa justificou a adesão:

– A causa é boa, vale a pena! – Aguardou que alguém falasse e completou: – Dá para fazer coisas maravilhosas!

Letícia então se juntou ao coro:

– Sempre sonhei em fazer diferença. Estou nessa!

Sem nada dizer, Pedro ergueu seu corpanzil e bateu palmas. Elas vieram fortes, crescentes, e soaram esquisitas à beira da piscina. Então tivemos um movimento espontâneo de confraternização: nós nos levantamos de uma vez só e trocamos múltiplos abraços, como as equipes de vôlei costumam fazer. Logo depois gritamos nosso lema a plenos pulmões:

– Ninguém segura! Ninguém segura! Ninguém segura!

Uma imensa alegria tomou conta de nós. Os olhos de Letícia, nossa deusa grega, ficaram úmidos. Luisa então a envolveu com os braços e deu-lhe um beijo no rosto. Sussurrou:

– Sempre juntas! Sempre! – E voltando-se para nós, em voz alta: – Estamos juntos, não é gente? E vamos fazer diferença?

Soltamos um estrondoso: "É!" Parecíamos crianças no pátio da escola. Foi quando a cozinheira nos chamou para sentar à mesa da churrasqueira. Sálvio e Selma ainda não haviam chegado, mas o caseiro já estava assando duas pizzas de tamanho grande. A cozinheira voltou para preparar outra massa. Pelo visto, teríamos mais um festival gastronômico. Quando o anfitrião chegou com a esposa, ele segurava três cervejas artesanais e ela portava uma bandeja com canecas geladas. Anunciou:

– Para comemorar, trago uma surpresa: é uma cerveja especial, coisa de monge medieval, lá da Bélgica.

Ele destampou as garrafas e nos serviu com jatos compridos que formaram um largo colarinho branco. Era uma cerveja encorpada, com cheiro frutado e espuma cremosa. Instruiu:

– Para degustar, sintam o aroma da bebida antes. Se quiserem, girem algumas vezes o copo para que a cerveja respire e libere o odor natural. Depois bebam em pequenos goles, é a melhor maneira de saborear a bebida. Deixem o líquido fluir sobre a língua até o céu da boca e absorvam um pouco de ar. Vocês vão ver como a cerveja se abre completamente...

O homem era uma enciclopédia viva. Nada dissemos, mas seguimos religiosamente as instruções. De fato, as dicas funcionaram! Logo depois, as pizzas foram servidas em sequência, coisa de profissional: massa fina, massa grossa, bordas recheadas de catupiry. Degustamos todas elas: mozzarela, margherita, quattro formaggi, napoletana e calabrese – tudo assim mesmo, em italiano! O casal de pizzaiolos era realmente primoroso.

Pedro se fartou de tanto comer e riu um bocado. Aliás, todos nós estávamos leves e bem-dispostos. A conversa se cingiu a amenidades. Como sobremesa, tivemos manga com sorvete (havia vários sabores), bananas flambadas e um delicioso pudim de caramelo.

Acabado o jantar, fomos assistir ao filme prometido. Era uma película de 1991, baseada numa peça de Jerry Sterner e dirigida por Norma Jewison – *Other People's Money* (Com o dinheiro dos outros). Vimos o duelo entre duas personalidades diametralmente opostas, duas figuras que encarnavam de forma paradigmática épocas diferentes. De um lado, o industrial benevolente, um humanista preocupado com os funcionários e com a comunidade local, herdeiro de um negócio fundado há 81 anos pelo próprio pai. De outro, o financista de Wall Street, calculista, ganancioso e egocêntrico.

Terminada a projeção, Selma se levantou e perguntou:

– Gostaram? – Nem tivemos tempo de responder e ela se despediu com voz amiga: – Boa-noite! Amanhã conversaremos. É nosso último dia, não é?

O professor sorriu para nós e a seguiu. Levantamos lentamente e fomos dormir. O filme aparentemente não iria perturbar nosso sono. Contudo, pensando bem, o que esse confronto entre o dono de uma fábrica de fios e cabos que as novas tecnologias tornaram obsoleta e um mago das aquisições hostis tinha a ver com nossas conversas? O mistério seria desvendado no dia seguinte.

15. A ambivalência

Perde-se o Brasil porque alguns ministros de Sua Majestade não vêm cá buscar nosso bem. Vêm cá buscar nossos bens.

PADRE ANTÔNIO VIEIRA

Acordamos às 8:00 com o pio insistente de pássaros que saltitavam à janela de nosso quarto. Abri as cortinas e, em meu horizonte de visão, deleitei-me com os longos cachos de flores amarelo-douradas de uma chuva-de-ouro que dois soberbos flamboyants vermelhos flanqueavam. Meus colegas pediram para que eu me apressasse, porque o café-da-manhã era religiosamente servido às 8:30. Relutante, deixei a paisagem de lado e prometi a mim mesmo que um dia comprarei uma casa no interior em meio à natureza. Procurei fazer minha higiene pessoal o mais rapidamente possível.

O desjejum aconteceu novamente ao ar livre, na área da churrasqueira, e mais uma vez foi um festim para o paladar e o olfato. Além da costumeira cesta de pães, o café com leite, o sortimento de queijos, os sucos naturais à escolha, as frutas, os iogurtes e os cereais, o casal nos brindou com omeletes preparadas ao gosto de cada um. Os ingredientes estavam à vista de todos (queijo branco e amarelo, mozarela, peito de peru, tomate, cebola, variadas ervas e cogumelos) e pedíamos diretamente à cozinheira a composição preferida.

Uma vez instalados, nossa anfitriã falou, sorridente:

– Vocês já conhecem a rotina: podem se servir e comer enquanto falamos, não é?

Não foi preciso insistir pela segunda vez; nós nos levantamos e seguimos o ritual.

— Que tal abordarmos as morais brasileiras? Belíssimo gancho para entender o contexto empresarial e tema imprescindível nessa discussão toda.

André captou a mensagem no ar e soltou:

— Vamos desenterrar esqueletos...

— Para começar, é bom saber que as morais são sistemas de normas que pautam as condutas dos agentes e que seu escopo tem diferentes abrangências. Por exemplo, qual moral uma organização com porte e tradição adota? De um lado, há o discurso da direção, as diretrizes enunciadas e as declarações de princípio; de outro, há o que se pratica de fato. Ao longo do tempo, a combinação entre o que se diz e o que se faz molda a percepção dos públicos de interesse. Dois fatores então operam: as normas da organização, escritas ou implícitas, que prescrevem o que é certo ou errado fazer; e as atividades concretas, sejam elas ou não avalizadas pela direção, que conferem vida às opções morais.

— O resultado — completou Sálvio — é a moral *organizacional* de uma organização determinada, aquilo que os membros seguem efetivamente.

Deu um tempo, enquanto nos observava circulando entre o balcão em que nos servíamos e a grande mesa em que comíamos.

— Na dupla composição descrita por Selma, qual é a parte mais preciosa? As práticas, não as falas; o que é feito habitualmente, não as exortações, as aspirações solenes ou as regras. Adivinharam por quê? Porque a retórica não coincide necessariamente com os comportamentos reais. Ou melhor, os atos vivem se descolando da carta de intenções...

Isso era tão evidente para nós que ninguém se manifestou.

— Se formos estudar um setor social qualquer — encadeou a esposa —, a abrangência será muitíssimo maior, é claro, porque ultrapassaremos de longe as fronteiras de uma única organização. Imaginemos, por exemplo, o setor empresarial, a magistratura, o terceiro setor, a categoria médica, a área sindical ou o mundo político. Em cada caso, envolveremos milhares de organizações e dezenas ou centenas de milhares de pessoas. Que nível de abrangência é esse? — Ela mesma definiu: — *Setorial*.

O professor então adiantou:

— Agora, se quisermos abordar uma coletividade inclusiva (o Brasil como um todo, por exemplo), falaremos de moral *geral*. Conclusão: a extensão e os limites da coletividade demarcam o objeto de estudo; este pode ser organizacional, setorial ou geral. Por razões práticas ou por falta de investigações empíricas, os estudos das morais costumam privilegiar os códigos escritos, o que está expressamente formulado, ainda que observem condutas concretas. Nós faremos o mesmo, mas reforçaremos a análise das condutas como forma de validação.

Logo em seguida, Selma fez um comentário decisivo:

– É impossível pensar em moral brasileira sem sublinhar um fato interessantíssimo. Trata-se de uma dubiedade congênita. Os países latinos se particularizam pela ambivalência, por um padrão bipolar, pela coexistência conflituosa entre duas morais gerais. Numa ponta, há a moral oficial e pública, a moral reconhecida; noutra ponta, a moral oficiosa e clandestina, a moral que caminha nas sombras. Em conversa anterior, já nos referimos a essa duplicidade moral e deixamos a questão em suspenso.

– Dissemos também – lembrou Sálvio – que as transgressões morais são universais, e não uma exclusividade latina.

Ficamos na expectativa do desdobramento que viria. E, como boa antropóloga, nossa anfitriã se prontificou a esclarecer o assunto:

– À diferença de outros povos, os latinos mantêm como segredo de Polichinelo um código paralelo ao oficial, um conjunto de normas que permeia o cotidiano de forma sub-reptícia. Tudo ocorre em surdina, não abertamente. São postos em prática ensinamentos comezinhos, clichês, provérbios, todos animados por um espírito trapaceiro. Cito um ditado calabrês que dá o tom: "Quem age direito morre miserável." – Levantou as sobrancelhas e sacudiu duas vezes a cabeça, como se dissesse "não percam isso de vista; é uma pista fundamental". – De maneira que as posturas interesseiras contaminam todas as relações. Querem ver? Se você piratear um software ou usar um recibo frio em sua declaração de rendimentos, seu círculo íntimo não vai tachá-lo de mau-caráter, não vai repudiá-lo, ao contrário, o pessoal lhe dará cobertura e você desfrutará da "solidariedade no pecado". Afinal, o que você fez de tão terrível? Defendeu-se contra preços ou impostos abusivos, lançou mão de expedientes comuns. Dito de outra forma, os amigos nos proporcionam uma zona de conforto, um "colchão emocional". E com base em que código? O código oficioso, as normas difundidas à boca pequena, nossa segunda moral; os amigos se valem da moral do oportunismo, cuja regra maior é a esperteza, a cultura do trambique.

O marido parabenizou a esposa com um largo sorriso e lembrou em seguida:

– Ficamos de abordar as razões históricas dessa dupla moral, não é mesmo?

– Sim – confirmou Selma. – E vamos dar destaque a dois fatores. – Acenou para Sálvio e falou: – Comece você.

Ele assentiu:

– A primeira razão de nossa ambiguidade moral tem a ver com a influência da doutrina católica, cujos princípios foram forjados ao longo do tempo, apesar de idas e vindas.

A esposa exemplificou:

– É o caso do aborto que, embora fosse aceito pela Igreja até 1869, foi proibido definitivamente pelo papa Pio IX. E é também o caso do celibato sacerdotal, que tomou corpo lentamente e acabou institucionalizado em 1123 pelo papa Calixto 2º, no Concílio de Latrão. São flutuações no rol das convicções que acabaram superadas.

– Com o tempo – insistiu o professor –, foram estabelecidos eixos que se tornaram verdades inquestionáveis: o monoteísmo, a crença na vida após a morte, Jesus cultuado como messias e salvador do mundo e, o que mais interessa agora, a opção preferencial pelos pobres. De fato, a doutrina adota uma posição crítica frente à riqueza. Vejam: dentre os sete pecados capitais, a avareza é metodicamente estigmatizada. E como esquecer São Lucas, que anunciou aos pobres sua bem-aventurança e lhes prometeu o reino dos céus? A doutrina ensina que as posses materiais se destinam ao bem da comunidade e não só à fruição pessoal; condena o empréstimo a juros como ato de usura; declara ilegítimo o comércio que não respeita o "justo preço", ou seja, que cobra mais do que o custo do produto. Em suma, a acumulação de riquezas é fortemente reprovada.

A consultora citou um dito famoso:

– É mais fácil um camelo entrar pelo buraco da agulha do que um rico entrar no reino dos céus!

– Eta, camelo mágico! – exclamou Pedro.

Luisa não perdeu a oportunidade para mostrar que sabia do que se tratava:

– Está de brincadeira, não é? Você não acha que é um camelo de verdade? – Pedro franziu a testa: deixou transparecer pelo olhar perdido que não sabia que a acepção era outra. – Na época de Jesus, muito do material que se utilizava como linha era feito com pelos de camelo. A palavra então designava tanto o animal quanto a linha!

Luisa já não nos surpreendia com seu conhecimento de minúcias. Mesmo assim, mereceu um olhar de admiração.

— Estão me encarando por quê? Tive aulas de catecismo!

Deu-me vontade de rir da ingenuidade de Pedro, mas me abstive, com receio de ser mal interpretado: Luisa podia pensar que eu estava zombando de sua devoção. Letícia então informou:

— Uma pesquisa de opinião pública feita pelo Instituto Vox Populi em 2005, e que versou sobre a missão das empresas, confirma a influência católica no imaginário brasileiro: 93% dos respondentes (primeiríssimo lugar!) disseram que a missão era "gerar empregos"; 60% cravaram "ajudar a desenvolver o país" (imaginem!).

— Até parece que a população é de esquerda! – gracejou André.

— Não há por que estranhar – observou nosso mestre. – A opção pelos pobres influenciou várias ideologias e moldou a concepção latina do capitalismo.

— O mais sensacional foi o último lugar – observou Letícia. – Apenas 10% elegeram o lucro como a missão das empresas!

— No extremo oposto dos norte-americanos! – comentou Pedro. – Lá, o maior desejo é ficar rico!

O professor expressou sua satisfação:

— Intervenções felizes, gente. Dedução: o lucro provoca mal-estar no Brasil, envergonha. Isso decorre da concepção doutrinária que santifica a pobreza e guerreia a riqueza, prega o desapego aos bens materiais e, ao mesmo tempo, exalta os bens espirituais.

Como bom protestante, Pedro mantinha um sorriso crítico. Sálvio deu-se conta e procurou rapidamente remediar:

— A inconsistência vem agora. Em dissonância com as declarações de princípio, a Igreja da Baixa Idade Média europeia ficou opulenta. É um contra-senso, não é? O aparelho clerical chegou a possuir um terço das terras aráveis e a Igreja se converteu na maior senhora feudal da época!

— Como aconteceu? – averiguou Pedro.

— Boa pergunta! – felicitou Selma. – A Igreja ocupava posição estratégica e desempenhava funções cruciais naquele período.

Achei o fato tão óbvio que enunciei:

— Regia o pensamento, fazia parte da ordem dominante, queimava os ímpios! – Luisa virou o rosto, incomodada. Eu prossegui: – Por exemplo, o relógio só foi difundido no século XIV; somente então a nova noção de tempo se consolidou. Sabem por quê? O segredo de sua mecânica foi guardado a quatro chaves pela Igreja, pois ela preferia regular a vida das comunidades com o sino dos campanários!

A consultora intercedeu:

– Eu não estava me referindo à hegemonia exercida... Eu queria sublinhar outro aspecto. – Fiquei um pouco desnorteado. Ela engatou nova marcha: – Historicamente, a Igreja funcionava como uma espécie de gigantesco ministério de assistência social: cuidava dos doentes, da educação dos fiéis, das pessoas necessitadas, das crianças desamparadas. Mas como financiar tantas obras pias? O dízimo não dava conta das obrigações assumidas. Foi preciso recorrer às doações. Muitos fiéis na hora da morte destinavam parte de seu patrimônio, ou todo ele, às boas causas. Ocorre que os bens não foram necessariamente aplicados em obras pias...

Indaguei:

– E as indulgências, uma das razões da Reforma Protestante?

Ela revidou:

– Eu ia chegar lá.

– Me desculpe!

– Não, foi bom você lembrar. – Refletiu um instante. – Todo mundo sabe que os sacerdotes católicos podem absolver os pecados no sacramento da confissão. Mas a remissão não é concedida graciosamente. Ela depende do arrependimento dos fiéis pelos erros cometidos e das penitências que devem ser expiadas. Em contrapartida, de onde se extraíam as redenções que seriam dispensadas a quem havia cometido pecados graves? Ou melhor, o que lastreava as indulgências? O inestimável tesouro dos méritos de Cristo e dos santos.

Provoquei:

– É por isso que as indulgências eram vendidas!

– Claro, era uma troca entre um passivo (os pecados cometidos) e um ativo (os méritos sagrados) – respondeu Selma com calma. – Só que a questão não está no fato de cobrar isso ou aquilo, porque toda falta se expia por meio de algum tipo de penalidade. A questão está nos eventuais abusos. Afinal, os recursos se destinavam a custear obras de piedade e caridade. Infelizmente, acontece que...

Fez um gesto, como se lastimasse o rumo que as coisas tomaram. André não aguentou:

– Não há virtude que resista às tentações terrenas!

Houve um ou outro sorriso comedido. Nossa anfitriã tomava enorme cuidado para não ferir suscetibilidades. Sabia que o terreno da fé é um campo minado.

— A Igreja enriqueceu muito — resumiu Sálvio, com a isenção de um cientista. — Não despendeu todos os recursos em obras de assistência e parte do clero passou a desfrutar de luxos que destoavam dos libelos contra a riqueza. O que se dizia nos púlpitos conflitava com uma indisfarçável ostentação. Catedrais magnificentes foram erguidas...

A esposa confirmou numa voz quase inaudível:

— Altares folheados em ouro, vestimentas ricamente adornadas, imagens esculpidas no marfim, crucifixos cravejados de pedras preciosas, cálices de prata, custódias de ouro para conservar as hóstias...

— Houve uma dissociação entre o que se pregava e o que se fazia às claras — escandiu o professor. — Criou-se um fosso entre o que a doutrina católica professava (riqueza posta no índex e pobreza enaltecida) e algumas práticas de exagerado apego aos bens materiais.

Deduzi no ato:

— Donde uma moralidade casuística!

Meus colegas voltaram para mim um olhar de interrogação.

— Ele tem razão — apoiou Sálvio. — A análise caso a caso prevaleceu em detrimento da coerência doutrinária. Deu ensejo a argumentações capciosas.

Pedro indagou:

— Será que essa incoerência ficou patente para todos?

— As pessoas mais lúcidas ficaram chocadas com o falso moralismo — explicou Selma. — As mais simples se deixaram levar.

Sálvio redirecionou pragmaticamente a conversa:

— A dissociação entre discurso e ato não é incomum em grande parte das culturas contemporâneas, católicas ou não. É quase regra dentro das organizações. Entretanto, de tão escancarada, a situação dos países latinos se tornou paradigmática. Proclamamos uma moral pública tão retoricamente perfeita que até as pessoas mais piedosas se sentem pecaminosas...

Ficamos calados por um bom tempo, assimilando as informações. O professor se certificou de que estávamos seguindo o raciocínio e prosseguiu:

— Há outro fator entre outros que também determinou nossa ambivalência moral. Trata-se da voracidade tributária das metrópoles. Durante séculos, tivemos Estados fiscalistas cujas regulamentações burocráticas foram absolutamente sufocantes.

— Não desmerecemos a tradição, não é? — caçoou André.

— Não mesmo! – confirmou a consultora. – Vocês têm ideia de quanto era o tributo devido à Coroa lusitana quando um navio entrava em águas brasileiras? – Esperou um segundo. – Chegava a 60% do valor da carga!

— E vocês sabem o que resultou disso? – indagou o marido.

Pedro se antecipou a qualquer um de nós:

— Rebeliões coloniais contra o fiscalismo régio!

Letícia o acompanhou:

— Sonegação fiscal, contrabando e desrespeito à lei!

— Gols de placa! – elogiou Sálvio. – Quatro vezes sim! E quais foram os corolários? A desobediência civil e o alto nível de impunidade.

Deixei escapar:

— Evidentemente! Os abusos eram cometidos por quem tinha riqueza e poder! Justamente por aqueles que deviam zelar pelo cumprimento da lei! – Aguardei um pouco e emendei: – Pela aristocracia rural colonial e, depois, pelas oligarquias imperiais e republicanas.

A anfitriã nos trouxe mais uma curiosidade:

— O Brasil se converteu em plataforma do contrabando internacional no hemisfério sul.

— Que bela expertise, hem! – zombou André. – Com uma herança dessas, não há quem possa!

Luisa decidiu averiguar:

— O sistema de colonização não foi relevante nisso tudo?

— Sem dúvida – apoiou o professor. – Com exceção do Sul do Brasil, adotamos o sistema de exploração.

E nossa colega, como se tivesse sido inquirida, foi logo delineando as linhas mestras:

— Grande propriedade fundiária, monocultura, trabalho compulsório (escravo ou dependente), economia exportadora e extrovertida.

A cada característica, Sálvio meneava levemente a cabeça, até que finalmente acrescentou:

— Vocês sabem que o Sul dos Estados Unidos também foi colonizado pelo sistema de exploração, não é? Diferentemente do Norte, que utilizou a colonização de povoamento.

— Situações invertidas! – ecoou Luisa, muito segura de si. – O nosso Norte é o irmão gêmeo do Sul deles; nosso Sul reproduz os caracteres do Norte deles: pequena propriedade familiar, policultura, trabalho livre e economia voltada para o consumo interno.

Selma aproveitou para orientar nossa reflexão:

– Pensem nas implicações.

André deu uma resposta irrepreensível:

– O sistema de exploração abordou as terras ultramarinas como território de caça, fonte de enriquecimento fácil e rápido, terra de ninguém. Prevaleceu o vale-tudo! Os colonos amealharam o máximo possível de riquezas, não se importaram com os meios utilizados e sonharam em zarpar para a metrópole.

– É o chamado transoceanismo – esclareceu a consultora. – Tinham os pés no Novo Mundo e a cabeça no além-mar. Foi um jeito diferente de "fazer a América". Não criaram raízes, conquistaram; não produziram o próprio sustento, saquearam. Agiram como desbravadores, aventureiros, aves de rapina.

Sálvio revezou:

– É o extremo oposto do sistema de povoamento. Neste, os expatriados se tornaram pioneiros: migraram com armas e bagagens, com famílias e pertences; romperam os laços com os países de origem; não se iludiram com o retorno à terra natal; estabeleceram um novo lar. Nesses ermos desconhecidos, era vencer ou vencer com labuta e sacrifício!

Em nome da precisão histórica, fiz um reparo:

– Os emigrantes não podiam sonhar com a volta: eram fugitivos que haviam sofrido perseguições religiosas e políticas; gente que foi expropriada por proprietários fundiários e não tinha para onde ir... Não é isso, professor?

O mestre não refletiu muito para responder:

– Você está certo, Leo. Isso tudo condicionou seu espírito colonizador. E contrasta com o projeto bandeirante do Brasil. Quem migrou para cá foi movido pela ganância, praticou o saque, acostumou-se à devassidão. Resultados? Populações indígenas dizimadas, natureza dilapidada, hibridez moral.

Intervim novamente, repetindo coisas que eu dava em sala de aula:

– Salvo o extermínio dos índios, que ocorreu em todas as Américas, o tipo de colonização foi responsável pelas diferenças, e não o clima, as etnias, as religiões ou a herança cultural, como alguns intérpretes quiseram crer. – Ninguém desgostou do que eu disse e havia expectativa nos olhares. – O sistema de colonização de exploração foi utilizado por todos os impérios coloniais. Tanto ingleses como franceses e holandeses estabeleceram esse sistema nas Antilhas, nas Guianas ou no Sul dos atuais Estados Unidos. E os resultados foram os mesmos obtidos por portugueses ou espanhóis! Agora, quem implantou o sistema de povoamento no Sul do Brasil, no Uruguai, na Argentina e no Chile? Os próprios portugueses e espanhóis, ainda que mais tarde tenham se misturado com italianos, poloneses, alemães... Houve a reprodução do mesmo figurino existente no Norte da América! Daí para frente, outros azares interferiram e atrasaram o desenvolvimento dessas regiões, de maneira que as diferenças nada têm a ver com a origem dos colonizadores.

– Bem lembrado, Leo – elogiou Sálvio. – Ora, como isso contribuiu para nossa ambivalência moral? O sistema de colonização de exploração, com seu vale-tudo predatório e sua ânsia de enriquecimento rápido, se disfarçou de ação missionária (evangelizar os índios e civilizar os negros), numa clara dissociação entre as declarações públicas e os atos praticados. Diziam os povoadores do Brasil que estavam empenhados na empreitada em nome de Cristo. De fato, estavam empreendendo uma espoliação metódica e um massacre impiedoso. Não pensem, entretanto, que eram esquizofrênicos. Sabiam muito bem o que estavam fazendo e comentavam à socapa o quão lucrativo era o negócio.

Selma propôs:

– Chega de fundamentos históricos. Vamos direto à nossa dupla moral. Vou resumir, que tal?

O mestre incentivou:

– Faz muito bem.

– A moral pública brasileira é a moral da integridade. Como é difundida? Pelos livros didáticos, pelo catecismo da Igreja, pelos textos legais, pela retórica edificante da mídia mais qualificada. Em síntese, esse código oficial faz a apologia da virtude, é um hino à inteireza; seus cânones nos induzem a sermos pessoas de bem. – Perscrutou nossos rostos. – Vocês sabem do que eu estou falando, não sabem? – Fizemos que sim. – Ora, como ter caráter, pureza moral, decência? Pela obediência a alguns valores principais: a honestidade (ser honrado e não roubar em circunstância alguma); a idoneidade (não vender gato por lebre, construir um bom nome pela conduta sempre reta); a lealdade (defender quem confia em nós ainda que mudem as circunstâncias); a confiabilidade (ser digno de crédito e manter a palavra empenhada); a veracidade (falar sempre a verdade); a legalidade (observar rigorosamente as leis); o respeito ao próximo (levar as necessidades e os interesses alheios em conta).

O professor não resistiu ao desejo de fazer logo uma análise:

– Percebam as ressonâncias da doutrina católica, exortações tão belas quanto idealistas. É uma moral altruísta de amplo espectro que, ao exigir que cada qual cumpra suas obrigações sociais, defende o bem comum. Entretanto, e de forma dramática...

– Nós todos – interrompeu a esposa – convivemos com uma segunda moral, a moral do oportunismo, que é clandestina, dissimulada, um código que parte do pressuposto de que ninguém presta. São normas informais que louvam a conveniência interesseira e fazem a apologia da esperteza. Aprendemos, assim, a desconfiar uns dos outros, a nos armar contra as manhas e as rasteiras.
– Então, ela indagou: – E vocês sabem como esses padrões são divulgados?
– Nós sabíamos que ela ia responder de forma mais competente do que nós; de maneira que ficamos quietos. – Pelo falatório nas ruas, pelos bate-papos nos bares, pelas conversas íntimas. A via preferencial é o pé do ouvido, a discrição das reuniões fechadas. E quem são nossos mestres? Os sabichões, as pessoas vividas. Seus veículos? As frases feitas, os chavões, as verdades de almanaque, os preconceitos, os estereótipos. O oportunismo é um saber malandro que proclama as façanhas do jeitinho, o ideal de se dar bem, a virtude dos cambalachos, a ânsia para tirar partido de tudo. A chave-mestra é levar vantagem e, portanto, desprezar o bem-estar dos outros.

André aproveitou a brecha para comentar:
– Mais do que falar, o pessoal usa o que eu chamaria a pedagogia do exemplo. – Ficamos intrigados com a precisão da fórmula. – Lembro a seguinte história. Na entrada de um espetáculo, um aviso dizia: "Criança de até 12 anos paga metade." Um homem estava acompanhado por seu filho de 13 anos, só que, de tão franzino, parecia ter 11. O homem disse à moça do caixa: "Um adulto e uma criança." Enquanto ela fazia o troco, o menino, indignado, puxou a camisa do pai, mas este piscou para ele. Aí o menino entendeu o recado e piscou de volta, cúmplice...

– Muito bem: eis a lógica do processo! – louvou Sálvio. – Daí para frente é só perguntar: o pai ensinou o filho a ser o quê?

– Trapaceiro! – bateu firme André.
– Aproveitador! – repercutiu Luisa.
– Descarado! – aditou Letícia.
– Mau-caráter! – condensou Pedro, de forma didática.
Pulei para as conclusões:
– Aula de egoísmo: "Cada um por si e Deus por todos!"
– Perfeitamente, Leo! – ratificou a consultora. – A moral do oportunismo ensina a abusar da confiança alheia, a não ter escrúpulos, a colocar o particularismo acima de tudo. Por isso, obedece à razão antiética. – Fez

uma pausa e depois perguntou: – Quem se lembra de situações que retratam essas coisas?

Todo mundo lembrava uma porção delas! Só que Pedro fez uma reverência burlesca para que cedêssemos a precedência às duas colegas. Letícia deu de ombros e foi em frente:

– Ao sair do consultório de um médico ou de um dentista, a atendente informa o preço da consulta ao paciente e logo pergunta alguma coisa. Alguém sabe?

Ato contínuo, Pedro respondeu:

– "Com recibo ou sem recibo?"

A colega sorriu, satisfeita:

– E a moça espera que o paciente replique: "Qual é o desconto?" Se este não for generoso, o recibo será exigido para abater no Imposto de Renda; se for atraente, sai de baixo! Pagar impostos para quê? Para enriquecer corrupto?

– Eu tenho outra – revezou Luisa. – Vocês já viram algum brasileiro comprar ou vender casa e, na mesma hora, correr ao registro de imóveis e lançar o preço real da transação?

Foi uma gargalhada geral. O costume de "pagar por fora" uma parte do valor dos imóveis é tão generalizado que o exemplo dispensou comentários! Letícia então voltou à carga com uma cena de filme. Era uma película de Breno Silveira que fez um enorme sucesso e foi indicada para representar o Brasil no Oscar de 2006.

– Isso me lembra uma cena do filme "Os dois filhos de Francisco". O pai foi o grande animador da dupla sertaneja Zezé di Camargo e Luciano. Preocupado com a aceitação do primeiro disco gravado pelos filhos, ele trocou o salário do mês por fichas de telefone. Pediu aos colegas de trabalho que ligassem do orelhão e solicitassem à rádio de Goiânia para tocar canções do disco... – Fez ligeiríssima pausa e concluiu: – Fajutou a parada musical!

– Aposto que ninguém se tocou no cinema! – zombou André. – Sendo boas as intenções, por que não levar vantagem, não é?

Concordamos todos com mímicas constrangidas. Eu relatei:

– Costumo provocar meus alunos com a seguinte pergunta: se eu desse uma olhada em seus computadores de casa, será que não acharia um programa, um único que seja... pirata? – André se preparou para me achincalhar, mas eu não o deixei falar, fui mais ágil: – Urram e fazem chacota: corta essa, professor! Está louco? Não vai achar nenhum programa legal! É tudo pirata!

– E dão risada, não dão? – divertiu-se André. – Claro, devem se achar os tais! Compram um CD com aplicativos que valem centenas de dólares pelo preço de um saco de pipoca! É o jeitinho brasileiro!

Pedro fez a conexão:

– Idem para as multas de trânsito: quem não molha a mão dos guardas? Quem não paga despachante para sumir com o prontuário? – Esperou um pouco e desfechou: – E o pessoal ainda se gaba!

Estávamos nos divertindo, não há dúvida; falávamos de situações reais como se fossem estranhas a nós. Mas, de fato, estávamos remexendo em nossas próprias feridas... Foi uma lamentável mascarada!

– André citou o jeitinho brasileiro – observou Selma. – Que tal falar sobre ele? – Aguardou que alguém se manifestasse. Como ninguém o fez, decidiu demarcar o terreno. – O que é essa prática?

– Ela é paralegal – resumiu André.

– E por quê?

– O pessoal burla as regras para obter vantagens pessoais.

– Em bom português – adicionei –, quebra-se o galho. Com regulamentos e burocratas que deixam todo mundo louco, ou se dá um jeito ou nada funciona.

– Jeitinho e corrupção são farinhas do mesmo saco – explicitou André. – Ninguém discordou dele. – Sem gorjeta ou propina, não há jeitinho. Tem que dar caixinha, cervejinha, cafezinho, presentinho, ajudinha. É o agrado com diminutivo, o jabaculê com pudor!

Rimos com gosto até que Luisa interveio:

– Dizem por aí que o jeitinho é um mecanismo de adaptação às disfunções da sociedade brasileira...

– Às suas irracionalidades – acrescentei.

– Conversa mole! – sentenciou Luisa. – E ainda que fosse verdade, seria o bastante para absolvê-lo? Dizem também que é criativo. Dou um exemplo: bater o ponto para um colega é um jeitinho inofensivo, uma travessura estudantil. Dá para acreditar?

Surpreso, indaguei:

– Está brava por que, Luisa?

A colega ficou embaraçada, mas não se furtou a responder:

– Porque me pediram para fazer! Como não topei, fui discriminada!

Ficamos sem saber o que dizer. Selma acudiu:

– O jeitinho é uma tentativa de ser mais igual do que os outros. É o tratamento personalizado à moda brasileira.

Luisa retomou a palavra, ainda incisiva:

– Acho um desrespeito. As regras deveriam valer para todos. E não só para o pé-rapado, o joão-ninguém, o sujeitinho, o fulano, o "elemento".

– Upa, Luisa pegou na veia! – exclamou André.

Selma aproveitou para comentar:

– Nosso oportunismo é malicioso. Imaginem que um estrangeiro nos peça para caracterizar os brasileiros, o que diremos? Que somos afáveis, hospitaleiros, alegres, descontraídos, afetivos. E se ele emendar: sim, sim, mas e o caráter? Aí empacamos! O que dizer, meu Deus? Quem são os brasileiros? Mocinhos ou caras-de-pau, vestais ou malandros, bacanas ou sacanas? Como explicar a convivência entre nossa retórica do bom-mocismo e a enxurrada de práticas inescrupulosas? Sinuca de bico! Na hora, hesitamos um pouco, e depois, com a voz impostada, dizemos: "Veja bem..."

A descrição valeu por um insight. A consultora esclareceu mais ainda:

– A dupla mensagem moral que nos inculcam tem graves efeitos. Enquanto a moral da integridade tacha de imorais as manifestações oportunistas porque ferem seus princípios, a moral do oportunismo vê a integridade como coisa de gente ingênua, inocente, bobinha, otária, trouxa, caxias, careta, bocó, sabe-se lá o que mais! A pecha mais doce é ser chamado de poeta!

Sálvio encadeou o raciocínio:

– O fato de aprender ao mesmo tempo a ser íntegro e oportunista (contradição nos termos!) gera um imbróglio mental. Temos dificuldade em distinguir o certo do errado e, com isso, amplia-se o risco moral: acreditamos que intercâmbios e contratos não são firmados de boa-fé e que uma das partes irá abusar ou se locupletar. Em consequência, crescem os "custos de transação": aumentam os juros e os prêmios das apólices de seguro, multiplicam-se as salvaguardas. E pior ainda: ocorre uma "seleção adversa": os bons pagadores sofrem por causa dos inadimplentes, pagam altas taxas como se fossem caloteiros... Resultado? Desconfiamos uns dos outros o tempo todo, ficamos com pavor de ser passados para trás, vivemos tensos. Ora, como amenizamos o desgaste? Criando um porto seguro, depositando confiança absoluta em pouquíssimas pessoas. É a nossa bengala psicológica; sem ela, ficaríamos esgotados de tanta desconfiança.

– Nessa mesma linha – aclarou a esposa –, o que fazem as empresas? Elas dão preferência às relações pessoais, privilegiam a rede de compadrio, praticam o nepotismo, o apadrinhamento, o favoritismo. O "capital social", o famoso "quem indica", prevalece sobre as relações profissionais, o contrato assinado, o mérito pessoal. – Deu-nos um tempo para digerir a análise. – O padrão das relações pessoais, que no Brasil equivale a relações de proteção, começa a ser questionado. Sabem onde? Nas empresas que atuam em setores competitivos, principalmente no âmbito internacional.

Metódico, o professor deu continuidade aos efeitos da dupla mensagem moral:

– O segundo grupo de consequências é a baixa cultura cívica. Não temos tradição de cooperação coletiva, o veneno do salve-se-quem-puder é uma de nossas heranças históricas. Em seguida, nossa identidade social está fraturada: quem somos nós afinal? Por derradeiro, faltam mecanismos institucionais para punir os malfeitos; os mais favorecidos costumam se safar.

– Nos últimos anos – ponderou Selma –, o terceiro setor tem dado demonstrações generosas de cooperação coletiva.

Logo percebeu que ela havia cortado o raciocínio do marido e então se apressou a dizer:

– Desculpe ter interrompido.

Sálvio acenou com a mão, indicando que sua interrupção fora bem-vinda.

– Fez bem. Mostrou que o primeiro problema está sendo enfrentado. Quanto à falta de clareza sobre quem somos nós, os brasileiros, você também já comentou a dificuldade: somos heróis ou malandros? Finalmente, no tocante à tendência à impunidade, bem...

Eu me intrometi:

– Aqui entram as relações de propriedade e de poder, não é?

Ele sorriu longamente e depois disse de forma lacônica:

– E como não?

– Mesmo assim – enunciou Luisa –, a impunidade está começando a perder terreno. – Ficamos esperando que ela explicasse. – Os crimes de colarinho-branco não são mais tabus. Polícia Federal, Ministério Público e Receita Federal fazem operações conjuntas; corruptos estão sendo mandados para a cadeia, desde juízes federais a banqueiros de renome.

– Luisa está de parabéns! – falou o professor, com entusiasmo. – Não só nosso imaginário social está se movendo em direção à meritocracia (ainda que timidamente), mas nossos órgãos públicos estão cada vez mais empenhados em coibir abusos. – Ele sentiu nosso ceticismo. – Convenhamos: algo está se mexendo no país. Lentamente, muito lentamente, mas está! O Brasil de hoje não é definitivamente o de 20 anos atrás. Vocês discordam?

Pensando bem, Sálvio tinha razão. Um mínimo de conhecimento histórico indicava avanços inegáveis. A esposa não deixou a peteca cair:

– Os brasileiros convivem com um estranho paradoxo: justificam as conveniências egoístas e, ao mesmo tempo, se indignam (e quanto!) com a corrupção alheia.

– Coisa de alucinados! – deixou escapar André. – Vemos o cisco nos olhos alheios e não enxergamos a trave nos próprios!

– O ladrão é sempre o outro! – avaliei.

O professor prosseguiu:

– O pior disso tudo é a tradição patrimonialista. Começa com a confusão entre recursos privados e recursos públicos, e termina com a apropriação pelos interesses particulares daquilo que é de todos nós. Eis a chave-mestra da corrupção. Uma das piores pragas que assolam nosso país.

– Um grande amigo nosso – relatou a consultora – foi presidente de uma companhia estatal que fazia o gerenciamento de obras públicas. Ele nos contou de fonte limpa o quanto o setor subtraía nos anos 80 e 90. – Ficamos todos atentos às revelações. – Normalmente, e num cálculo conservador, o encarecimento das obras públicas era da ordem de 40% a 60%.

Um espanto! Abrimos grandes olhos de interrogação.

– Vocês ouviram certo o que eu disse. Diversos fatores conspiravam para gerar a situação: financiamento das campanhas eleitorais; risco que os empreiteiros corriam de não receber em dia; desembolso de pedágios para participar das licitações ou para receber as faturas emitidas. Em alguns casos, o superfaturamento variava entre 100 e 300%! Depois de introduzir mecanismos de controle eficazes e de quase enlouquecer de tantas pressões, aquele presidente contribuiu para economizar alguns bilhões de reais para os cofres públicos...

Tive uma reação de admiração:

– Tudo isso?

– E por que não? – retrucou André. – Basta saber quantos recursos ele girou!

Revidei:

– Engraçadinho!

Estávamos embasbacados. Mas André estava com a corda toda:

– Vocês sabem para onde vai um corrupto depois da morte? – Ficamos estáticos, com um sorriso pronto. Ele soltou: – Para um paraíso fiscal!

Explodimos num riso nervoso. Foi quando a anfitriã antecipou o desfecho da conversa. Ela nos convidou a sair da mesa e nos deixou livres até a hora do aperitivo. Decidimos ficar na piscina e "jiboiar", na jocosa expressão de Letícia. Mantivemos um silêncio ruminante. As duas moças pegaram no sono, enquanto meus dois colegas deram longas braçadas na piscina e depois cochilaram nas espreguiçadeiras. Olhei para o céu e observei as figuras extravagantes que a mutação das nuvens desenhava.

Sopesei as razões que me animaram nesse último ano: a primazia do sucesso financeiro; a vontade cega de galgar promoções; a ânsia de provar desse afrodisíaco que é o poder; o deslumbre com o fato de me distinguir dos outros. E fiquei lúcido: o que me faltava era um desafio menos centrado em mim mesmo. Eu fazia voos rasantes, deixava-me levar por pulsões mesquinhas, como se a riqueza tudo fosse. Patinava na "arte de ter", no extremo oposto do que pregava minha primeira namorada: ser frugal, fruir intensamente o presente.

Entretanto, eu estava aliviado por ter acertado algumas escolhas na vida. Avaliei que um só passo em falso poderia ter me condenado a uma vida descolorida. E me convenci de que eu devia dar de mim, nem que fosse para compensar meus estudos gratuitos. Abençoada seja a USP! Respirei repetidamente a plenos pulmões e quase fiquei inebriado. Afinal, por que não fazer jus à vida privilegiada que eu levava? Bastaria me integrar em um projeto altruísta imparcial, na linguagem de Selma. Aderir à proposta do professor não seria o caminho? Não mudar apenas o estilo da gerência, mas agir segundo a razão ética.

Refleti. Por que sempre admirei meu pai? Em boa parte, porque sabia intuitivamente que a decência rende paz de espírito. Irei agora para a área de logística e suprimentos, um setor tradicionalmente sensível aos cantos das sereias, e mais do que nunca precisarei de um olhar ético para não derrapar e não deixar que outros derrapem. Letícia foi indicada para finanças e tesouraria, outro campo minado. André foi designado para a área comercial, um setor que emula finanças em termos de ganância. Pedro foi apontado para a área de engenharia e manutenção, conhecida por seus acertos espúrios, ele que é filho dileto de um empreiteiro. Luisa, por fim, será assistente do professor – ela soube disso ontem à noite, por uma aparente indiscrição de Selma – e vai atuar nas mais diversas áreas, em particular nos controles internos. Uma coisa é certa: nenhum de nós escapará ao perigo das questões morais!

Fiquei me perguntando: é isso que eu quero? Será que eu posso? Senti um nó em meu estômago. O casal extraiu de nós informações e evidências, baralhou nossas convicções e nos revelou a lógica que amarrava esses fios soltos. Percebi que estava diante de uma encruzilhada: ou eu reformulava minha perspectiva, superando a megalomania, ou afundaria numa irremediável mediocridade. Só que, pensando bem, para que querer mais do que uma vida confortável e um trabalho instigante? Deslizei suavemente no sono.

16. A parceria

O homem não teria alcançado o possível se, repetidas vezes, não tivesse tentado o impossível.

Max Weber

Embora discreta, a presença do caseiro trazendo torradas, patês, queijos e grossas azeitonas pretas para o aperitivo me despertou. Eu havia adormecido por um bom tempo. Olhei ao meu redor. Minhas colegas estavam lendo revistas, enquanto André e Pedro trocavam entre si os cadernos do jornal do dia. Peguei para ler o que estava disponível na mesa de centro. Foi quando vi o casal de anfitriões se aproximando.

Selma vestia bermuda e camiseta. Sentou-se perto de nós e nos convidou a nos servir. Insistiu que havia água, cervejas e sucos no cooler. Agradecemos a gentileza. Sálvio, de calção de banho azul, apressou o passo com seu jeito característico e mergulhou de cabeça, indiferente ao choque térmico. Depois de nadar disciplinadamente durante uns 10 minutos, saiu da piscina, enxugou-se com uma toalha e vestiu um confortável roupão. Puxou uma das cadeiras de estofamento branco e perguntou:

– Vocês devem ter estranhado o fato de não termos comentado o filme de ontem à noite.

– Imaginei que fosse de propósito! – respondi.

André buliu comigo:

– Sempre desconfiado, o amigo Leo: vê agendas ocultas em tudo!

– A bem da verdade – explicou o professor –, a discussão ganharia muito se conhecêssemos as morais adotadas pelo setor empresarial e se refletíssemos sobre os processos de tomada de decisão. Por isso é que mais uma vez vamos adiar a discussão...

A esposa fez o pêndulo, porque dessa vez era para valer:
— Vocês verão: tudo ficará mais claro.
— Não esqueçamos — advertiu o mestre —, as decisões empresariais não são gratuitas nem inócuas: elas afetam os públicos de interesse. E estes podem retaliar feio.
— Qualquer reclamação verossímil repercute na mídia — concordou Selma. — Com prejuízo para as empresas.

Para mostrar que não havíamos esquecido a lição sobre as crises empresariais, fiz questão de mencionar uma amostra das conclusões:
— Os clientes podem debandar para os concorrentes, apelar para as agências de defesa do consumidor, requerer que se instaurem processos administrativos.
— Recorrer à Justiça — completou Luisa, firme em minha retaguarda.

Liquidei a fatura:
— E até boicotar o negócio!

Mas algo incomodava minha colega:
— Eu queria esclarecer um ponto: será que todas essas disposições não são coisas de países do Primeiro Mundo? Em que medida são praticadas no Brasil?

A consultora sorriu satisfeita e replicou como se já tivesse a resposta na ponta da língua:
— Aqui também os cidadãos se mobilizam, sim. Vou contar um caso emblemático que reflete esse poder de fogo.
— Vai calhar bem — comentou Sálvio à meia-voz.
— Não sei se vocês se lembram da famosa Botica ao Veado D'Ouro. Era uma farmácia de manipulação paulistana mais do que centenária, fundada em 1858. — Nada sabíamos a respeito. — Ela tinha uma subsidiária, um laboratório chamado Veafarm, que produzia remédios industrializados. Embora o negócio desfrutasse de boa reputação, surgiu uma denúncia em 1998. A Polícia investigou o fato e confirmou as suspeitas. Apreendeu um milhão de comprimidos falsificados do Androcur, remédio indicado para o tratamento de câncer de próstata que a Schering fabrica. Por sinal, as cópias eram fidelíssimas, a não ser num detalhe significativo. Submetidas à análise, o resultado foi surpreendente: os comprimidos não tinham princípio ativo! Deu para imaginar o desfecho?

André fez graça de seu jeito peculiar:
— Os homens dançaram!

— Tiro certeiro no calcanhar-de-aquiles — confirmou o professor.

A esposa, ordenadamente, continuou o relato:

— Na sequência, 19 pessoas foram indiciadas pela Justiça por falsificação de remédio. Logo depois, os técnicos da Vigilância Sanitária de São Paulo descobriram que a Botica produzia mais de 50 medicamentos em escala industrial sem registro no Ministério da Saúde. Foi o bastante para que a sede da farmácia no centro de São Paulo fosse interditada. O pior, contudo, estava por vir. Dez pacientes que haviam ingerido o placebo faleceram e a mídia repercutiu o fato. Alguns jornalistas especularam sobre os efeitos do falso remédio: se a falta de medicação for a causa das mortes, o caso seria de homicídio. As consequências não demoraram. Em menos de seis meses, as lojas da Botica ao Veado D'Ouro, instaladas nos três mais importantes shoppings paulistanos, foram desativadas, o faturamento do negócio caiu 80% e o prédio da matriz na rua São Bento foi desocupado pela metade. A empresa entrou em processo de desintegração.

Luisa ficou pensativa. Pedro aproveitou para citar outro caso:

— A cassação do senador Luis Estevão em 2000 se encaixa nessa mesma linha. Vocês lembram o escândalo do superfaturamento do Tribunal Regional do Trabalho de São Paulo, não lembram? A mídia vivia repetindo que o montante desviado foi de R$169 milhões.

— Belo exemplo! — incentivou a consultora.

André se animou:

— Luis Estevão declarou com todas as letras: "Não sou santo. Nenhum quadro de santo se sustenta na parede para uma pessoa que ganhou R$1 bilhão em quatro anos."

— Ele era dono do Grupo OK — informou Pedro. — Suas 18 empresas faturavam R$250 milhões anualmente. Três anos depois da crise, o faturamento caiu para R$12 milhões. E, dos quatro mil empregados, sobraram apenas 350. Em 2006, o grupo foi à falência.

Eu acresci:

— Marcos Valério, o "dono da lavanderia" que repassou recursos ao PT para cooptar deputados na famosa crise do mensalão em 2005, teve um destino mais sumário.

André deu colorido ao caso:

— No auge do bombardeio da mídia, ele disse: "Minha vida como empresário acabou."

– Beleza, André! – agradeci. – Suas agências de publicidade, DNA Propaganda e SMPB Comunicação, que faturavam centenas de milhões de reais, perderam logo as contas que tinham, tanto as públicas como as privadas. E acabaram fechando!

– Dá para ver – concluiu Selma – que, à semelhança de outros países, os brasileiros também boicotam empresas inidôneas.

Luisa deu-se por satisfeita, deixando escapar uma interjeição:

– Valeu!

A anfitriã sorriu e elogiou:

– É um prazer conversar com gente inteligente. Aliás, estou aprendendo muito com vocês!

Ficamos encantados com essa delicadeza. Descontraído, o professor voltou à carga:

– Diante das pressões exercidas pelos clientes, as empresas são forçadas a refletir sobre a questão da responsabilidade social corporativa. Estabeleceu-se nova correlação de forças, como se diz em política. Por isso acho interessante conhecer os códigos morais do setor empresarial: a moral da parceria e a moral da parcialidade.

Letícia questionou de chofre:

– O setor também tem uma dupla moral? – O mestre confirmou com um aceno. – Os empresários não se guiam pelas duas morais brasileiras?

– Claro – acordou Sálvio –, assim como todo mundo. Mas não de forma mecânica. Setores, categorias sociais ou organizações desenvolvem padrões morais que refletem as próprias peculiaridades. É o caso dos empresários. De um modo geral, eles cultivam uma moral interesseira, tão oficiosa quanto a moral do oportunismo, mas com *grano salis*. Por exemplo, a moral da parcialidade enfoca o grupo, não o indivíduo, como faz o oportunismo.

Letícia refletiu e inferiu:

– É uma codificação da parcialidade?

– Isso ou quase isso – esclareceu Selma. – Porque seus cânones não são universais, referem-se à realidade empresarial brasileira.

O marido prosseguiu:

– Além da repaginação do oportunismo, o setor empresarial adota outra moral, a da parceria. Dessa maneira, o figurino da dupla moral se repete, porém com outra diferença crucial. A moral da parceria não reproduz o modo de tomar decisões da moral da integridade, nossa moral oficial, ainda que se oriente pela razão ética.

A consultora aclarou a ideia:

— Em nosso código da integridade, as escolhas são feitas entre pares discretos: conduta certa e errada, luz e trevas, zero e um. Em outras palavras, tudo é visto em cores primárias, não há superposições ou zonas de transição. A expressão mais contundente que se costuma usar para definir esse maniqueísmo é dizer: "Não existe meia gravidez!" Trata-se, pois, de uma leitura rígida, dogmática: ou você é honesto ou é desonesto. Não há desculpa para quem "apronta de vez em quando". E isso vale para todos os valores e dilemas; as respostas já vêm prontas, mastigadas. — Fez uma pausa. — No polo oposto, a moral da parceria se baseia em análise de riscos. Trata-se de um código cujas normas não são esculpidas em mármore e que exige apurada reflexão e sofisticada capacidade de inventar respostas à luz do bem comum. Opera como feixe de orientações.

Pedro interveio:

— Uma análise de riscos como na teoria dos jogos?

— Sim, mas nem sempre. Para que as decisões sejam tomadas, é preciso satisfazer determinadas exigências, percorrer algumas etapas. De início, há um cuidadoso levantamento das circunstâncias. Logo depois, faz-se uma avaliação da relação custo-benefício. Por fim, faz-se uma análise dos riscos envolvidos cenário a cenário: cada opção possível tem seus efeitos sopesados. Em síntese, há um diagnóstico situacional que leva em conta os interesses em jogo, inclusive os interesses gerais, e há uma análise das consequências de cada cenário decisório.

Ficamos desnorteados diante da complexidade e da profundidade da abordagem.

— Será que decisões desse tipo podem se tornar normas? — levantou Pedro.

— É possível estabelecer certos padrões, sim — continuou Selma, enquanto desenhava numa folha de papel. — As decisões são submetidas ao crivo da realidade e as que obtêm consenso tornam-se orientações preferenciais. Vocês vão me perguntar: que crivo é esse? Respondo: sobrevivem as decisões cujos resultados são úteis de maneira recorrente. Úteis a quem? À sociedade como um todo.

O desenho que a anfitriã fez era bastante simples: dois eixos se recortavam, formando quatro quadrantes. Nos dois quadrantes de cima, ficavam as duas morais que obedecem à razão ética: a moral da integridade (geral), que faz do bem comum um imperativo, e a moral da parceria (empresarial), que alcança o bem comum por meio da análise de risco. Nos dois quadrantes de baixo ficavam as duas morais que obedecem à razão antiética, porque advogam o bem restrito particularista: a moral do oportunismo (geral) e a moral da parcialidade (empresarial). Os contrapontos ficavam assim evidentes: duas morais oficiais e públicas *versus* duas morais oficiosas e clandestinas; duas morais gerais *versus* duas morais empresariais.

Enquanto a consultora preenchia os quadrantes, ela não parou de falar:

– A exemplo dos remédios que tomamos, ou da implantação de hidrelétricas, linhas de metrô, viadutos e outros bens de interesse público, as decisões da moral da parceria implicam a geração de efeitos colaterais. Como não são decisões bipolares, elas admitem a coexistência do "bem" e de certos "males", ou melhor, são pragmáticas, à medida que partem do pressuposto de que efeitos indesejáveis precisam ser reconhecidos e administrados. A moral da parceria funciona assim como um farol que ilumina a escuridão, suas diretrizes funcionam como guias para a ação, e não como mandamentos sagrados.

Eu estava ansioso para ouvir mais a respeito, razão pela qual instiguei respostas:

– Mas a abordagem clássica em Ética não é sempre dicotômica: tudo/nada; é/não é; sim/não; preto/branco?

Sálvio não podia deixar de intervir:

– O que você está descrevendo é o modo de tomar decisão da teoria ética da convicção. Lógica binária, termos contrapostos, antinomias formadas por virtudes e vícios, prescrições definidas a ferro e a fogo, distinções qualitativas. Trata-se de um pensamento que impressiona pela dualidade de princípios rivais e pelo fervor intransigente, mas que corresponde a uma das duas teorias científicas.

– A teoria da convicção – alertou a esposa – detém a hegemonia, porque quase todas as morais vigentes no mundo, inclusive nossa moral da integridade, se inspiram nesse modo de tomar decisão. Ocorre que há outra teoria científica, a teoria ética da responsabilidade, cujo funcionamento acabei de descrever. A moral da parceria se inspira nela.

Ficamos à espera de maiores explicações. O professor as deu:

– A tomada de decisão na teoria da responsabilidade se faz essencialmente com base no "mal menor" ou na aceitação de um "mal necessário" para obter o bem. Por exemplo, numa cirurgia invasiva para extirpar a vesícula biliar supurada, existem riscos e dores, mas é o preço a ser pago pelo paciente se não quiser morrer. Ou quando se adotam cintos de segurança nos automóveis, o processo envolve custos e os passageiros perdem parte de sua mobilidade. As decisões "responsáveis" levam em conta essas trocas estratégicas, a necessidade de fazer um sacrifício para alcançar um bem maior. Vejam os casos do flúor na água ou dos conservantes nos alimentos. Significam o quê? Que a população corre riscos calculados, que alguns "males" são aceitos para obter benefícios de grande alcance. – Mais uma vez, faltava uma mediação. Sálvio percebeu na hora: – A fluoretação da água reduz a incidência de cáries dentárias na população. Exige, porém, um nível adequado de flúor na água de abastecimento. Uma dose maior causa fluorose dentária, isto é, o esmalte dos dentes fica opaco e há manchas de coloração. O mesmo vale para os conservantes químicos nos alimentos: eles mantêm os alimentos em boas condições de consumo por mais tempo, desde que obedecidos os limites máximos de utilização estabelecidos pela legislação. Quando em excesso, alguns conservantes podem levar à formação de compostos cancerígenos.

O rosto de Luisa se iluminou e ela deu uma contribuição:

– A delação premiada seria outro exemplo, não é? Afinal, reduz-se a pena ou até se absolve um acusado em função do grau de cooperação com a Justiça. Assim, um criminoso confesso obtém perdão (mal menor) em razão de suas denúncias (bem maior)!

O mestre abriu um amplo sorriso, encantado com a presteza em estabelecer relações e em aplicar conceitos à realidade. A colega continuou embalada:

– Ou quando se proíbe o fumo em locais fechados para não converter as pessoas em fumantes passivos. Ou ainda quando se faz uma triagem de feridos em hospitais de campanha por absoluta falta de condições de atender a todos os casos...

– Bravo, Luisa, simplesmente bravo! – aplaudiu Sálvio. – Outras situações do mesmo teor seriam a pílula anticoncepcional para o planejamento familiar, a legalização do aborto, o uso de agrotóxicos ou de pesticidas na agricultura com seus efeitos deletérios etc. Agora pensemos: essa forma de tomar decisões éticas tem em mira o quê? Preservar os interesses públicos por meio de soluções objetivamente possíveis, quer dizer, os tomadores de decisão sabem que essas não são as soluções ideais e que elas não estão isentas de riscos. Contudo, orientam-se pelo princípio da redução dos danos, quer dizer, mapeiam os "males" e tentam minimizar os impactos negativos.

Ninguém pode se eximir, no entanto, de pesquisar incansavelmente formas eficazes de evitar ou erradicar esses "males".

Fez uma pausa estratégica para enfatizar o restante:

– A essa altura, devo sublinhar algo absolutamente vital, sob pena de resvalar para um intolerável vale-tudo. Tais decisões só podem ser tomadas à luz de um rigoroso protocolo de segurança, ou seja, é preciso adotar todas as precauções técnicas disponíveis. Pensem na comercialização de remédios; ela precisa ser autorizada por órgãos especializados e competentes; exige pesquisas e testes exaustivos. Mesmo assim, o uso dos remédios requer uma prescrição precisa e uma dosagem certa; não se deve brincar com eles, pois, em última análise, são venenos. Pensem na concessão de crédito pelos bancos: só se viabilizam após a apresentação de sólidas garantias; não se dá dinheiro ao primeiro solicitante ou a qualquer caloteiro. Em outros termos, nada é feito sem as indispensáveis salvaguardas.

A esposa aproveitou para fazer uma valiosa interpretação:

– A maioria das decisões políticas que visam ao bem público se baseia na teoria ética da responsabilidade. Idem para as grandes decisões empresariais. Raramente vocês encontrarão decisões estratégicas tomadas simplesmente *by the book* ou que aplicam sem mais os preceitos inscritos no código de conduta.

O professor retomou a palavra:

– Reparem que estamos nos referindo a duas teorias científicas, a dois modos radicalmente diferentes de tomar decisões éticas: a teoria da convicção e a teoria da responsabilidade. Mandarei uma bibliografia a respeito em seu correio eletrônico.

– É muitíssimo importante insistir – advertiu a consultora – que ambas as teorias conferem sustentação apenas às decisões universalistas – aquelas que desfrutam de legitimidade universal porque interessam a todos e são consensuais. Ambas as teorias visam ao bem comum ou ao bem restrito universalista e não dão respaldo ao bem restrito particularista. As decisões particularistas que se realizam à custa de interesses alheios expressam posicionamentos antiéticos, porque são abusivas e põem em risco a sobrevivência do todo. – Deu um tempo. – Já explicamos os porquês disso quando Sálvio fez uma analogia entre a sociedade e o corpo humano: doenças podem levar os organismos à morte. – Esperou alguma contestação. Como nenhuma foi feita, propôs: – Vamos agora trabalhar as duas morais empresariais, está bem?

O anfitrião deu continuidade:

– A moral da parcialidade contém padrões mistos ou dúplices de conduta. Nas relações com os *insiders*, os de dentro, há lealdade; nas relações com os *outsiders*, os de fora, há malícia. Quem não pertence à empresa é tratado segundo as conveniências do negócio: quanto maior o cacife, melhor é o tratamento; quanto menor o cacife, pior é o tratamento. Isso tudo parece curioso, não é? Inconsistente até. De um lado, tira-se o máximo proveito dos outros; de outro lado, exigem-se condutas irrepreensíveis na relação com os colegas de trabalho, os parceiros de negócio, a organização à qual se pertence. No fundo, trata-se de um código mafioso que exalta a parcialidade: apreço e regalias para a "turma"; menosprezo e restrições para os "estranhos".

Selma adicionou:

– A máxima que se poderia aplicar a essa moral seria: "Para os amigos, tudo; para os inimigos, nada; para os indiferentes, a lei." Essa frase é atribuída ao presidente Artur Bernardes.

– Não é de Getulio Vargas? – estranhei.

– Dizem que ele a utilizou à larga, mas não é dele. Aliás, a expressão se popularizou de forma truncada.

Pedro estava sintonizado e aproveitou a deixa:

– "Para os amigos, tudo; para os inimigos, a lei!"

Selma assinalou:

– Está aí: o mote traduz bem o particularismo excludente que advoga que cada um cuide dos seus.

De seu canto, Sálvio sentenciou:

– Ao invés de serem partes do todo, há alguns que se tomam por um todo à parte...

Relacionei e enfatizei:

– É a consagração das relações pessoais!

– É isso mesmo, Leo – confirmou o professor. – E muito mais. Os que praticam a moral da parcialidade alegam deter um saber superior, declaram ser menos ingênuos e mais vividos do que os outros. Pensam que um pouco de desonestidade faz as coisas acontecerem ou que certa dose de cinismo é indispensável para vencer na selva empresarial.

Essas frases aliciaram em nós um turbilhão de conexões. André pensou em voz alta:

– Isso me lembra o ditado que aconselha dançar conforme a música.

Eu acrescentei:

– Cavalo selado não passa duas vezes à sua porta!

– E, como todo mundo faz isso, vamos nos locupletar! – provocou meu predecessor.

Pedro não quis ficar fora da festa:

– O que vale para todos não vale para nós ou quem pode mais chora menos!

Luisa se juntou ao coro:

– Em Roma como os romanos!

Letícia deu o tiro de misericórdia:

– A lei? Ora, a lei!

– Está todo mundo afinado – comentou Selma. – Mas atentem para um detalhe importante: muitas dessas máximas cabem como uma luva para as ações oportunistas. Só que, cuidado, enquanto a moral do oportunismo semeia o egoísmo e defende os interesses pessoais, a moral da parcialidade difunde o parcialismo e enfoca os interesses grupais.

O marido não perdeu o fio da meada:

– O que particulariza a moral da parcialidade é seu pragmatismo exacerbado. Ela considera o jeitinho indispensável para desemperrar a confusão burocrática (vimos isso no café-da-manhã) e prega a troca de favores. Mais ainda, desfigura a máxima franciscana "é dando que se recebe" por uma razão bastante prosaica: as doações não visam a Deus!

André não podia perder a chance:

– Tema de tese: "São Francisco e o fisiologismo à brasileira", ou "As virtudes da renúncia".

Pequenos risos se seguiram. Eu refleti:

– Será que o favor, o jeitinho e a corrupção não formam um contínuo?

– A tese está aí! – triunfou André.

O professor pensou um pouco, franziu a testa e fez sinal para que eu fundamentasse a ideia.

– O favor sempre implica hierarquia e reciprocidade. Quem o recebe contrata uma dívida moral para com o benfeitor e, em consequência, se obriga a demonstrar lealdade, gratidão ou fidelidade, não é isso? Ora, prestar um favor não envolve suborno. Em contraste, o jeitinho implica molhar a mão. Às vezes, entretanto, os limites entre ambos não ficam claros. Fazer um favor pode ser a maneira elegante de aliciar quem pode nos retribuir com serviços úteis... De outro lado, o jeitinho não entreabre a porta da corrupção? É difícil não acreditar que sim. De modo que as fronteiras entre as três práticas ficam borradas: o favor com o jeito, o jeito com a corrupção.

– Gostei, Leo! – celebrou Selma. – Pois o que é a corrupção se não a apropriação de bens públicos ou organizacionais em proveito próprio? – Ficamos pensando, mas ela prosseguiu: – Alguém se corrompe quando presume que obterá benefícios superiores aos custos prováveis. É uma aposta moral. – Ela nos fitou com o semblante sério. – Vocês sabem quando ocorre a corrupção?

– É uma relação de custo-benefício – deduzi.

Nós tínhamos assistido a uma palestra seguida de debate a esse respeito.

– As vantagens imaginadas devem compensar as eventuais penalidades, não é isso? – inquiriu Luisa.

André especulou:

– O transgressor acredita que seus atos não são ilegais nem imorais. E muito mais: acredita que não será apanhado!

O colega havia ampliado o quadro da discussão. Ficamos no aguardo, até que ele continuou com certa empolgação:

– Caso seja pego, o sujeito acha que o fato não será divulgado... Alguém sabe por quê? Por duas razões: uma, porque imagina que seus atos serão tolerados; outra, porque desconfia que ninguém quer comprometer a empresa. No final, feitas as contas, ele dá lucro à empresa!

– O pior é quando os chefes efetivamente o protegem! – sublinhei.

– Quer dizer que o corrupto racionaliza os riscos? – rematou Pedro. Parou um instante e depois disse: – Vocês vão me desculpar, mas acho que falta algo nessa equação. – Aí ele decidiu explanar: – Além das eventuais penalidades legais, quem se corrompe leva em conta outras variáveis: a desmoralização pública, o custo da perda do emprego e, caso tenha alguma consciência, o custo moral de se deixar corromper.

Tivemos a impressão de que Pedro havia brilhantemente fechado o cerco. Selma, no entanto, não parecia satisfeita:

– Vocês não responderam à minha pergunta. Eu indaguei: quando há corrupção? Vocês fizeram uma análise do ponto de vista do transgressor; falta o ponto de vista da organização. – Ficamos em silêncio. Ela continuou: – Vou responder ao problema. Há corrupção quando se conjugam três fatores. O primeiro é quando alguém monopoliza uma atividade. Isso significa que as funções correlatas não foram segregadas. Por exemplo, na área de suprimentos, o mesmo sujeito faz a cotação, efetua a compra, recebe o material, cuida do almoxarifado e ainda decide sobre o que fazer com os refugos...

Pensei: é um recado direto para mim! Preciso tomar cuidado.

– O segundo é quando alguém dispõe de um poder discricionário: sua assinatura é condição *sine qua non* para concluir as operações. O terceiro é quando faltam controles eficazes. Esses três fatores juntos revelam quem toma as decisões e, *ipso facto*, quem está exposto ao suborno ou à infração.

Sálvio propôs:

– Vocês têm alguma ideia de como sair dessa encrenca?

Ficamos pensativos, até que André disparou:

– A meu ver, só há duas maneiras de sair disso. Do lado da organização, separar as funções e estabelecer mecanismos de auditoria preventiva e corretiva. Do lado do funcionário, torcer para que o sujeito preze tanto a idoneidade que a simples ideia de ser pego lhe pareça insuportável.

– E de onde viria essa disposição à idoneidade? – critiquei com mordacidade.

O colega respondeu de forma categórica, consciente das restrições sociológicas que eu faria:

– Não se trata de padrões herdados, obviamente, nem de uma vaga "educação", como prega o senso comum! O sujeito deveria ser submetido ao que eu chamaria, sei lá...

– Uma pedagogia do risco – socorreu a consultora. – Vocês lembram quando falamos dos colaboradores que "cumprem" as normas em relação aos que "compram" as normas? – Fizemos sinais positivos. – A reputação dos profissionais e das empresas é um ativo intangível, como já vimos. Cabe mostrar as consequências da desmoralização pública, da má fama, da perda da reputação. Cabe também indicar os efeitos perniciosos que a corrupção espalha. E, por fim, cabe dispor de mecanismos de controle. São chaves interligadas.

O argumento parecia satisfatório. O professor então prosseguiu:

– Vamos agora falar da outra moral empresarial, a da parceria. Trata-se de um fenômeno recente que guarda relação com a abertura comercial ou a inserção do Brasil na economia mundial. Tem a ver com a globalização econômica.

– E com o fortalecimento da sociedade civil – insistiu Selma. – E com as pressões que ela vem exercendo sobre as empresas...

Sálvio levantou suas grossas sobrancelhas em sinal de apoio e avançou:

– A moral da parceria é um código que sistematiza padrões de conduta centrados nos interesses das partes no médio e no longo prazo. Mas não só: ela tem claras preocupações com o bem comum.

Novamente, a esposa o aparteou:

– A parceria desemboca na questão da sustentabilidade. Vale dizer, é expressão de uma empresa eticamente orientada que visa à habitabilidade do planeta. – Ela olhou para o marido e propôs: – Você me permite? O conceito se encaixa bem no tema. – Ele assentiu. – Vocês devem ter ouvido falar da fórmula já clássica do *triple bottom line* ou tríplice resultado: empresas economicamente viáveis, socialmente justas e ambientalmente adequadas. Vejamos em primeira mão a sustentabilidade econômica. As empresas buscam o lucro responsável, geram empregos, pagam impostos, inovam em produtos e processos, praticam a governança corporativa, ou seja, prestam contas e se relacionam de forma transparente com os acionistas e outros públicos. Em segunda mão, a sustentabilidade ecológica. As empresas se esforçam em ser ambientalmente corretas, quer dizer...

Luisa a interrompeu:

– Reduzem insumos e resíduos, e restauram o meio ambiente, administram os riscos ambientais com competência (exemplo da qualidade do ar e da água) e praticam o consumo consciente em seus gastos e aquisições...

Selma abriu seu belo sorriso:

– Em terceira mão, a sustentabilidade social. As empresas se organizam para ser socialmente justas, ou seja...

Eu saltei sobre a oportunidade:

– Geram ganhos sociais por meio do altruísmo imparcial! Elas promovem o desenvolvimento social das comunidades locais, repelem internamente preconceitos e discriminações, respeitam os direitos trabalhistas e humanos e contribuem para dar corpo aos direitos sociais!

– *Mamma mia!* – exclamou André. – O rapaz nasceu para professor!

Sálvio olhava para nós, divertido, e simulou uma repreensão:

– Vocês tiram o pão de minha boca, brava gente! E quase me fazem perder o fio da meada. Mas eu perdoo! Vou perguntar então: vocês sabem qual poderia ser a máxima da moral da parceria? – Ninguém reagiu. – Os negócios são acordos que beneficiam *todas* as partes. Não só as duas partes envolvidas, mas a sociedade como um todo. De que forma? Pela amplitude e pela utilidade dos resultados. Por isso é que podemos relacionar sustentabilidade empresarial, responsabilidade social corporativa, moral da parceria, altruísmo imparcial, ótimo de Pareto e jogos de soma positiva. Eis o segredo da perenidade das organizações! Eis a chave do sucesso empresarial!

Ficamos estáticos; deu para ficar admirado com os nexos estabelecidos entre os conceitos. Mas a consultora não quis perder o embalo:

– A moral da parceria se assenta em duas pernas: o profissionalismo e a idoneidade nas transações. Assim é que se viabiliza a relação mencionada pelo Sálvio. – Ficou nos olhando. – O profissionalismo supõe, acima de tudo, competência técnica, e esta exige incessante atualização, não é verdade? É tarefa para gente obstinada, dedicada, organizada. Outro componente precioso é a diligência: fazer bem-feito e no prazo estipulado.

Deixou que o marido revezasse:

– Outros ingredientes são a impessoalidade (não distinguir as pessoas), a assertividade (ser capaz de comunicar informações sensíveis sem ameaçar ou ofender), a isenção (manter independência e equidade), a imparcialidade (levar em consideração todos os interesses envolvidos).

Selma completou a composição desse importante conceito com mais dois fatores:

– A disciplina pessoal e a pontualidade.

Estávamos com a cabeça a mil por hora: quanta coisa a pensar! Mas o professor não nos deu trégua e costurou o raciocínio:

– A segunda perna é a idoneidade nas transações. E o que isso significa? Realizar transações honestas, adequadas e justas: não viciar os intercâmbios; não enganar os demais pelo conteúdo ou pela quantidade; não praticar preços abusivos.

– Consequência? – formulou a esposa. – Os dois padrões se chocam frontalmente com nossas tradições. Ao invés de semear a desconfiança, geram confiança generalizada! Como? Ao tornar previsíveis as condutas! Com isso, podemos deixar de suspeitar de todo mundo! Esses dois padrões são as pedras angulares de um mercado sadio, as chaves para constituir alianças duradouras. E por quê?

Sálvio completou o duo, numa clara demonstração de sintonia:

– Porque seus praticantes visam ao benefício mútuo e levam em conta os impactos sociais. Quer dizer, suas ações são cooperativas e miram os interesses maiores da sociedade. Digo mais: preocupam-se com os efeitos sobre as gerações vindouras.

— Opa! É um novo credo — balbuciei incrédulo.

— Seu ceticismo faz sentido e não me espanta! — rebateu o professor. — Mas vamos à prova dos nove. Vocês certamente já estudaram parcerias construídas entre clientes e fornecedores. Então reflitam um pouco sobre o seguinte. São dadas ou não garantias precisas e confiáveis de desempenho?

— Sem dúvida! — concordou Letícia. — Se um enganar o outro, rompe-se o relacionamento.

— Há ou não transparência entre ambas as partes, isto é, fala-se ou não a verdade um ao outro? Existe ou não partilha de informações, algumas até sensíveis?

André brincou:

— Se não houvesse, seria uma parceria de araque!

— Ocorrem ou não negociações com base em jogos cooperativos? — Pareceu-nos também óbvio. — Presta-se ou não apoio mútuo em situações de crise? — Hesitamos, até que ele dirimiu nossas dúvidas: — Não é ainda regra geral, mas é o caminho natural dessas alianças. Por fim, convertem-se ou não os públicos de interesse em extensões do próprio negócio? — Novamente relutamos em nossa santa ignorância. — Lembrem os "sistemistas" ou os "modulistas" que operam na General Motors de Gravataí, no Rio Grande do Sul, ou em Resende, no Estado do Rio de Janeiro, junto à Volkswagen. São consórcios que levaram a ideia às últimas consequências: os fornecedores (poucos) operam nas próprias plantas industriais e são responsáveis pela montagem de módulos dos veículos. Os ganhos em custos, qualidade, tempo de produção e flexibilidade da operação são extraordinários.

André deduziu:

— Essas parcerias levam à diminuição do quadro de fornecedores. — Lançou um olhar sobre o casal, que se mantinha atento. — Em vez de forçar uma competição feroz e espremer os fornecedores, temos um quadro restrito, altamente selecionado. Um punhado de empresas que se comprometem com o negócio do cliente.

A consultora comentou:

— Hoje em dia, a competição vai além do âmbito das empresas; ocorre entre cadeias de valor. Eis por que as parcerias ganham enorme relevância e a própria moral da parceria empresarial, que eu creio não ser apenas brasileira, vai se consolidando. Algumas ilustrações podem ajudar a entender melhor a questão. — O marido aprovou com a cabeça e ela expôs: — Peguem os selos de qualidade que órgãos certificadores independentes conferem a determinados produtos. Algumas empresas se empenham nisso, embora não sejam legalmente obrigadas a tanto. Criam, assim, um diferencial em relação aos concorrentes, pois garantem a origem e a adequação dos produtos. E a quem elas se dirigem? Aos clientes em particular e à sociedade em geral. O mesmo vale para as certificações das famosas ISO.

Pedro coçou a cabeça:

– Nessa linha, podemos citar os guichês especiais para clientes, não é mesmo?

– Já é norma em muitos lugares – lembrou Letícia.

Luisa pediu esclarecimento:

– Vocês estão se referindo à preferência dada a idosos, gestantes, portadores de deficiência, mães com crianças de colo?

– É – confirmou Pedro, que descobriu o filão. – Mas há outras situações. Por exemplo, a ordem de chegada em hospitais não é obedecida quando o estado clínico do paciente assim o exige: a precedência burocrática cede lugar à razão médica. Os jeitinhos que os gerentes de bancos davam antigamente para atender clientes abonados também vão acabando. Vocês sabem como?

Luisa exclamou:

– Criando agências especializadas ou novas divisões de banco! Exemplos: Itaú Personnalité, Banco do Brasil Estilo, Bradesco Prime, HSBC Premier, Van Gogh do Banco Real, Uniclass do Unibanco...

– Regras claras e jogo limpo: todo mundo ganha e ninguém perde! – divertiu-se Letícia.

– Nesse mesmo espírito – aduzi –, algumas empresas obrigam os fornecedores a observar uma série de diretrizes que constam de seu próprio código de conduta. Caso conhecidíssimo é o da Nike.

O casal seguia nossas intervenções com reiterados sorrisos.

– E os contratos de risco? – suscitou Luisa. – Contratos que fornecedores propõem para reduzir custos e desperdícios dos clientes? – E, ante a dúvida que nos assaltava, deixou claro: – Empresas fornecedoras que se comprometem a alcançar metas específicas de resultados, sem o que não são remuneradas. Certo?

Ninguém discordou.

– Isso para não falar das ações sociais empresariais que já discutimos – recordou Selma. – Ações que vão além do aspecto filantrópico: projetos comunitários que utilizam as competências das empresas e permitem melhorar o ambiente de negócios; programas de capacitação continuada dos funcionários ou de incentivo ao voluntariado; projetos de preservação do meio ambiente, de valorização da diversidade na gestão do pessoal, e assim por diante.

A essa altura, o caseiro veio sussurrar ao ouvido de Selma que o almoço estava pronto. Entendemos logo, mas relutamos em nos levantar, de tão instigados que estávamos pela conversa.

– Temos uns 20 minutos para sentar à mesa – falou a anfitriã. – Dá tempo para a gente se trocar.

Fomos para nossos quartos bastante animados e, quando entramos na sala de jantar, ela estava toda enfeitada. Havia flores na mesa e duas longas velas que recendiam a incenso. Puxa, em plena luz do dia! A razão dessa excentricidade ficou logo patente: era nosso almoço de despedida.

17. O contraponto

Quero ser lembrado por ter feito diferença na vida de outras pessoas.

Joseph Schumpeter

Tivemos como entrada três saladas – uma de folhas, outra caprese e uma terceira de palmitos –, além de uma deliciosa quiche Lorraine. O prato principal ficou à escolha entre dois tipos de risotos, de funghi e de limão, e um lagarto ao molho shitake. Acompanhavam muitos legumes cozidos ao vapor, inhame que parecia batata palha e suflê de queijo servido em fumegantes potes individuais. Havia escolhas, pois, para todos os gostos. Foi aí que notei com que classe os anfitriões comiam de tudo, menos de carne, e entendi um de seus traços mais notáveis: eles não impunham aos outros o que pensavam; expunham seus pontos de vista e deixavam o barco correr... Procurei imitá-los com igual discrição.

Para sobremesa, foram servidos dois bolos, um de brigadeiro e outro de abacaxi, bem como macedônia de frutas frescas com calda de chocolate quente. Manjar dos deuses! E por que não dizê-lo? Extraordinária combinação de banquete com alimentos do espírito!

Eu estava ansioso para discutir o filme visto na noite anterior, *Com o dinheiro dos outros*. Fiquei imaginando de que forma eu poderia chamar a atenção para o fato. Duas situações em particular me tocaram muito de perto.

A primeira foi uma sequência de cenas que confrontava as duas empresas de maneira quase didática. De um lado, a Garfield Investments, com instalações limpas, minimalistas e equipamentos digitais; em seus corredores quase silenciosos deslizavam umas figuras de cera, homens de ternos escuros e mulheres estilosas. De outro lado, a New England Wire and Cable, uma fábrica com galpões enfumaçados e fileiras de máquinas barulhentas que soltavam faíscas e chamas; nela se agitava uma multidão de rostos manchados de graxa. Esquisito também era o escritório da empresa, duas salas acanhadas no fim de um labirinto em que uma única secretária fazia as vezes de copeira, telefonista e datilógrafa.

Claro contraste, portanto, entre uma indústria poeirenta, obsoleta, desordenada, criatura de uma era heroica, e uma financeira asséptica, descarnada, focada no lucro e filha da Revolução Digital.

Na película, Danny DeVito desempenhou com maestria o papel de Garfield, um financista que, após analisar a situação pré-agônica da fábrica, comprou na bolsa um grande lote de ações. A intervenção, é claro, provocou alta na cotação dos papéis. Curioso e satisfeito, decidiu ver de perto a nova presa. Deslocou-se de Manhattan para New Jersey, a fim de apresentar um plano de ação ao dono da New England, Jorgenson – papel encarnado de forma impecável por Gregory Peck.

Ao entrar no prédio decrépito, Garfield se deparou com um elevador quebrado. Teve então de aventurar-se pela interminável escadaria de metal, ao cabo da qual chegou sem fôlego. Contrafeito, soltou uma saraivada de imprecações de baixo calão. A assistente de direção que o acolheu era a própria esposa de Jorgenson. Solícita e afável, quis chamar o motorista da limusine para que pudesse aquecer-se – o tempo lá fora estava gélido. Garfield se ouriçou todo e ralhou: onde já se viu ensinar maus hábitos aos empregados?

No encontro com Jorgenson, foi direto ao ponto. Fez o diagnóstico e deu a receita. Alinhou números redondos. O maquinário da fábrica devia valer uns US$30 milhões, em face do desgaste dos equipamentos; as três companhias coligadas, empresas medíocres, mas lucrativas, podiam ser estimadas em US$60 milhões; os 120 alqueires de terrenos alcançariam facilmente outros 10; o capital de giro montava a 25. No total, o valor do negócio oscilava em torno de US$125 milhões. Mesmo se as cifras fossem subestimadas, o montante chegaria a uns US$100 milhões. Ora, como a divisão de fios e cabos era deficitária, o que manda o figurino? Livrar-se dos pesos mortos, desmembrar o negócio, vender as fatias pelas melhores ofertas. Jogada perfeita!

Nessas condições, quais argumentos ganhariam destaque? Primeiro: existem dívidas? Não! Segundo: a empresa lança dejetos industriais no rio? Absolutamente não! Terceiro: há processos movidos por ambientalistas?

Nem pensar! Quarto: pagam-se pensões milionárias aos funcionários? De modo algum! Conclusão: Jorgenson é um sócio de sonho! E o que dizer do negócio como um todo? É uma verdadeira mina de ouro!

Agora, vamos ao aspecto financeiro: qual é o valor de cada uma das quatro milhões de ações existentes? Pelo menos US$25, não é mesmo? Cem milhões divididos por quatro milhões! Há três semanas, a cotação do mercado era de US$10; foi um achado, não foi? Cada ação vale hoje US$14, sim, US$14! E graças a quem? A ele, Garfield, o próprio mago! E por que será? Porque comprou ações à beça! Sumário: fechar o quanto antes a divisão de fios e cabos; amputar o membro doente; vender o resto bem vendido!

Jorgenson, o antigo dono, não acreditava no que ouvia. Mal continha a indignação. Transitava da incredulidade ao ódio homicida. Então, retruca, furibundo: quem disse que a empresa está à venda? O outro replica placidamente: não vim negociar a compra, falo de aquisição hostil... Exaltado, Jorgenson brada que jamais ninguém meterá o bedelho na fábrica dele! Só se fosse sobre seu cadáver! Garfield refuta sarcástico: sem rancor, homem; é apenas negócio, nada pessoal...

Sem paciência para desaforos, Jorgenson declara que não tem vocação de suicida e encerra abruptamente a conversa. Fingindo confortá-lo, o outro rebate: não faça drama, pense em eutanásia! É posto sumariamente para fora, enquanto urra a plenos pulmões: todo mundo já migrou para o Japão, Cingapura e Malásia; todos se refugiaram em países que não têm leis dementes contra a poluição!

Nesse jogo de espelhos, dois mundos incomunicáveis se digladiaram. Tão logo saiu do entrevero, Garfield arrematou todas as ações disponíveis no mercado e se candidatou à presidência da companhia. A eleição da nova diretoria foi o campo de batalha escolhido.

Segundo tempo. Centenas de pequenos acionistas se comprimem num galpão mal arejado, enquanto lá fora, mobilizados e inquietos, operários portam cartazes de apoio ao antigo dono: "Jorgy é nosso homem!" Crianças da comunidade entoam um coro e uma penca turbulenta de repórteres se movimenta. Alto-falantes divulgam sem cessar os informes gerenciais e anunciam as duas chapas. O dilema está proposto. Nas mãos de Garfield, sem rebuços, a empresa será fechada, os bens serão fatiados e vendidos, os funcionários, demitidos. Nas mãos do velho dono, a sangria dos ativos prosseguirá gota a gota à espera do imponderável.

Jorgy não dormia há dias, com medo do desfecho. Numa cena comovente, a esposa o conforta. O tempo passou, lamenta Jorgy, as regras do jogo mudaram, nossa experiência parece inútil, nosso saber se tornou obsoleto. Onde foram parar as pessoas que ajudavam umas às outras? O que aconteceu com o espírito comunitário? Se Garfield ganhar, o que será dos funcionários? A mulher afaga seu rosto com a mão e tenta animá-lo: não tenha medo, nossas realizações são conhecidas por todos e nos enchem de orgulho; se o outro ganhar, nossos valores sobreviverão; nós não fracassamos. Vá lá, diga a verdade, arrase! Tenha certeza: as pessoas votam com suas consciências.

Pronunciados diante da plateia de acionistas, os discursos dos dois candidatos escrevem uma extraordinária página teatral. Quando Jorgy se apresenta, a ovação é retumbante. Empunha o microfone e lança um olhar afetuoso sobre os presentes. Reconhece vagarosamente algumas antigas faces e as nomeia pelo primeiro nome. Lembra a morte do pai, as recessões que se abateram sobre o país, a crise de 1929, as duas guerras mundiais. Argumenta com fé missionária: a empresa resistiu a todas as tormentas, emergiu fortalecida e engrandecida, gerou empregos, compartilhou os benefícios com a comunidade, prestou serviços à nação. Agora, porém, seu futuro ficou incerto. De onde vem a ameaça? Jorgy aponta o dedo acusador para Garfield. Estava diante deles, ali, em carne e osso: Larry, o Liquidante, o empresário da América pós-industrial, o aprendiz de feiticeiro que brinca de Deus com o dinheiro dos outros!

E, sem deixar de encará-lo, retoma seu libelo.

Enquanto os cruéis barões-ladrões do passado americano legaram minas de carvão, ferrovias, bancos, indústrias, esse sujeito nada deixa atrás de si, nada cria nem constrói, nada dirige! O que lega para a posteridade? Terras arrasadas, desgraças sem-fim, um mar de lágrimas! E por quê? Para ganhar dinheiro! Diz que as pessoas valem mais mortas do que vivas! E o faz sem melindre! Pode até ser verdade, mas é circunstancial. Um dia desses, com certeza nossa indústria voltará a ter lucro. E isso ocorrerá quando o país reconstruir sua infraestrutura, quando o dólar for desvalorizado e o iene se valorizar, quando as exportações forem relançadas... Então seremos mais fortes do que nunca!

Observa uma pausa estratégica, respira fundo e segue avante.

Ponham a mão na consciência; olhem nos olhos de seus vizinhos. Alguém pode desejar a morte do outro? Claro que não! Que tipo de nação nós queremos? Um país que frita hambúrgueres, forma chicaneiros nas faculdades de direito, espalha paraísos fiscais? Não foi para isso que nós nos sacrificamos! Pensem bem. O que Larry, o Liquidante, propõe? A destruição em massa! A única coisa que Wall Street sabe fazer: "Maximizar o valor das ações." Substitui a consciência por dólares! Ora bolas, que se danem os financistas! Uma empresa vale mais do que o valor de seu patrimônio! Uma empresa é o lugar em que vivemos nossa vida, encontramos nossos amigos, sonhamos nossos sonhos! Uma empresa é uma unidade comunitária. Aqui construímos coisas, não as destruímos. Aqui, nós nos preocupamos com as pessoas!

A audiência vem abaixo num estrondo de emoções: aplausos intermináveis, abraços efusivos, lágrimas furtivas. É a consagração de Jorgy! Nesse momento, o executivo principal da empresa se levanta e anuncia a fala de Garfield. Uma vaia monumental explode rouca, prolongada, avassaladora. Os apupos fazem tremer os corações. Não foi fácil restabelecer a ordem.

Com ar desaforado, Garfield se apossa do microfone e repete três vezes: "Amém!" Explica que, em seu bairro de origem, a expressão remata as orações. Sim, porque os acionistas acabaram de ouvir uma prece. Devotada a quem? Aos mortos! Ora, por quê? Porque a companhia morreu. Não foi ele quem a matou, oh, céus, não! Quando ele chegou, já tinha passado. De sorte que não adianta rezar, nada irá ressuscitar a falecida. E, ainda que um milagre ocorra, e o iene suba, e o dólar caia, e a infraestrutura seja revitalizada, a finada continuará defunta! E sabem por quê? Perguntem a quem sabe das coisas.

E logo o financista sacia a curiosidade dos presentes com uma revelação: por causa das fibras ópticas, das tecnologias digitais, da obsolescência geral!

A plateia fica silenciosa, nervosamente atenta, enquanto Garfield prossegue implacável.

Caros colegas acionistas, a má notícia que eu lhes trago é que a falência vem devagar, irresistível como a maré. A boa notícia é que estamos todos mortos, mas – surpresa! – não estamos quebrados. Alguém se lembra das dezenas de empresas que fabricavam chicotes para cocheiros? Puxem na memória, lá longe no tempo. A última sobrevivente faz provavelmente o melhor chicote do mundo... e nada a braçadas num mercado decadente! Quem gostaria de ser sócio dela? Quem se habilita a investir seu precioso dinheiro num negócio falido? Há algum candidato por aí? Não? Não mesmo? Então, pelo amor de Deus caros acionistas, tenham a inteligência, tenham a decência de assinar o atestado de óbito! Recolham o que puderem de dinheiro e invistam em algo que tenha futuro!

Mas, alto lá! Nosso bravo pastor Jorgy disse que não dá para fazer isso! Por quê? Porque temos obrigações para com nossos empregados, temos responsabilidades para com a comunidade local... Meu Deus, o que será deles? Eu lhes respondo em três palavras: *quem se importa*? Vão ter pena de quem nunca se importou com vocês? Vão se preocupar com quem os espoliou sem dó nem piedade ao longo do tempo? Pensem no que lhes aconteceu nos últimos 10 anos. O aumento dos impostos os sangrou, as tarifas os esfolaram! E quanto a nossos funcionários? Eles ganham o dobro do que recebiam há uma década! E vocês, em que pé estão? Quanto valem suas ações? Um sexto da cotação de 10 anos atrás!

Quem se importa? Vou lhes dizer quem – eu, apenas eu! Não sou seu melhor amigo, ah, não! Sou seu *único* amigo! Não crio nada? Eu os faço lucrar! Façam um exame de consciência: por que será que investem em ações? Para ganhar dinheiro! Ou será que não? Alguém liga para o que a empresa fabrica? Ninguém, todos se lixam! Tanto faz produzir fios e cabos, salsichas ou hambúrgueres! Peguem seu rico dinheirinho e coloquem-no em outro lugar! Quem sabe vocês tenham sorte e consigam usá-lo produtivamente! Quem sabe até consigam criar uns empreguinhos... E Deus lhes perdoe se, com isso, ganharem alguma grana! Por último, gosto que me chamem de Larry, o Liquidante. Sabem por quê? Porque vocês irão a meu enterro com um sorriso estampado na cara e algum dinheiro no bolso! Por certo, é o tipo de enterro que vale a pena!

A plateia se dividiu entre vaias e aplausos. Na votação para a nova diretoria, Garfield ganhou com 27,5% de vantagem. Uma página histórica havia sido virada; um mundo agônico dera seu último suspiro.

Era por causa dessas cenas instigantes que eu quis suscitar o debate. Disse então com firmeza, enquanto transcorria o almoço:

– Eu queria aplicar os conceitos aprendidos ao filme de ontem.

Fitei o professor. Ele franziu o cenho e balançou levemente a cabeça em sinal afirmativo.

– Não aguentou, Leo? Que bom! Eu estava esperando que um de vocês se manifestasse a respeito.

Eu me senti autorizado.

– Quem tinha razão? Jorgy ou Larry?

Meus colegas vacilaram. O único a se arriscar foi Pedro:

– O discurso de Garfield me impressionou; tinha tudo para convencer. Mas algo me soou esquisito. Não consigo encaixar a fala dele em nosso quadro de referência. Além do mais, as razões de Jorgenson abalam qualquer cristão...

– Em vez de pedir um posicionamento – ponderou a anfitriã –, não seria mais conveniente debater o assunto?

Aceitei sem relutar o reparo feito e provoquei:

– Como caracterizar a conduta de Garfield?

Luisa respondeu:

– É claro que não é uma postura altruísta, porque os perdedores estão claramente identificados: os funcionários e a comunidade local. Tampouco é uma postura autointeressada ou egoísta, já que Garfield representa uma empresa, um conjunto de investidores...

Completei o raciocínio dela:

– Sobra a parcialidade por eliminação, não é verdade? – Todos me encararam em silêncio. – Só que não dá para falar de moral da parcialidade, porque esta pertence à realidade brasileira. Mas dá para usar o conceito geral de parcialidade, concordam?

– Concordo com você – comentou o professor, com uma ponta de orgulho. – Analisar um financista norte-americano com padrões morais latinos é absolutamente inadequado. Porém, vale a pena explicitar melhor essa caracterização geral. Por que você acha isso de Garfield?

– Por que acho parcial o comportamento dele? – indaguei de forma quase mecânica.

– Sim – confirmou Sálvio.

Fui taxativo:

– Garfield se restringiu a defender os interesses dos acionistas da New England e, obviamente, os dele. E o fez brilhantemente. Em detrimento de quem? Dos funcionários e da comunidade local, como disse Luisa. Centrou os argumentos na defesa do capital investido, no dinheiro a ser ganho ou perdido. No extremo oposto, Jorgenson vivia atormentado com o fantasma do fechamento da empresa. Se aceitasse que os ativos fossem fatiados, os acionistas ganhariam seguramente um bom dinheiro. Em contraposição, o processo liquidaria o ganha-pão de muita gente e condenaria a comunidade local a uma dramática estagnação. Este era o pesadelo de Jorgy.

Selma interveio:

– As preocupações sociais do empresário e os valores embutidos em seu discurso são demonstrações da moral puritana. – Fomos tomados de surpresa. Ela viu o interesse estampado em nosso rosto. – Trata-se da moral geral norte-americana. Quem a conhece entende Jorgy com facilidade. Que tal listar os valores nucleares dessa moral?

Luisa foi a mais entusiasta:

– Seria bom!

– Então, vamos lá. – A consultora se deteve em cada segmento de frase, auscultando nossas faces para ver se ela estava sendo clara. – A moral puritana se inspira no bem comum, obedece à razão ética e considera que a riqueza decorrente do mérito merece louvor. Louva os riscos assumidos, a ambição legítima, os ganhos responsáveis que promovem o bem-estar da sociedade. Exalta a disciplina pessoal e o trabalho duro, a frugalidade e a parcimônia, a dedicação à empresa, a honestidade e o autocontrole, a sobriedade, a moderação e o *self-reliance*, quer dizer, incentiva as pessoas a contar com as próprias forças, ter iniciativa e nunca depender dos outros. Todos esses valores constituem as chaves para a salvação da alma.

– Não esqueçamos – agregou o professor – que a moral puritana obedece a uma inspiração protestante. Funda-se na crença de que os homens são predestinados. Sendo Deus onisciente, os "eleitos" (aqueles que serão salvos) e os "condenados" (aqueles que serão danados) já estão predefinidos. Desse modo, todos estão à mercê de uma dúvida lancinante: será que escaparei aos tormentos eternos? Para sair do imbróglio, o calvinismo vislumbrou uma brecha, a de que a fortuna ou o êxito poderia ser um sinal da eleição divina, uma tênue luz a brilhar no túnel da angústia existencial.

– Não é fácil viver com uma espada de Dâmocles pendendo sobre a cabeça – asseverou a esposa. – É terrível não saber o destino que Deus nos reserva! Sobretudo quando o jogo tem cartas marcadas!

– Por que o êxito se converte em estalão para medir todas as coisas? – insistiu Sálvio. – Porque a salvação resulta da diligência, da virtude, da respeitabilidade das pessoas. Por mais misericordioso que Deus seja, é preciso merecer suas graças para ser eleito. Esta é a lógica calvinista. Pergunto então: Garfield é um sujeito bem-sucedido? Sem dúvida. Mas enriqueceu por vias transversas: impiedoso e matreiro, não trilhou o caminho da virtude. – O professor avaliou nossas reações. Estávamos simplesmente fascinados com essa interpretação dos fatos. – Garfield deturpou a "cultura do trabalho" americana. É a própria encarnação de uma das pragas do século XX!

Selma aclarou a fala do marido:

– Garfield pratica o que eu chamaria de "moral do sucesso" norte-americana, um código de natureza particularista que se situa no extremo oposto da moral puritana. – E, demarcando o terreno, esmiuçou: – Diferentemente da moral oportunista brasileira, que é praticada às escondidas, a moral do sucesso não se esconde, fica exposta à vista de todos. Não sei se atinge todos os americanos, mas suspeito que molde muitas condutas. Ela cultua a prosperidade e o consumo como sinais de realização pessoal. Exalta as recompensas materiais e aplaude a ostentação: o nome do jogo é exibir-se! Em vez de ensinar, como faz o calvinismo, que a riqueza visa ao bem-estar da comunidade, atiça as ambições individuais, celebra o narcisismo, faz do dinheiro a medida universal. Ter é tudo! Nesse contexto, o sucesso significa vencer os rivais e pisotear os fracassados como se fossem animais abatidos na caça. Qual é então o pior insulto que um homem poderia sofrer? Ser chamado de *loser*, de perdedor, de derrotado pela vida. E qual é a maior honra? Apossar-se dos despojos como troféus e desfilar em triunfo: aos vencedores, as batatas!

– É o próprio Garfield! – exclamei estarrecido.

Depois de um silêncio, Luisa cutucou:

– Mas, então, a quem dar razão naquele confronto?

– Eu não dou a ninguém! – julgou Letícia.

– Também acho – afirmou Pedro.

– Será que precisamos dar razão a alguém? – inquiriu André.

A consultora nos olhou misteriosamente e opinou:

– Nenhum dos dois propõe algo que supere o impasse! – Procurou alongar o suspense. – Leo tem razão quando diz que Garfield só pensou nos acionistas. Sua postura é parcial do ponto de vista ético. Jorgenson, por sua vez, sujeito de boa-fé, converteu-se em porta-voz dos funcionários e da comunidade local. Advogou o altruísmo extremado. – Ficamos perplexos. – Sim! Vocês vão me perguntar quem são os altruístas extremados. É simples: Jorgy destinou esse papel aos acionistas! Com ele incluído! Propôs ingenuamente que eles se sacrificassem pelos outros na expectativa de dias melhores! – A anfitriã estava empolgada e seus olhos faiscavam. – Ora, para que tanto exagero, não é verdade? Vislumbrei a solução que dá conta do recado...

Eu pressionei:

– Qual é a carta escondida?

— Uma saída altruísta imparcial... Querem ver? O que é preciso fazer para superar a proposta demolidora de Garfield? Haveria como evitar o fechamento da divisão de fios e cabos? Não. Por quê? Porque é tecnicamente obsoleta e gera sucessivos déficits; não tem como resistir ao avanço das novas tecnologias. Agora, haveria como evitar o desemprego dos trabalhadores? Quem sabe seguir os novos ventos? Redesenhar a empresa, investir em negócio que tivesse futuro? Mas, com os diabos, fazendo o quê?

Selma não parava de nos atiçar. Já estávamos irrequietos e um pouco agoniados, porque não víamos luz alguma no fundo do túnel. O professor procurou nos socorrer:

— Vou lhes dar uma pista.

— Não! — intercedeu a esposa. — Digo eu! Há uma solução que foi apontada de modo fortuito. Sabem quando? Numa cena posterior à eleição da nova diretoria, quando a filha de Jorgenson comentou o interesse de investidores japoneses em associar-se...

Letícia se levantou e gritou:

— Air-bags para automóveis!

— O quê? — perguntou Pedro, espantado.

— Claro! — exultou a colega. — Os air-bags são feitos com fios de aço inoxidável!

O casal trocou olhares e simulou bater palmas. Explodimos em vivas! Letícia ficou radiante.

— Só que àquela altura do filme — declarou Sálvio — era tarde demais, o jogo estava feito. A racionalidade particularista venceu a racionalidade universalista! O bolso de alguns prevaleceu à custa da vida de muitos!

Puxa, que fantástica leitura! Fizemos um longo silêncio como se fosse necessário recuperar o fôlego. Percebemos quão útil é a análise ética: ao dispor dos conceitos apropriados, o que parecia obscuro tornou-se cristalino.

Até que André não aguentou e decidiu nos surpreender com um aforismo:

— O que poderia caracterizar a moral do sucesso que Garfield maneja com tanta desenvoltura? Vou sintetizar: nada é proibido aos vencedores da vida! — Esperou nossa reação; estávamos ainda mergulhados na compreensão do filme. Ele insistiu: — Gostaram? Não é um lema interessante? Faria um belo contraponto com nosso oportunismo brasileiro: tudo é permitido, mesmo o que é proibido! — O achado nos pareceu engraçado. — Tem mais!

– falou com riso na voz. – Para a moral empresarial da parcialidade, poderíamos dizer: nada é proibido que não possa ser comprado!

O casal sorria. Comíamos sem pressa. Sálvio então pediu ao caseiro que nos servisse vinho branco. Logo em seguida, ele se levantou e propôs um brinde. Nossos copos tilintaram uns contra os outros. O momento ganhou ares de solenidade. Ele falou com os olhos brilhantes:

– Foi uma honra recebê-los. Vocês nos trouxeram muita alegria e, por que não dizê-lo, muita riqueza intelectual. Gostaríamos de tê-los mais vezes conosco. E lhes digo com sinceridade: sua presença foi muito gratificante para nós dois!

Ficamos sensibilizados. Olhamos uns para os outros, mas André sempre assumia a dianteira e falava em nosso nome. Era a pessoa indicada.

– Muito obrigado, professor! Muito obrigado, dona Selma! Agradecemos essa acolhida, que foi mais do que calorosa. Os dias que passamos aqui foram excepcionais, simplesmente maravilhosos. E, mais do que tudo, nós nos sentimos em dívida por tantos ensinamentos. Jamais esqueceremos!

Durante a refeição, eu soube que um motorista poderia levar a mim e Letícia para Campinas. Sálvio havia gentilmente investigado onde moravam nossas famílias e nos sondou se queríamos passar o fim do feriado com eles. Dissemos que sim e ele colocou um carro à nossa disposição. Quanto aos dois outros colegas, um segundo motorista os levaria aonde quisessem na capital. O que mais nos chamou a atenção, no entanto, foi o que o professor disse ao encerrar as atividades:

– Quero lhes informar que nossa companhia vai aderir ao Global Compact. Vocês sabem do que se trata?

André traduziu:

– O Pacto Global? É isso?

Nesta questão, estávamos no escuro.

– Trata-se de um programa desenvolvido pela ONU. Tem por objetivo mobilizar a comunidade empresarial internacional para a promoção de valores fundamentais nas áreas de direitos humanos, do trabalho e do meio ambiente. Adota uma firme posição contra todas as formas de corrupção, inclusive extorsão e propina. Nossa companhia vai endossar seus 10 princípios. Nada ouviram a respeito? – Respondemos humildemente que não. – Os princípios foram cunhados em poucas palavras. Procurem na internet.

A esposa modulou então a voz e perguntou:

– Por que participar do Global Compact? A ideia consiste em contribuir para que se produzam soluções práticas para os problemas contemporâneos, questões relacionadas à globalização, ao desenvolvimento autossustentável, à responsabilidade social corporativa. No fundo, enfrenta a temática da inclusão social.

Sálvio retomou a palavra:

– Discutimos longamente na companhia, amadurecemos a questão e tomamos a decisão de aderir. Belo pretexto para provocar um terremoto, não é? – Ficou nos observando e depois completou: – Vamos definir uma política de cidadania corporativa, implantar as diretrizes e monitorar o que for feito. As responsabilidades serão incorporadas aos objetivos e às metas anuais. Faremos medições dos indicadores de progresso. Para viabilizar as novas tarefas, todos os executivos receberão o necessário, recursos e pessoal. O que acham? – Estávamos encantados com a perspectiva. – A inteligência ética vai permear nossas práticas. Por isso vamos criar um comitê diretivo de cidadania corporativa. E sabem mais o quê? – Fez suspense. – Vou presidi-lo!

Irrompemos em uma ovação! A notícia nos deixou de fato entusiasmados. Nesse instante, o professor imprimiu um tom grave à voz e exortou:

– Vou precisar de vocês! – Fitou-nos longamente. – Temos gente sendo preparada para dar respaldo à nova política. Não sou Dom Quixote nem vocês serão o Incrível Exército de Brancaleone! Nossa companhia vai desempenhar um papel de destaque na sociedade. – Fez durar a pausa para dar ênfase: – E vocês vão tomar parte!

Estávamos arrebatados. Vivíamos um momento mágico. O que nos aguardava era mais do que um emprego, mais do que uma promoção! Podíamos contribuir para tornar o país mais digno de se viver; bastava fazer da competência empresarial uma ferramenta a serviço da cidadania. Quanto a nós, deveríamos deixar nossa arrogância de lado, repensar nossa concepção do mundo, ter humildade intelectual. A vida terá sabor e sentido!

Na hora da despedida, Selma nos estendeu as duas mãos, naquele seu gesto característico de franqueza e carinho. Ficamos comovidos. Ela disse:

– Estarei com vocês!

Olhando diretamente para ela, Luisa bradou em saudação:

– Altruísmo imparcial, gente! Altruísmo imparcial!

E todos nós rimos. Sálvio nos deu um forte abraço. Falei, sentindo-me autorizado pela emoção que mal conseguíamos segurar:

– Contem conosco!

Num movimento espontâneo, nós cinco entrelaçamos as mãos e, uníssonos, entoamos um novo grito de guerra:

– Fazer diferença! Fazer diferença! Fazer diferença!

O casal ria sem emitir som. Notei que os olhos de Luisa e Letícia ficaram rasos d'água, ainda que seus rostos irradiassem alegria. Pairava no ar a impressão de que havia uma nova fronteira a desbravar. Era possível, sim, construir um mundo mais justo, feito com o esquadro do equilíbrio e a chama da lucidez. Duas certezas haviam amadurecido dentro de nós. A primeira é que nessa extraordinária aventura as empresas podiam ser protagonistas; a segunda é que nós podíamos fazer com que a vida valesse a pena. Um sentimento oceânico me invadiu. Celebrei no íntimo esse mundo à minha espreita.

Conheça também:

Este livro oferece dicas e valiosas informações para quem quer empreender e explica quais são os verdadeiros diferenciais para vencer no mundo dos negócios.

EMPREENDEDORISMO NA VEIA

ISBN: 978-85-352-2971-4
Páginas: 248

Este livro estimula qualquer profissional, não somente os executivos graduados, a traçar estratégias pessoais para uma carreira de sucesso.

REINVENTANDO VOCÊ

ISBN: 978-85-352-1007-1
Páginas: 232

Cadastre-se e receba informações sobre nossos lançamentos, novidades e promoções.

Para obter informações sobre lançamentos e novidades da Campus/Elsevier, dentro dos assuntos do seu interesse, basta cadastrar-se no nosso site. É rápido e fácil. Além do catálogo completo on-line, nosso site possui avançado sistema de buscas para consultas, por autor, título ou assunto. Você vai ter acesso às mais importantes publicações sobre Profissional Negócios, Profissional Tecnologia, Universitários, Educação/Referência e Desenvolvimento Pessoal.

Nosso site conta com módulo de segurança de última geração para suas compras.
Tudo ao seu alcance, 24 horas por dia.
Clique **www.campus.com.br** e fique sempre bem informado.

www.campus.com.br
É rápido e fácil. Cadastre-se agora.

Outras maneiras fáceis de receber informações sobre nossos lançamentos e ficar atualizado.

- ligue grátis: **0800-265340** (2ª a 6ª feira, das 8:00 h às 18:30 h)
- preencha o cupom e envie pelos correios (o selo será pago pela editora)
- ou mande um e-mail para: **info@elsevier.com.br**

Nome: _____

Escolaridade: _____ ☐ Masc ☐ Fem Nasc: __/__/__

Endereço residencial: _____

Bairro: _____ Cidade: _____ Estado: _____

CEP: _____ Tel.: _____ Fax: _____

Empresa: _____

CPF/CNPJ: _____ e-mail: _____

Costuma comprar livros através de: ☐ Livrarias ☐ Feiras e eventos ☐ Mala direta ☐ Internet

Sua área de interesse é:

☐ **UNIVERSITÁRIOS**
☐ Administração
☐ Computação
☐ Economia
☐ Comunicação
☐ Engenharia
☐ Estatística
☐ Física
☐ Turismo
☐ Psicologia

☐ **EDUCAÇÃO/REFERÊNCIA**
☐ Idiomas
☐ Dicionários
☐ Gramáticas
☐ Soc. e Política
☐ Div. Científica

☐ **PROFISSIONAL**
☐ Tecnologia
☐ Negócios

☐ **DESENVOLVIMENTO PESSOAL**
☐ Educação Familiar
☐ Finanças Pessoais
☐ Qualidade de Vida
☐ Comportamento
☐ Motivação

20299-999 - Rio de Janeiro - RJ

O SELO SERÁ PAGO POR
Elsevier Editora Ltda

CARTÃO RESPOSTA
Não é necessário selar

Cartão Resposta
05012.0048-7/2003-DR/RJ
Elsevier Editora Ltda
CORREIOS

Sistema CTcP, impressão e acabamento executados no parque gráfico da **Editora Santuário** www.editorasantuario.com.br - Aparecida-SP